개정판

유아과학교육

| 김태경 김재현 김정주 윤은정 이은희 이옥순 공저 |

SCIENCE EDUCATION FOR YOUNG CHILDREN

양성원

머리말

본 책이 처음 발행된지 3년이라는 시간이 흘렀다. 이번에 공동 저자들은 그동안 학생들을 대상으로 수업을 하면서 느꼈던 점들을 토대로 하여 개정판을 내는데 공감하고 최근의 자료를 수정 · 보완하는 작업을 하게 되었다. 그 이유는 최근 사회는 매우 빠르게 변화하고 있기 때문에 학생들에게 최근의 자료를 제시함으로써 기초 지식을 이해하는데 도움이 되었으면 하는 바람에서이다. 그리고 초판의 내용을 전반적으로 재검토하여 중복되거나 불필요하다고 생각되는 내용을 다소 삭제하였고, 최근의 유아과학교육과 관련된 이론과 실제를 추가하고자 노력하였다.

우리는 흔히 아이들은 모두 타고난 과학자라는 말을 한다. 실제로 아이들을 보면 주변의 사물과 자연현상에 대해 끊임없이 궁금해하며 지칠 줄 모르고 반복적으로 탐구하는 모습을 쉽게 발견할 수 있다. 즉, 영유아는 주변의 자연과 환경에 흥미와 경이감을 가지고 생활 속에서 끊임없이 탐구하며 경험한다. 그러나 영유아를 둘러싸고 있는 우리의 자연과 환경은 급격한 오염과 파괴에 의해 위기를 맞고 있다. 이제 현재와 미래를 살아갈 영유아들은 우리의 자연과 환경을 보호하고 유지할 책임을 갖게 되었다. 또한 최근 4차 산업혁명 시대에 접어들면서 과학이 인간 생활의 일부가 되었으며, 국가는 모든 국민에게 과학에 대한 이해와 활용 능력인 과학적 소양을 갖춘 인간상을 요구하고 있다. 이러한 관점에서 영유아를 위한 과학교육도 일상생활 속에서 과학적 경험을 체계화하고 활용할 수 있는 과학적 소양을 길러 줄 수 있는 방향으로 나아가고 있다. 더불어 영유아가 살고 있고, 살아가야 할 환경 속에서 생명의 존중감, 자연의 소중함을 알고 미래의 생활에 대처할 수 있는 문제해결능력을 길러 줄 수 있어야 한다.

이처럼 영유아들의 체계적인 과학교육이 중요함에도 불구하고, 많은 유아교사들은 과학교육을 어려워하거나 다른 교과에 비해 즐거운 과학적 경험과 흥미로운 기억이 없어 과학활동이 활발하게 이루어지지 않고 있다. 여기에는 교사의 과학에 대한 흥미와 자신감 그리고 탐구적인 태도 부족 등의 부정적인 태도가 과학교육을 소홀히 하는 요인이 되고 있다.

따라서 본 책은 예비교사와 현직교사들이 먼저 자신을 단순히 지식을 받아들이는 존재로 보지 말고 유아와 마찬가지로 구체적인 경험을 통해 학습해 가는 존재로 인식하고, 특히 전수된 과학개념 중심이 아닌 탐구과정을 통해 자신의 과학개념을 확장함으로써 유아과학교육을 이끌어갈 교사의 교수능력을 가질 수 있도록 하는 데 목적을 두고 있다.

이런 목적으로 본 책은 2부 총 8장으로 구성하였다. 1부 유아과학교육의 이론에서는 영유아과학교육의 내용과 교수·학습 원리, 환경 및 평가에 대해 다루고 있으며, 2부 유아과학교육의 실제에서는 유아교육기관에서 실제로 적용할 수 있는 유아과학교육의 활동들을 제시하였다. 구체적으로 1부 유아과학교육의 이론에서는 총 7장으로 구성되었는데, 1장 유아과학교육의 이해에서는 유아와 유아과학교육, 유아과학교육의 중요성, 유아과학교육의 목표 및 유아교사와 과학에 대해 기술하였고, 2장 유아과학교육의 동향에서는 유아과학교육의 역사와 최근 동향, 구성주의와 유아과학교육, 유아과학교육과 교육과정에 대해 소개하였다. 3장 유아과학교육의 교수·학습방법에서는 전달식 교수법, 발견적 교수법 및 상호작용적 교수법에 대해 기술하였으며, 4장 유아과학교육의 내용에서는 물체와 물질, 생명체와 자연환경, 자연현상 및 도구와 기계에 대해 소개하였다. 5장 유아과학교육의 접근법에서는 창의적 실험 접근법, 자연탐구 접근법, 문학적 접근법 및 프로젝트 접근법에 대해 기술하였고, 6장 유아과학교육을 위한 환경에서는 실내 환경, 실외 환경 및 지역사회와의 연계에 대해 소개하였으며, 7장 유아과학교육의 평가에서는 유아과학교육 평가의 기초, 유아과학교육 평가의 내용, 유아과학교육의 평가방법 및 유아과학교육 평가의 실제를 통해 구체적인 기법들을 다루었다. 2부 유아과학교육의 실제에서는 총 1장으로 구성하였으며, 8장에서는 유아과학교육의 주제별 접근법에 따른 실제를 구체적으로 제시하였다.

과학적 탐구는 하루아침에 이루어지는 것이 아니며, 탐구 중심 유아과학교육을 위한 교사의 전문성이란 일회적인 강의나 수동적 책 읽기로 향상되지 않는다. 따라서 본 책을 통해 예비유아교사들이 과학에 대해 관심을 가지고 유아와 함께 학습하고자 하는 동기가 자신의 내면에서 샘솟는, 끊임없이 탐구하는 교사로 성장할 수 있게 되기를 기대해 본다.

마지막으로 이 책이 나오기까지 적극적으로 도움을 주신 도서출판 양성원의 강철원 사장님과 직원분들에게 진심으로 감사의 인사를 전합니다.

2023년 8월

저자 일동

차례

PART 02. 유아과학교육의 실제

PART

1 유아과학교육의 이론

CHAPTER 01

유아과학교육의 이해

| 배울내용 |

1. 유아와 유아과학교육
2. 유아과학교육의 중요성
3. 유아과학교육의 목표
4. 유아과학교육과 유아교사

| 학습목표 |

1. 유아와 유아과학교육의 관계를 알고 유아과학교육의 개념을 이해한다.
2. 유아에게 미치는 유아과학교육의 중요성에 대해 안다.
3. 유아과학교육의 목표를 안다.
4. 과학에 대한 유아교사의 관점을 정립하고 과학적 소양을 기른다.

CHAPTER 01

유아과학교육의 이해

1. 유아와 유아과학교육

1) 과학의 개념

과학(科學, science)이란 보편적인 진리나 법칙을 발견하고 발전시키기 위한 체계적인 지식으로, 자연현상과 인간사회를 체계적으로 관찰하는 것을 바탕으로 세상에 대해 알고, 알아가는 과정 그 자체를 의미한다고 할 수 있다. 따라서 과학은 자연세계를 발견하는 과정이며, 이러한 과정을 통하여 얻어진 지식의 총체이자 가치체계이다(Abruscato, 1996). 다시 말해 우리들의 문제를 해결하기 위해 다양한 사물과 현상들을 유심히 관찰하고 이를 통해 얻어진 정보를 분류하고, 예상되는 결과를 검증하기 위해 실험하며, 다른 사람과 활발하게 의사소통하는 끊임없는 탐구의 과정 자체가 과학이다(황의명, 조형숙, 2019). 또한 과학은 우리가 살고 있는 세계에 대해 의문을 느끼고, 그러한 의문을 해결하기 위해 특정 현상에 대한 자료 및 정보를 수집하고, 예측 가능한 원리를 찾으면서 사물과 사람이 어떻게 반응하는지의 법칙을 알아내는 과정에서 지식을 추구하는 과정이다(신은수 외, 2018). 즉, 인간의 보다 나은 생활을 위해 자연세계를 정확히 이해하고 활용하기 위해 끊임없이 문제를 해결해 나가는 탐구과정과 이러한 과정을 통해 축적된 과학적 지식을 의미한다(조형숙 외, 2018).

2) 영유아의 과학적 특성

과학의 특성은 영유아의 본성과 일치한다. 구체적으로 영유아들은 선천적으로 호기심과 사물에 대한 흥미를 가지고 태어난다. 이러한 영유아들의 호기심은 인간 고유의 학습능력과 연관이 될 뿐만 아니라 그들의 생활환경을 탐구해가는 과정을 통해 자연스럽게 지적 호기심으로 발전한다. 즉, 영유아들은 자신의 주변세계와 사물에 대한 선천적인 호기심과 탐구하는 본성을 가지고 있고 성장하면서 주변환경을 탐색하고 놀이하면서 세상을 발견해 나가는 탐구자이자 창의적인 과학자라고 할 수 있다. 이러한 영유아의 과학적 특성을 제시하면 〈표 1-1〉과 같다(신은수 외, 2018).

표 1-1 영유아의 과학적 특성

구분	내용
영유아는 타고난 호기심과 능력을 가지고 있다.	영유아는 풍부한 호기심을 가지고 태어난다. 영유아는 아주 열심히 탐색하고 발견하며, 배우고 다시 창조한다. 일반적으로 영유아는 움직임이 민첩하고, 변화에 민감하며, 새로운 것에 흥미를 갖는다. 또한 주변에서 일어나고 있는 모든 것에 아주 민감하게 반응한다.
영유아는 개별적인 방식을 통하여 경험하고 학습한다.	영유아는 자신의 흥미에 따라 관심사가 다르기 때문에 선택하는 활동에 개인차가 있다. 자신의 흥미에 따라 어떤 종류의 경험은 기꺼이 하려고 하지만, 어떤 종류의 경험은 무관심하거나 무시하는 경향이 있다. 영유아는 정보를 수집하고, 분류하고, 사용하고, 창조하는 데 있어서 나름대로 자신에게 맞는 개별적 방식을 발달시킨다.

구분	내용
영유아는 자신의 경험과 관련지어 이해할 때 가장 잘 배운다.	영유아는 주변 현상과 사건에 대하여 부모나 교사의 언어적 설명으로 이해하기보다는 자신의 감각과 직접적인 경험으로 인식하며 이해한다.
영유아들은 능동적인 존재로 어떤 활동이든지 경험할 수 있는 가능성을 가지고 있다.	영유아 개개인의 학습을 격려할 수 있는 방법은 영유아의 흥미에 기초하여 조작적인 활동에 직접적 · 능동적 · 즉각적으로 참여하게 하는 것이다. 영유아가 스스로 직접적인 과학활동을 경험할 때 가장 성공적인 과학학습이 될 수 있다.
영유아들은 감각적이며 민감하다.	영유아의 경험은 모든 감각, 즉 시각, 청각, 후각, 미각, 촉각과 같은 오감각을 통해 이루어진다. 영유아들은 태어나면서부터 오감각을 사용하기 시작하는데, 사물과의 다양한 경험을 통해 점점 감각을 정교하게 발달시켜 나간다.
영유아들은 놀이하면서 세상을 발견하고 자신의 생각을 창조해 간다.	영유아들은 선천적으로 지적 호기심과 사물에 대한 흥미를 가지고 태어난 탐구자이다. 많은 과학자들의 어린 시절에서 공통점을 발견한다면, 복잡한 것을 단순한 것으로 만들면서 자신의 생각을 가지고 놀이하는 것을 좋아했다는 점이다. 그들은 주변 사물과 현상에 대하여 두려움 없이 탐색하고, 관찰된 현상에 대하여 설명하고, 타인과 함께 관찰하고, 가설을 세우며 결론을 내린다. 영유아도 과학자처럼 호기심을 가지고 질문하며, 재료와 현상을 탐색하며 놀이하는 것을 좋아하고, 주변 현상을 이해하려고 노력한다. 그 과정에서 나름대로의 가설을 세우며 실험하고, 또래와 협동하고, 자신의 발견을 타인과 나누는 활동을 즐긴다.

따라서 영유아들이 성장하면서 주변환경을 탐색하고 이해하는 좋은 방법은 영유아 스스로 생활 속에서 신체적이고 정신적인 활동을 통하여 탐구하고, 질문하고, 추론하고, 해답을 발견하도록 하는 것이 좋다. 주변의 사물과 자연세계에 호기심과 흥미를 가지고 스스로 탐구하는 태도를 기르기 위해 다양하고 폭넓은 활동을 제공하고 영유아의 과학적 지식과 개념을 형성하고 탐구능력을 기를 수 있도록 도와주려는 노력이 필요하다. 왜냐하면 영유아에게 있어 과학교육은 과학적 개념이나 원리를 수동적으로

학습하는 것이 아니라 주변 현상에 대한 호기심을 가지고 스스로 발견하고 알아가는 문제해결과정을 경험하는 것이기 때문이다.

3) 유아의 놀이와 과학

유아는 놀이하는 능력을 가지고 태어났고, 놀이를 좋아하고 놀이를 통해서 가장 잘 배운다. 유아는 놀이를 통해 호기심이 발동하고 몰입하게 되는데, 모든 배움은 여기에서 시작하는 것이다. 유아들의 놀이는 배움과 지식을 이어주는 매개체인 것이다. 놀이를 하면서 배우는 유아의 유능함은 선천적이며 놀이를 통해서 세상과 소통하고 세상에 대해 배우며 성장한다. 따라서 유아의 놀이 및 과학과 관련하여 살펴볼 필요가 있는데, 최근 「2019 개정 누리과정」에서는 유아들의 유능함과 놀이를 강조하고 있고, 놀이를 통해서 다양한 배움이 일어나고 있음을 강조하고 있다.

그림 1-1 놀이의 힘

출처: EBS(2018). 신년특집기획: 놀이의 힘 1부(놀이는 본능이다).

「2019 개정 누리과정」의 '놀이이해자료'에 의하면, 유아는 몸을 움직이며 감각으로 세상을 만난다. 보고, 듣고, 냄새 맡고, 맛보고, 만지고, 온몸을 움직이면서 세상과 교류한다. 그리고 마음껏 움직이며 쌓고, 돌리고, 부수고, 덧붙이며 무언가를 만들고 주변의 물체와 물질을 변화시킨다. 또한 유아는 놀이하면서 감정을 싹 틔우며 새로운 물질의 성질과 현상 및 관계를 발견하며 상상한다. 호기심을 가지고 세상의 다양한 물질과 만나서 자유롭게 탐색하는 과정에는 유아 고유의 가설을 생성하고 실험하고 관찰하고 도전하며 문제해결을 하는 성취감과 즐거움이 있다. 유아는 놀이를 통해서 자신의 유능함을 발현하고 세상을 만나고 소통하며 주변세계의 원리와 법칙을 알아간다. 또한 유아는 놀이를 통해 적극적으로 탐색하고 관찰하고, 마음껏 움직이며 쌓고, 돌리고, 부수고, 덧붙이며 무언가를 만들고 주변의 물체와 물질의 운동성을 관찰하고 변화시키며 주변세계의 법칙과 원리를 알아가는 것이다. 이러한 유아들의 놀이는 과학이자 과학적 태도이며 탐구과정이라고 할 수 있다.

4) 유아기 과학교육의 의미

그렇다면 유아기의 과학교육이 의미하는 것은 무엇일까? 유아기 과학교육은 기본적으로 유아들이 가지고 있는 유아들의 과학적 자아를 더욱 증진시키기 위해 유아들의 과학적 질문에 대해 탐구할 수 있는 환경과 경험을 제공하려는 일련의 교육적 행위라고 할 수 있다(조형숙 외, 2018). 즉, 유아과학교육은 유아의 선천적인 호기심을 키워주고 격려해 주며, 유아의 주변세계에 관심과 흥미를 가지도록 하여 삶의 가치와 아름다움을 찾아가는 것이다. 유아가 직접 경험하고 스스로 새로운 사실과 정보를 발견하여 사고하고, 관찰, 추론, 분류, 문제해결 등을 해 보는 탐구의 과정이 과학교육인 것이다. 또한 유아과학교육은 유아의 과학적 태도와 능력을 증진시키기 위하여 유아의 생활경험을 중심으로 탐구해 나가는 교육적 활동이다(유연화 외, 2019). 따라서 유아의 타고난 호기심을 격려하며 주변세계를 발견하고 이해하도록 문제해결능력을 길러주고, 보다 과학적인 탐구 성향이 개발될 수 있도록 도와주는 방향으로 이루어져야 효과적이다(신은수 외, 2018).

이상의 내용을 종합하면, 유아과학교육은 유아의 선천적인 호기심을 자극하여 일상생활 속에서 스스로 경험하고 탐구하는 과정에서 과학적 사고와 태도를 형성하는 교육적 활동을 의미한다.

2. 유아과학교육의 중요성

과학은 인간의 주변세계와 일상에 깊이 자리잡고 있고, 우리의 삶과 경험에 매우 밀접하게 연관되어 있다. 호기심으로 가득한 영유아기에 주변세계 및 일상생활에서 어떤 과학적 경험을 하는가는 영유아들의 주변세계에 대한 이해와 과학에 대한 흥미 및 태도를 기르는 데 중요한 역할을 한다. 과학교육은 일상생활에서 필요한 지식과 기능을 익히고, 주변세계를 탐구하고 이해하는 방법을 학습하고 과학적 사고와 태도를 형성하는 것으로, 영유아기에 매우 중요한 교육영역이라고 할 수 있다. 영유아기에 매우 중요한 교육영역으로서 과학교육은 영유아의 발달, 현대사회와 과학기술의 발달과 관련하여 깊은 연관성이 있기 때문에 이러한 측면에서 유아과학교육의 중요성을 살펴보면 다음과 같다.

1) 유아과학교육은 영유아의 발달을 돕는다

먼저, 일상생활에서 다양한 과학적 경험은 영유아의 발달에 깊은 영향을 미친다. 신은수 등(2018)은 영유아기의 다양한 과학적 경험은 주변세계에 대한 이해를 도와줄 수 있다고 보았으며, 주변세계에 대한 과학적 태도와 인간의 생활에 대한 이해는 영유아기에 형성되고 영유아기의 과학적 경험은 영유아의 발달과 문제해결능력 등에 의미있는 영향을 미치기 때문에 영유아기부터 과학교육이 시작되어야 하며 유아과학교육이 중요하다고 주장하고 있다. 과학적 경험과 영유아의 발달의 관련성을 통해 유아과학교육의 중요성을 살펴보면 〈표 1-2〉와 같다.

표 1-2 영유아 발달과 관련된 유아과학교육의 중요성

구분	내용
영유아의 과학적 태도 및 자아개념 발달에 영향을 미친다.	과학적 경험은 영유아들이 주변세계의 변화를 주의 깊게 관찰하거나 능동적으로 탐구하면서 긍정적인 자아개념을 형성할 뿐만 아니라 성취감을 얻는 데 도움을 준다. 이는 영유아의 긍정적인 과학적 태도 및 자아개념 발달에 많은 영향을 미친다.
영유아의 과학적 사고발달과 문제해결능력을 증진시켜주며 인지적 발달에 영향을 미친다.	과학활동은 영유아들이 흥미를 갖는 구체적 사물이나 상황을 능동적이며 직접적으로 조작하고 탐색하는 문제해결경험을 제공한다. 영유아기에 구체적이고 직접적인 과학적 경험이 풍부하면, 손으로 직접 조작하는 감각운동적 경험에 의한 조작적 사고의 반복이 이루어져 이후에 이루어지는 상징적 · 추상적 경험을 통한 상위인지능력의 발달을 촉진시킬 수 있다. 그러므로 풍부한 과학적 경험은 영유아의 과학적 사고발달과 문제해결능력을 증진시켜주며 인지적 발달을 촉진할 수 있다.
영유아의 사회 · 정서 발달에 영향을 미친다.	주변세계 및 현상에 대한 다양한 과학적 경험은 영유아의 사회 · 정서발달을 도와준다. 특정 대상이나 물건을 탐구하는 과정에서 영유아들은 막연한 공포감과 두려움에서 벗어나 사물의 현상을 있는 그대로 자연스럽게 받아들이게 된다. 그리고 주변에서 흔히 볼 수 있는 동물이나 곤충류, 익숙하지 않은 기계나 바람과 안개, 낮과 밤 현상에 의한 어둠 등에 대해서도 자연스럽게 익숙해질 수 있다. 이러한 과정에서 영유아들은 긍정적인 자아개념과 정서적 안정감을 형성

구분	내용
	할 수 있다. 또한 또래와 협력하는 과학활동의 과정에서 자신에 대한 만족감과 타인에 대한 배려와 같은 사회적 기술을 향상시킬 수 있다. 협력과정에서 영유아는 정서적인 안정감을 갖고 서로의 생각을 교환하고 새로운 생각을 확장하도록 도울 수 있기 때문에, 과학적 개념이 심화될 수 있고, 다양한 사회적 기술을 익힐 수 있다. 그리고 호기심을 갖는 대상에 열심히 몰두하여 탐색하거나 탐구하는 과정에서 영유아는 과학현상에 개방적이고 적극적으로 참여하게 된다. 자신의 호기심을 지속시키면서 끈기 있게 결과를 확인하여 긍정적인 과학적 태도 등 과학적 경험의 즐거움과 성취감을 갖게 된다.
영유아의 언어 및 의사소통기술에 영향을 미친다.	다양하고 풍부한 과학적 경험은 영유아의 언어 및 의사소통기술을 발달시켜 준다. 영유아들은 과학활동을 하는 과정에서 과학 서적을 읽거나 관찰한 것을 글과 그림으로 기록하는 등 언어적 기술을 익히게 된다. 또한 영유아 개인의 발견 및 탐색적 경험에서 벗어나 자신의 발견과 경험에 대한 또래와의 의사소통, 교사와의 상호작용 기회를 갖게 된다. 이러한 과정에서 영유아는 또래와 교사와의 상호작용을 하면서 다양한 신체의 몸짓을 통한 동작적 표상, 그림을 통한 영상적 표상, 말이나 글의 언어적 표상을 할 수 있는 기회를 갖게 되어 언어 및 의사소통능력을 기를 수 있다.
영유아의 감각운동적 신체발달에 영향을 미친다.	다양하고 풍부한 과학적 경험은 영유아의 감각운동적 신체발달에 도움이 된다. 영유아들은 과학활동의 과정에서 시각, 청각, 촉각, 후각, 미각의 오감각을 사용하기 때문에 자연적으로 감각운동적 학습을 하게 된다. 다양한 자료를 자세히 보고, 만지고, 냄새 맡고, 맛보고, 소리를 듣는 경험을 통해 영유아들은 다양한 감각운동적 경험을 할 수 있다. 주변 사물과 자연현상에 대한 과학활동의 경험은 실내 활동뿐만 아니라 실외 활동을 촉진하여 영유아의 감각과 대·소근육의 운동능력을 향상시키게 된다.

〈표 1-2〉와 같이 다양하고 풍부한 과학적 경험은 영유아들의 발달과 문제해결능력에 많은 영향을 미치기 때문에 영유아기부터 과학교육을 시작하여 주변세계에 대한 과학적 태도와 인간의 생활에 대한 이해를 형성할 수 있도록 도와야 할 것이다.

2) 유아과학교육은 현대사회와 과학기술의 발전에 필요한 역량을 길러준다

유아과학교육의 중요성은 현대사회와 과학과의 관련성과도 함께 살펴볼 수 있다. 현대사회는 4차 산업혁명 시대로서 과학기술의 급격한 발전으로 과학이 인간의 삶에 깊숙이 들어와 생활 속에서 과학이 미치는 영향이 높아지고 있으며, 미래사회를 향한 도전이 더욱 활발해지고 있다. 오늘날의 과학기술 중심 사회는 과학적 지식의 중요성이 더욱 강조되고 과학에 대한 이해와 활용 능력뿐만 아니라 융합적 사고 또한 중요하다. 이에 따라 인간의 상상력과 창의력, 논리적인 사고력 등과 과학적 소양이 요구되고 있다.

영유아들은 일상생활 속에서 타고난 호기심과 탐구 성향의 뛰어난 과학적 사고와 태도를 가지고 있다. 따라서 과학기술이 발달한 현대사회에서 영유아들의 과학적 흥미와 소양을 키워주기 위해 다양한 경험과 환경을 제공해 줄 필요가 있으며, 영유아 시기에 과학교육의 중요성에 대해서도 의미 있게 다룰 필요가 있다.

이러한 관점에서 유연화 등(2019)도 유아과학교육의 중요성을 다음과 같이 제시하고 있다. 첫째, 유아는 어려서부터 주변환경에 관심과 호기심이 있으며 탐색할 수 있는 능력이 있다. 즉, 과학을 통해 인간의 지적인 욕구를 충족시켜 줄 수 있을 뿐 아니라 타고난 호기심으로 주변을 살피며, 자신의 주변환경에 대해 알아간다. 그러므로 유아의 호기심을 보다 더 충족시켜 주고 탐구능력을 신장시키기 위해 적절한 자극과 경험이 필요하다. 둘째, 현대사회는 과학과 분리할 수 없을 정도로 사회구성원의 삶과 과학은 밀접하게 연관되어 있다. 유아들은 주변에서 쉽게 볼 수 있는 동·식물, 도구와 기계, 흙과 돌과 같은 자연물, 날씨와 계절, 그리고 환경오염과 공해문제, 유전자 복제 등 매일의 삶 속에서 경험하고 있다. 따라서 과학을 통해 유아들에게 자연과 인류가 함께 해야 한다는 인식과 지구환경과 자원을 보전하는 태도를 길러주고, 일상생활에서

부딪히는 문제들을 창의적으로 해결해 나가는 방향으로 나아가야 한다. 덧붙여 영유아기부터 자연과 인류의 공존관계를 인식하고, 지구환경과 자원을 보전하는 태도를 가지고 자신에게 다가오는 과학적 문제상황을 창의적이고 지혜롭게 해결할 수 있는 창의적 문제해결능력을 기를 수 있는 방향으로 나아가야 할 것이다(신은수 외, 2018).

유사한 맥락에서 이은진(2018)도 마찬가지로 급변하는 변화의 시대에 유아들의 과학적 사고능력 신장에 대한 내용을 포함하는 유아과학교육의 중요성에 대해 다음과 같이 언급하고 있다. 유아는 과학활동을 하면서 주변세계를 알아가고 탐구하기 위해 의문을 제기하고, 이에 대한 답을 찾기 위하여 관찰하고 다양한 자료를 이용하는 것과 같은 여러 가지 방법들을 습득하게 된다. 앞으로 유아들이 생활하는 세계는 매우 빠른 속도로 급격하게 변화하는 시대이다. 이러한 급변하는 시대에 생존하고 적응하기 위해서는 지식을 습득하는 것이 중요한 것이 아니라 과학적으로 사고하고 과학적으로 문제를 해결해 가는 능력이 필수적이다. 따라서 유아과학교육은 유아로 하여금 주변의 여러 가지 문제에 대해서 과학적으로 사고하는 능력을 신장시키기 때문에 매우 중요하다고 주장하고 있다.

이처럼 현대사회는 과학적 지식과 태도가 무엇보다 중요하며 우리의 일상생활에 미치는 영향이 크기 때문에 유아기부터 과학적 탐구 경험의 기회를 다양하게 제공하는 것이 중요하다. 과학에 대한 개방적인 태도를 형성하고 지식의 전달이 아니라 스스로 탐구하는 과학적 과정을 통해 미래사회에 필요한 역량을 키우는 데 유아과학교육의 중요성이 강조된다. 이상의 내용을 바탕으로 유아과학교육의 중요성을 정리해 보면 〈표 1-3〉과 같다.

표 1-3 유아과학교육의 중요성

- 유아들은 타고난 호기심으로 주변세계를 탐색하고 탐구하고자 하는 타고난 과학자이다. 따라서 과학교육을 통해 유아들의 지적인 욕구와 호기심을 충족시켜줄 수 있으며 탐구능력과 문제해결능력을 향상시켜 줄 수 있다.
- 과학활동의 과정은 유아들이 주변세계를 이해하도록 돕고, 유아는 자신의 경험을 바탕으로 다양한 과학활동의 과정에서 과학적 정보와 지식을 배울 수 있다.
- 다양한 과학적 경험은 유아의 발달에 영향을 미치며 일상생활 속에서 과학에 대한 흥미와 긍정적인 태도를 기를 수 있다.
- 과학기술이 발달한 현대사회에서 필요한 과학적 지식과 태도뿐만 아니라 유아들의 과학적 사고능력과 문제해결능력을 길러준다.

3. 유아과학교육의 목표

> *"과학에서 새로운 발견을 알리는 가장 신나는 표현은*
> *'유레카!(찾았다!)'가 아니라 '그거 재미있네' 다"*
> *– 아이작 아시모프(Issac Asimov) –*

과학교육은 유아기에 놀이를 통해 그리고 주변세계와 자연에 호기심을 가지고 탐색하는 과정에서 다루어질 수 있으며, 이러한 놀이와 탐색의 과정을 즐기며 자연과 더불어 살아가는 태도와 과학적 지식과 과학적 소양을 기르도록 하는 것이다. 유아과학교육은 유아들이 일상생활 속에서 자발적으로 주변환경과 자연을 관찰하고 탐색하는 과정에서 주변세계에 대한 이해를 높이고 창의적인 사고력과 문제해결능력을 기르도록 하는 것이라고 할 수 있다. 최근 탐구과정을 즐기고 일상생활과 경험 안에서 탐구의 과정이 이루어질 것을 강조한다. 또한 최근 개정 누리과정은 유아 중심과 놀이 중심, 유아의 자율성과 창의성 신장을 추구한다. 이를 바탕으로 유아과학교육은 유아가 호기심을 가지고 주도적으로 탐구하는 과정을 즐기고, 호기심을 해결해 가도록 돕는 것이 중요하다.

과학교육의 목표는 과학의 산물인 과학지식을 이해하고 과학의 과정적인 측면을 익히고 과학적 태도를 기르며, 문제를 인식하고 그 해결방안에 대해 모색하는 것이다(이은진, 2018). 또한 주변세계에 대한 지식의 구성뿐 아니라 정신적이고 조작적인 기술과 태도를 발달시키는 것도 포함한다(이기현, 2016). 특히 과학에 대한 긍정적인 태도를 갖도록 하는 것이 중요한데, 이는 유아가 스스로 흥미를 느낄 수 있는 활동, 사고를 촉진하고 도전할 수 있는 활동, 그리고 자연스럽게 호기심과 의문을 가질 수 있는 활동 등에 의해서 발달한다. 과학적 소양의 기초를 형성하기 위해 유아기 과학교육의 목표를 황의명과 조형숙(2019)은 〈표 1-4〉와 같이 주장하고 있다.

표 1-4 유아과학교육의 목표(황의명, 조형숙, 2019)

- 일상생활 속에서 접하는 사물과 현상에 대해 호기심을 갖는다.
- 주변에 대해 의문을 갖고 적극적으로 탐구하기 위한 과학적 태도를 기른다. 과학적 태도란 끊임없이 문제를 제기하고 찾으려는 회의적인 태도, 실패를 긍정적으로 극복하려는 융통성과 개방적인 태도 등을 의미한다.
- 생활에서 활용하고 있는 과학적 도구와 기계에 관심을 두고 기능을 이해한다.
- 과학적 과정 기술을 증진한다. 과학적 과정 기술이란 과학적 탐구의 수행을 위해 필요한 탐구 기능을 말한다. 즉, 관찰하기, 분류하기, 측정하기, 예측하기, 의사소통하기, 가설을 설정하기, 실험하기, 창안하기(새로운 아이디어 구성, 문제해결, 만들기 등) 등이 과학적 과정 기술의 요소들이다.
- 유아의 생활 및 경험과 관련된 과학적 지식을 습득한다.
- 자연에 대한 체험을 통해 중요성을 인식한다.
- 창의 및 비판적 사고능력을 기른다.

이와 함께 유아과학교육은 현대사회의 특성과 환경문제 등 사회의 변화와 관련된 문제들을 이해하고 이와 관련된 과학 내용과 경험을 포함시킬 필요가 있다. 즉, 주변환경과 생활 속에서 영유아 스스로 문제를 해결하는 과정 속에서 주변세계에 관한 과학적 지식과 개념을 습득하고 과학적 태도와 문제해결능력을 길러가도록 돕는 것이 중요하다. 이러한 입장에서 유아과학교육의 목표를 신은수 등(2018)은 〈표 1-5〉와 같이 정리하고 있다.

표 1-5 유아과학교육의 목표(신은수 외, 2018)

- 영유아의 주변환경을 주의 깊게 탐구하는 과학적 방법과 과학적 과정에 관한 기술을 기른다.
- 영유아 자신의 과학활동에 능동성과 자율성을 갖고 참여하며 의문과 호기심을 해결해 보려는 과학적 습관과 태도를 기른다.
- 생활과 환경 속에서 탐구하는 과정을 통해 습득한 과학적 지식과 개념을 적용할 수 있는 논리적 사고능력을 기른다.
- 영유아가 환경과 생활에 대한 책임감을 갖고, 자신과 주변환경의 문제를 해결할 수 있는 능력을 기른다.

유아과학교육 목표와 관련하여 국가 수준 교육과정을 살펴보면(〈표 1-6〉), 최근 「2019 개정 누리과정」의 자연탐구 영역은 '탐구하는 과정을 즐기고, 자연과 더불어 살아가는 태도를 가지는 것'을 목표로 한다. 세부목표로는 '일상에서 호기심을 가지고 탐구하는 과정을 즐긴다', '생활 속의 문제를 수학적 · 과학적으로 탐구한다', '생명과 자연을 존중한다' 이다.

표 1-6 2019 개정 누리과정 자연탐구 영역의 목표

목표	세부목표
탐구하는 과정을 즐기고, 자연과 더불어 살아가는 태도를 가지는 것	• 일상에서 호기심을 가지고 탐구하는 과정을 즐긴다. • 생활 속의 문제를 수학적, 과학적으로 탐구한다. • 생명과 자연을 존중한다.

지금까지의 논의를 종합해 보면, 유아과학교육의 목적은 첫째, 유아가 일상생활에서 호기심을 가지고 탐구과정에서 유아가 중심이 되어 적극적으로 참여하고 즐기도록 하는 것이다. 둘째, 과학적 지식과 태도를 형성하여 과학적 소양을 신장시키고 자연과 더불어 살아가는 태도를 가지도록 하는 것이다.

4. 유아과학교육과 유아교사

과학은 인간의 삶과 함께 하고 있으며, 이미 우리 주변에서 깊숙이 자리 잡고 있다. 따라서 과학에 대한 올바른 인식을 바탕으로 과학적 소양을 길러 풍요로운 삶을 살아가고자 하는 노력이 필요하다. 따라서 유아과학교육의 목적은 과학적 소양을 기르기 위한 것으로 유아들이 주변세계에 호기심을 가지고 탐구하는 과정에 즐겁게 참여하도록 돕는 것이 중요하다. 이를 위해 교사가 일상생활 속에서 유아들의 흥미와 호기심을 지지하고 어떤 과학적 경험과 탐구의 기회를 제공하는가는 매우 중요한 일이다. 이에 앞서 더욱 고려되어야 할 것은 교사가 과학과 과학교육에 대해 어떠한 관점을 가지고 접근하는가, 즉 교사의 과학에 대한 인식과 과학적 소양, 그리고 바람직한 교사의 역할

이다. 따라서 교사는 과학에 대한 관심과 흥미를 가지고 유아과학교육에 대한 이해와 인식의 지평을 넓히고 과학적 소양을 갖추기 위한 노력이 필요하다. 유아과학교육을 위해 유아교사가 가져야 할 태도와 소양은 다음과 같다.

1) 과학에 대한 흥미와 긍정적 태도

유아과학교육의 질을 향상시키기 위한 중요한 요인 중 하나는 교사일 것이며, 과학에 대한 교사의 흥미와 태도가 결정적인 영향을 미치는 요인이라고 할 수 있다. 왜냐하면 과학을 가르치는 교사의 태도가 긍정적인가 또는 부정적인가에 따라 교수 행동이 달라질 것이며, 이러한 교사의 태도가 유아들에게 미치는 영향 또한 크기 때문이다. 따라서 과학교육을 적극적으로 실행하고 활발한 과학활동이 이루어질 수 있도록 교사는 영유아들과 함께 과학적 탐구과정을 즐기고 과학에 대한 관심과 흥미를 가지는 등의 과학에 대한 긍정적인 태도를 가질 필요가 있다.

그러나 많은 유아 교사들은 과학교육을 어려워하거나 다른 교과에 비해 즐거운 과학적 경험과 흥미로운 기억이 없어 과학활동이 활발히 이루어지지 않고 있다고 보고되고 있다(안부금, 2002; 이경자, 2000; 조형숙, 1998). 여기에는 교사의 과학에 대한 흥미와 자신감, 그리고 탐구적인 태도 부족 등의 부정적인 태도가 과학교육을 소홀히 하는 요인이 되고 있다. 따라서 과학에 대한 교사의 부정적인 태도를 개선할 수 있는 노력이 필요하다.

유아교사는 과학에 대한 긍정적인 경험의 기회를 지속적으로 갖도록 하여 과학에 대한 관심과 흥미를 느끼고 이를 적극적으로 활용하는 것이 중요하다. 과학과 과학교육에 대한 긍정적인 인식으로 탐색의 과정에 즐겁게 참여하려는 내적인 흥미와 동기를 가질 필요가 있다. 이를 위해 과학은 우리의 삶과 밀접한 관련이 있으며, 자연세계와 일상생활 속에서 다양한 현상과 문제들에 관심과 호기심을 가지고 과학적 사고와 문제해결을 하는 다양한 탐구과정을 즐기고 과학을 수행할 수 있다는 적극적이고 긍정적인 태도를 지니고 있어야 할 것이다.

2) 과학지식과 개념이해

다양한 교육적 상황에서뿐만 아니라 바람직한 과학활동을 계획하고 실천하기 위해서 교사들은 과학교육활동에 대한 내용지식과 교수방법 등에 대한 이해가 필요하다. 교사의 과학에 대한 태도 및 신념과 더불어 교사의 과학지식은 과학활동의 내용 선정에 있어서, 그리고 과학교육을 효과적으로 전개하고 과학교육의 질적 수준을 유지하기 위한 중요한 요소이다. 왜냐하면 교사는 과학교육의 실제에서 무엇을 가르칠 것인가에 대한 과학내용을 결정하고 그 과정에서 교사의 과학적 지식이 기초가 되기 때문이다.

그러나 교사가 과학내용이나 지식이 부족하거나 충분하게 이해하지 못한다면, 교사는 유아에게 필요한 적절한 과학개념 및 지식을 선정하고 실행하는 데 어려움을 경험할 수 있으며, 유아들의 발달과 이해 수준에 적합하지 않은 내용을 전달하거나 오개념을 전달할 수 있다. 또한 유아들의 놀이에서 과학적 사고를 이끌어내지 못하여 유아들의 놀이가 단순한 놀이로 끝날 수 있으며, 유아들의 다양한 놀이 맥락을 이해하고 놀이와 연결된 과학활동 운영을 어렵게 할 것이다. 이는 결과적으로 과학교육 및 과학교수에 대한 부정적인 태도를 형성하도록 하여 바람직한 과학교육이 이루어지지 못하도록 할 것이다.

이러한 의미에서 과학교육을 효과적으로 실행하는 데 교사의 과학 교수지식과 개념이해는 중요한 부분이다. 즉, 교사의 정확하고 풍부한 과학적 지식의 기초는 유아과학교육에 필수적이라 할 수 있다(신은수 외, 2018). 과학활동을 전개해 나갈 때 교사의 과학에 대한 흥미와 긍정적인 태도 및 신념뿐만 아니라 유아들의 발달 및 이해 수준과 유아들의 놀이에 대한 이해, 그리고 과학적 지식과 개념에 대한 충분한 이해가 바탕되어야 하며, 놀이 중심의 통합적 활동으로 활용할 수 있는 능력이 요구된다.

3) 과학적 소양을 위한 교사의 노력

유아과학교육이 바람직하게 수행되기 위해서는 무엇보다 과학과 과학교육에 대한 교사의 긍정적인 태도와 올바른 관점, 교사의 과학적 소양을 키우는 지속적인 노력과 교육이 필요하다. 과학은 우리의 일상생활과 주변세계에 자리 잡고 있기 때문에, 우리의 생활에 과학을 적용하여 스스로 다양한 과학적 탐구과정에 참여하고 즐거움을 경험하며 과학과 함께 하기를 즐기는 교사의 과학적 소양과 역량을 키우는 과정이 중요하다.

교사의 과학적 소양을 증진시키기 위한 노력과 방법으로 조형숙 등(2018)은 교사의 과학적 소양 증진을 위한 자기학습 모형을 제시하였다. 첫 번째 단계는 나의 과학 및 과학교육에 대한 인식을 반성적으로 사고해 봄으로써 과학에 대한 나의 태도와 인식을 돌아보는 것이다. 구체적인 방법으로는 '과학 개념망 만들기', '과학 저널 쓰기' 등이 있다. 두 번째 단계는 과학 교육계획안 분석을 통해 수업 실제에 대한 활동을 진행하거나 검토해 볼 수 있다. 세 번째 단계는 교사 스스로 자신의 일상을 과학적 렌즈로 들여다보려는 노력과 일상적인 현상이나 사물에 대해 관심을 갖고 관련된 정보를 수집하는 태도가 필요하다. 네 번째 단계는 자신의 일상과 관련이 있는 주제를 중심으로 과학적 탐구를 수행해 보는 것이다. 생활 속에서 흥미가 있거나 궁금한 것을 찾아서 직접 실험을 구성하고 활동해 볼 수 있다. 다섯 번째 단계는 교사 자신의 일상과 관련된 과학 탐구활동을 유아들과 함께 해 볼 수 있는 과학활동으로 활용하여 연계하는 것이다. 이러한 단계를 통해 교사는 과학 교수효능감을 증진시키고 긍정적인 과학적 태도를 형성하여 유아를 위한 과학교육을 성공적으로 수행할 수 있을 것이다.

따라서 교사의 과학 교수효능감을 증진시키기 위한 노력이 필요한데, 조부경 등(2018)은 다음과 같은 방안을 제시하였다. 첫째, 과학 교수효능감 증진을 위해서는 예비교사로 하여금 이론과 실제를 함께 배우며, 과학이나 과학교수에 대해 긍정적 경험을 할 수 있는 양성교육과정이 필요하다. 둘째, 교사 자신의 능력에 대해 자부심을 갖도록 학업 또는 교수에서 성공적이며 긍정적인 경험을 하게 하는 것이 도움이 된다. 셋째, 교사의 과학에 대한 흥미와 긍정적 태도를 형성하는 것이 중요하다. 넷째, 교사의 과학에 대한 지속적 학습이 도움이 된다. 다섯째, 유아교육기관에서 과학활동을 지원하는 환경이 중요하다.

이처럼 교사의 과학 교수효능감에는 내·외적인 요인이 영향을 미치기 때문에 양성교육과정에서 다양한 측면이 고려되어야 할 것이다. 이와 함께 교사의 과학적 소양을 형성하고 유아를 위한 유능한 과학교사가 되기 위해서는 예비교사 스스로 적극적인 과학활동에 참여하며 과학하는 즐거움을 경험하는 것이 요구된다. 예비유아교사 단계에서 과학에 대해 흥미를 가지고 다양하고 긍정적인 과학적 경험의 기회와 자신의 과학적 경험에 대해 반성적 사고의 과정을 갖는 것이 중요하다. 이를 위해 황의명과 조형숙(2019)은 예비교사를 대상으로 과학자서전 쓰기와 과학저널 쓰기 방법을 제시하고 있다.

(1) 과학자서전 쓰기

과학자서전이란 과학과 관련하여 현재 자신의 과학에 대한 인식이나 태도에 영향을 준 사건이나 경험을 재현하여 에세이를 쓰듯 작성한 글을 말한다. 예를 들어, 어린 시절 집 주변에서의 자연 경험에 대한 기억, 학교에서 배운 과학수업과 교사에 대한 기억, 부모와 함께 했던 과학활동 경험, 이러한 경험들이 없다면 그 이유에 대한 스스로의 분석 내용 등을 일화별로 또는 연대기적으로 딱딱하지 않게 자신의 현재의 과학에 대한 생각과 결부지어 작성하는 것이다. 이처럼 과학자서전을 작성하는 경험은 과학과 과학교육에 대한 반성적 사고를 하도록 하여 과학에 대한 인식을 되돌아보게 하며 과학과 과학교육에 대한 관점을 확장시키게 된다.

(2) 과학저널 쓰기

과학저널이란 일상생활이나 유치원 교실에서 일어나는 과학과 관련된 자신의 경험이나 특별한 사건에 대해 개인적인 느낌과 생각을 수필 또는 일기 형식으로 기술한 글을 말한다. 예를 들어, 텔레비전에서 본 환경 문제에 관한 프로그램의 내용을 간략히 적고 자기 생각을 정리한 것, 집 주변에 있는 커다란 은행나무를 계속 지켜보면서 느끼는 것들을 적어 보는 것, 유치원에서 유아들과 과학활동을 하는 중에 일어난 에피소드와 그에 대한 자신의 평가를 간략히 적은 것, 예비교사라면 대학의 과학교육 수업 중에 자신이 한 워크숍 활동에 대해 간략히 적고 평가한 것 등 다양한 형태로 이루어질 수 있다. 과학교육과 관련하여 예비교사 스스로 과학과 관련된 사물이나 현상에 대해 지속적으로 관찰하면서 일지를 써 가는 방법도 도움이 된다.

과학저널 쓰기를 통해 자신의 과학적 탐구에 대한 흥미를 조성할 수 있으며, 유아과학교육을 위한 교사의 자질을 키우는 데 기초가 될 수 있다. 예를 들어, 밤하늘의 달을 하루 10분 정도라도 한 달 동안 계속 관찰해 보자. 작은 곤충이나 동물을 키우면서 자세히 탐구해 보자. 이런 활동을 시도해 보면서 간단한 저널을 계속 써보면 과학적 탐구가 주는 즐거움과 가치를 직접 체험할 수 있을 것이다. 주변세계와 자연에 대한 깊은 통찰은 일상생활과 주변세계를 이해하고 과학에 대한 관점을 확장하는 데 도움이 될 것이다.

이런 방법으로 과학저널을 지속적으로 써서 파일에 정리하면 일종의 포트폴리오가 될 수 있다. 이를 통해 과학과 과학교육에 대한 자신의 개념과 태도가 달라지고 저널들의 모음이 자신의 과학에 관련된 경험일지이면서 유아과학교육을 위한 자료집의 역할을 할 수도 있다.

결국 과학저널 쓰기는 현상에 대해 자신이 관찰하고 발견한 사실이나 이해한 것을 표현하고 타인과 나누는 과정을 통해 과학적 개념이나 지식을 구성할 수 있을 뿐 아니라 과학의 세계를 보다 효과적으로 이해하는 데 도움이 된다(김현경 외, 2018). 또한 과학 학습과 탐구과정에 참여도를 높이며 과학에 필요한 기술을 개발하도록 한다. 교사의 과학저널 쓰기의 효과는 다음과 같다(박은주, 2011).

첫째, 예비유아교사는 과학저널 쓰기를 통해 과학 및 과학교수 지식을 갖게 되었고, 자신의 탐구 경험과 유아과학교육을 연계하여 사고할 수 있게 되었다. 둘째, 과학에 대한 태도에 있어 예비교사는 탐구 대상뿐만 아니라 주변에까지 관심을 확장하였고, 탐구 대상과 친숙한 애정적 관계를 형성하게 되었다. 또한 동·식물 기르기에 긍정적 정서를 경험하게 되었으며, 생명의 소중함과 돌봄의 태도를 갖게 되었다.

지금까지 살펴본 것처럼 바람직한 유아과학교육 실현과 질적 향상을 위해서 결정적인 영향을 미치는 요인은 교사이다. 교사의 과학에 대한 관점 정립과 태도, 풍부하고 정확한 과학 교수지식과 개념이해, 그리고 이와 함께 교사의 지속적인 과학적 소양을 위한 노력이 중요한 요소임을 알 수 있다.

생각해보기

'과학' 하면 떠오르는 것: 브레인스토밍하기

생각해보기

'과학' 관련 경험 회상하기

생각해보기

'과학' 교육에 대한 개념망 만들기

4) 교사의 역할

유아과학교육을 위해 교사는 영유아가 주변세계에 흥미를 가지고 탐구할 수 있도록 격려하고 다양한 경험의 기회를 제공하는 것이 중요하다. 교사의 역할을 탐구자, 환경 제공자, 안내자, 상호작용자 그리고 관찰자로서의 교사로 구분하여 구체적으로 살펴보면 다음과 같다(〈그림 1-2〉).

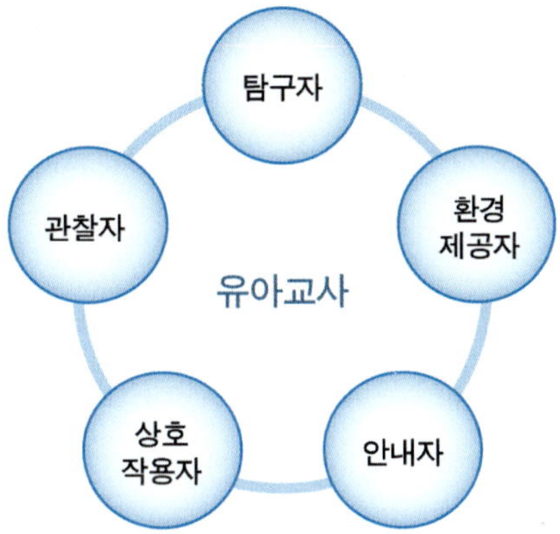

그림 1-2 유아과학교육의 교사의 역할

(1) 탐구자로서의 교사

유아과학교육을 위한 교사의 역할 중 무엇보다 중요한 것은 교사 자신의 과학에 대한 관심과 흥미일 것이다. 교사는 주변 사물과 자연세계에 관심을 가지고 일상생활 속에서 궁금한 것을 알아보고 다양한 현상과 문제를 해결하기 위해 탐구과정을 즐기는 태도가 필요하다. 의문을 가지고 문제를 해결해 가는 그 자체가 과학활동을 하는 데 있어 바람직한 실천의 출발점이 될 수 있다. 과학을 하는 과정을 즐기고 몰입하며 탐구하는 교사의 태도는 유아들에게 과학에 대한 흥미로운 기억과 행동을 전달하고 공유할 수 있도록 하기 때문에 지속적인 노력이 필요하다.

(2) 환경제공자로서의 교사

과학교육은 유아들이 자연과 주변세계에 흥미와 호기심을 가지고 관찰하고, 만지고, 조작하는 등의 직접적인 경험을 기초로 이루어진다. 따라서 교사는 유아들이 자유로운 탐색활동을 할 수 있도록 허용적인 분위기와 환경을 제공해 주어야 한다. 그리고 유아들이 자유롭게 다양한 탐구 경험을 가질 수 있도록 실내·외의 풍부한 자료와 도구를 제공해 주어야 한다. 영유아들이 즐겁게 세상과 사물을 만날 수 있도록, 그리고 유아 스스로 주변 사물과 세계에서 새로운 사실을 발견하고 해결하는 과정에서 탐색, 관찰, 비교, 예측 등의 탐구 기술을 활용해 볼 수 있도록 도와주어야 한다.

(3) 안내자로서의 교사

교사는 유아가 의미 있는 과학활동을 할 수 있도록 활동을 촉진시키고 돕는 적극적인 안내자의 역할을 해야 한다. 즉, 유아 스스로 과학적 사실을 발견하고 능동적인 탐색과 탐구활동을 지속해 나갈 수 있도록 적절한 발문을 하거나 또는 문제를 제기하거나 제안할 수 있어야 한다. 이때 유아의 발달 및 지식 수준과 흥미를 고려하여 적절한 내용으로 과학의 과정을 이끌어가야 한다.

교사는 유아의 사고와 활동을 유발하고 촉진할 수 있도록 다음과 같이 안내자의 역할을 할 수 있다(신은수 외, 2018). 첫째, 영유아의 일상생활 중에서 우연히 일어난 과학경험을 과학활동으로 확장시킨다. 둘째, 과학경험이 자연스럽게 일어날 만한 장소, 시간을 고려하여 영유아를 주의 깊게 관찰한다. 셋째, 영유아의 과학경험을 격려한다. 넷째, 교사는 과학경험을 다른 활동과 통합시켜 활동을 계획하여 안내해야 한다. 과학활동을 지속해 나갈 수 있는 방법으로 교사는 아이디어 제안하기, 과학의 개념, 원리, 사실 등의 정보 전달하기, 유아의 과학활동을 안내하는 상호작용하기, 과학을 하는 태도와 과학적 용어 및 도구 사용에 대한 모델링하기, 유아의 과학적 호기심을 자극하는 질문과 문제 제기하기, 유아의 과학학습 중재하기, 유아와 함께 문제해결하기 등의 방법으로 안내할 수 있다(유연화 외, 2019). 이처럼 안내자로서의 역할은 유아가 가지고 있는 과학능력을 발휘하고 개발할 수 있도록 도움을 주고 유아들의 흥미를 지속시켜주며, 과학활동에 대한 이해와 참여도를 높여주기도 한다.

(4) 상호작용자로서의 교사

교사는 교사 주도의 활동보다는 유아가 스스로 주변세계에 관심을 가지고 이를 확장할 수 있도록, 그리고 다양한 현상의 문제를 해결하고자 하는 탐구하는 과정을 도울 수 있는 긍정적인 상호작용자의 역할을 해야 한다. 유아의 과학적 경험과 탐구활동을 격려할 수 있어야 하며, 유아들의 반응을 수용하고 적절한 반응과 개방적인 질문, 탐구 방향 제시 등으로 상호작용을 하며 유아들의 사전 경험과 인지적 갈등을 확장시켜 주어 과학활동이 지속되거나 확장될 수 있도록 도와야 한다. 즉, 교사 주도의 분위기에서 과학적 지식을 직접적으로 전달하기보다는 유아 스스로 창의적으로 문제를 해결할 수 있도록 지원해야 하며, 수용과 격려, 적절한 개입 및 질문, 탐구 방향 제시 등의 상호작용 방법을 사용할 수 있다. 과학적 지식 설명, 오개념 수정 등을 위해 교사는 새로운 경험을 제공하거나 적절한 질문을 통해 상호작용할 수 있다. 이와 함께 교사는 유아와의 상호작용뿐만 아니라 유아들 간의 상호작용이 활발하게 이루어져 과학경험을 확장할 수 있도록 중재하는 역할도 할 수 있어야 한다. 유아들이 공통된 경험을 바탕으로 함께 문제를 해결하기 위해 생각을 나누고 토의할 수 있는 과학활동의 기회를 제공해 주어야 한다. 이때 유아들 간의 과학활동에서 적절한 개입과 중재, 의사소통을 하여 상호작용하는 것도 탐구과정을 촉진하고 과학활동을 확장할 수 있다.

(5) 관찰자로서의 교사

교사가 유아들의 일상생활과 과학활동이 진행되는 동안 유아들을 세밀하게 관찰하는 역할은 중요한 의미를 갖는다. 유아들의 발달 및 사고 수준, 경험, 흥미 등과 활동에서의 맥락을 관찰하고 기록하는 것은 유아들의 흥미가 무엇인지, 유아들이 무엇을 이해하고 있는지에 대한 정보를 제공해 주며 유아들에 대한 이해와 더불어 문제해결을 위한 실마리를 제공해 준다. 또한 관찰을 함으로써 교사의 적절한 개입과 질문, 지원의 시기와 방법을 결정할 수 있다. 이처럼 관찰자로서의 교사는 유아들이 효과적으로 과학활동을 이어갈 수 있도록 도움을 주고 과학활동을 평가하고 계획하고 실행할 수 있는 토대를 마련해 줄 수 있다.

생각해보기

자신이 생각하는 유아과학교육을 위한 교사의 역할

역할	순위	이유
탐구자		
환경제공자		
안내자		
상호작용자		
관찰자		

유 · 아 · 과 · 학 · 교 · 육

CHAPTER 02

유아과학교육의 동향

| 배울내용 |

1. 유아과학교육의 역사와 최근 동향
2. 구성주의와 유아과학교육
3. 유아과학교육과 교육과정

| 학습목표 |

1. 유아과학교육의 역사적 배경과 최근 동향에 대해 안다.
2. 구성주의의 관점과 유형에 대해 이해하고, 유아과학교육과의 관계에 대해 안다.
3. 유아교육과정에 대해 안다.

CHAPTER 02

유아과학교육의 동향

1. 유아과학교육의 역사와 최근 동향

유아과학교육은 20세기에 진입한 후 체계적인 이론과 교육의 실제가 제시되면서 발전하였으며, 20세기 이후를 중심으로 과학교육이 자리 잡기 시작하였다. 과학교육은 자연과학의 진보와 더불어 그 시대의 국가와 사회의 상황과 교육사조 및 교육적 요구에 따라 변화를 거듭하였다. 이러한 변화에 따라 유아과학교육의 역사와 최근 동향을 베일리(Bailey) 교수가 주도한 자연탐구 운동기, 1960년대 새과학교육 운동기, 1980년대 이후 과학교육 시기를 중심으로 살펴보면 다음과 같다.

1) 자연탐구 운동기

자연탐구 운동은 1890년대부터 1940년대까지 코넬대학의 베일리 교수에 의해 활발하게 이루어졌다. 이 시기의 유아과학교육은 다양한 식물과 동물을 관찰하고 지식을 습득하는 것을 중심으로 전개되었다. 하지만 과학적 개념을 이해하고 과학적 태도를 형성하기보다는 자연을 감상하는 데 초점을 두어 포괄적이고 체계적으로 접근하지는 못했다. 즉, 과학교육의 내용이 지나치게 낭만주의적이라는 비판을 받았으며, 이후 1960년대 초까지 과학교육은 다른 영역에 비해 큰 관심과 발전을 이루지 못한 채 교과서에 의존한 교육에 머물렀다(황의명 외, 2019).

2) 1960년대 새과학교육 운동기

1957년 스푸트니크 쇼크(Sputnik Shock)[1] 이후 미국에서는 과학기술 분야와 교육 분야에서도 다양한 변화를 일으키게 되는데, 특히 교육철학과 교육과정에 대한 패러다임의 변화와 개혁의 움직임이 일어나기 시작하였다. 이러한 교육의 변화와 개혁은 수학과 과학 분야에서 두드러지며 전 세계의 교육적 흐름에 영향을 미쳤다. 이전 시기보다 1960년대 과학교육은 과학교육의 방법에 있어서 교과서에 기초하여 과학지식을 암기하는 것이 아니라 풍부한 자료를 바탕으로 직접 관찰하고 실험하며 과학적 개념을 이해하고 습득하도록 하였다.

1) 옛 소련(소비에트연방)은 1957년 10월 4일 카자흐스탄의 한 사막에서 세계 최초로 인공위성 스푸트니크 1호를 발사하는 데 성공했다. 이전까지만 해도 과학기술 분야에서 소련을 압도하고 있다고 믿었던 미국은 엄청난 충격을 받았는데, 이를 스푸트니크 쇼크(Sputnik Shock)라 한다(네이버 지식백과, 한경 경제용어사전). 그림출처: 스푸트니크 1호 세계 최초의 인공위성(https://ko.wikipedia.org/wiki/).

이러한 과학교육의 변화와 개혁의 움직임으로 인해 과학교육에 대한 관심이 증가하면서 피아제(Piaget), 브루너(Bruner), 가네(Gagne)의 인지발달이론이 유아과학교육에 큰 영향을 미쳤고 다양한 유아교육 프로그램 개발에 이론적 기초를 제공하였다. 이 시기에 500여 종의 프로그램이 '새과학교육과정'이라는 이름으로 개발되었고, 초등과학교육 프로그램(Elementary Science Study: ESS), 과학교육 과정 개설 연구 프로그램(Science Curriculum Improvement Study: SCIS), 과학-과정 접근 프로그램(Science-A Process Approach: SAPA) 등이 가장 대표적인 프로그램으로 우리나라 유치원 및 초등학교 과학교육과정에 많은 영향을 주었다(엄기영, 1999).

초등과학교육 프로그램(Elementary Science Study: ESS)은 미국 교육개발센터에서 전통적인 과학교육 방법을 개선하기 위해 개발한 프로그램으로, 유아들의 탐구심과 능력을 키우는 것에 강조점을 두고 있다. 즉, 유아 스스로 다양한 자연 현상과 사물들을 조작하고 탐구하면서 과학적 발견의 즐거움을 경험하도록 하였다. 교육목적은 유아들에게 주변세계에 대한 지식과 통찰력을 확대해 나가고 그것을 즐기도록 하는데 있으며, 합리적 사고과정 기르기, 조작하기, 의사소통하기, 과학적 개념 알기 및 적용하기, 과학에 대한 긍정적 태도 기르기 등 인지적 · 정의적 · 정신운동적인 측면의 발달을 도와주고자 하였다.

과학교육 과정 개설 연구 프로그램(Science Curriculum Improvement Study: SCIS)은 과학학습의 과정을 강조하였는데, 기초적인 과학개념의 이해를 돕고 과학적 소양을 증진시키는 것을 강조하며 탐구심과 합리적 사고를 증진시키는 것을 목표로 한다. 좁은 지식과 기술을 습득하기 보다는 다양한 대상에 공통적으로 적용될 수 있는 기초적이고 근본적인 원리와 개념을 발견하고 창조하는 방법을 학습시키도록 하여 유아들의 과학적 재능과 지적 발달을 돕고자 하였다.

과학-과정 접근 프로그램(Science-A Process Approach: SAPA)은 과학의 과정이 중요함을 인식하고 유아가 과학의 지식과 자연세계를 이해할 수 있도록 돕고, 과학과정능력을 습득할 수 있도록 하는 데 목적이 있다. 즉, 복잡한 과학학습을 위해 과학의 과정을 구체적이고 체계적으로 이용할 수 있는 기술을 발달시키는 것에 있다. 유아에게 과학을 지식으로 가르치는 것이 아니라 즐겁고 감동을 줄 수 있는 활동과정으로 다루어, 지식체계를 전달하는 수단보다는 탐구하는 과정으로 이해시키려고 한다.

이들 프로그램은 실험 및 관찰 중심의 다양한 활동으로 구성되었고, 과학을 지식으로 가르치는 것이 아니라 탐구와 합리적 사고를 길러주는 것을 목표로 과학적 소양을 길러줄 것을 강조하고 있으며, 교사들에게는 구체적인 활동방법과 교육지침을 제공하였다. 그러나 새로운 과학교육 프로그램들은 유아들의 과학에 대한 흥미를 지속시키지 못했으며, 교실에서 이들 프로그램이 활발하게 활용되지 않았다는 사실이 드러났다. 많은 재정과 노력을 기울인 프로그램들이 적극적으로 활용되지 못한 것은 시설과 자료의 미비, 재정의 부족, 교사의 준비 부족 등으로 많은 연구에서 논의되었다. 특히 교사의 과학교육을 위한 능력과 태도가 부족하다는 지적이 두드러졌다. 이 결과는 교사가 스스로 과학을 즐기고 이해하려는 태도와 능력이 중요함을 시사하였고, 미국의 과학교육은 새로운 개혁의 필요성을 갖게 되었다(황의명 외, 2009).

3) 1980년대 이후 과학교육: 과학교육 개혁기

1960년대 새과학교육과정의 부진과 과학의 급진적인 발전에 따른 새로운 과학교육의 개혁과 요구에 의해 1980년대 이후 과학교육은 Project 2061과 STS(Science-Technology-Society) 등으로 과학교육 연구 및 개혁운동이 전개되며 새로운 과학교육을 지향하게 되었다.

Project 2061은 1985년 핼리 혜성이 지구에 근접해 왔고 또 다시 지구에 근접해 올 것이라고 예상되는 2061년까지 모든 미국인이 생활 속에서 과학을 이해하고 과학과 관련된 사회적 문제에 대한 올바른 인식과 의사결정능력을 갖추는 것을 지향한다는 의미를 가진다. 1980년대 이후 국가적 차원에서의 과학운동으로 이 프로젝트는 모든 사람들이 과학을 이해하고 실생활에 필요한 과학적 소양을 길러주어야 한다는 데 목적이 있다. 그리고 실생활 속에서 과학적 문제를 해결하는 능력을 갖추기 위해 어린 시절부터 적극적으로 탐구과정에 참여할 수 있도록 하여 과학의 생활화를 강조한다.

STS(Science-Technology-Society) 접근은 1980년대 이전까지 과학교육의 내용이 지나치게 어렵고 실생활의 문제와 연관성이 없어 유아들이 과학에 흥미를 갖는 데 한계가 있다는 과학교육에 대한 비판과 과학의 발전이 가져온 사회문제의 심각성에 의해 새로운 과학교육의 접근으로 등장하였다. 이 접근은 유아들이 일상생활에서 경험하고 사회문제 속에서 과학내용과 방법을 다루도록 강조하고, 효과적인 과학교육은 과학, 기술, 사회 간의 상호작용을 과학학습과정에서 다루는 것이라고 본다. 그러므로 과학이 사회에 미치는 영향에 대해 인식하고 문제를 해결하는 능력을 기르고 실생활에서의 과학을 활용할 수 있도록 유아와 직접적으로 관련된 주변 문제로부터 과학학습이 이루어지도록 하는 데 의미를 두고 있다.

2. 구성주의와 유아과학교육

유아과학교육에서 구성주의는 바람직한 교수학습방법의 방향을 제시해 주는 이론적인 틀로서 유아과학교육의 출발이라고 할 수 있다. 구성주의는 최근 유아과학교육의 연구와 실제를 주도하며 커다란 영향을 미치고 유아과학교육이 추구해야 할 방향을 제시하기 때문에 유아과학교육의 동향과 방향을 살펴보는 데 있어 주요한 의미를 지닌다(이은진, 2018; 황의명 외, 2019). 즉, 구성주의 이론은 유아과학교육에서 내용의 폭을 넓혀주고, 유아에게 적합한 과학개념이 무엇인가에 대한 사고의 변화를 가져오게 했을 뿐만 아니라 과학적 탐구과정과 태도의 중요성을 부각시켜 주고 있다(조부경 외, 2018). 따라서 유아과학교육을 실현하기 위해 구성주의 개념과 관점을 이해하고 구성주의에 기초한 유아과학교육의 방향을 정립할 필요가 있다.

1) 구성주의의 관점과 유아과학교육

구성주의는 한 개인이 어떻게 지식을 형성하고, 지식을 이해하기 위해 어떻게 해야 하는가에 관한 관점으로서, 구성주의 관점에서 지식은 인간의 내부에서 끊임없이 구성되어가는 상대적인 것이다. 즉, 구성주의는 주관적인 인식론에 기초하는데, 지식이란 한 개인의 직접적인 관찰이나 반성적 사고, 논리적 사고에 의해 구성되는 것이며, 자신의 경험을 바탕으로 검토하고 이해되었을 때, 그것을 지식으로 받아들이게 된다는 것이다.

(1) 구성주의와 유아

구성주의 관점에서 학습자는 능동적으로 지식을 구성해나가는 자율적이고 주체적인 책임감 있는 존재이며(강인애, 1996), 유아는 스스로 자신의 지식을 구성해 나가는 교육의 중요한 주체자이며 적극적인 학습자라고 할 수 있다. 구성주의 관점에서 유아는 주변 세계와 일상적 경험을 통해 형식적인 과학교육을 받기 이전부터 여러 가지 사물의 특성과 현상에 대해 나름대로 이해하고 있는 개념이 있다고 주장한다. 유아들이 가지고 있는 나름대로의 개념을 더욱 확장된 과학적 개념으로 이해하도록 돕기 위해서는 교사는 과학활동을 시작하는 단계에서 유아들의 사전경험과 사전개념, 즉 그 개념에 대해 이미 알고 있는 유아들의 지식을 파악하는 것이 중요하다. 유아들이 과학활동을 직접 경험하도록 하는 것이 중요한데, 이때 자신의 인지적 구조 안에서 기존의 경험과 개념들은 새로운 정보와 경험들과의 인지적 갈등을 겪게 되면서 선 지식과 사고방식이 변화되고 새로운 개념을 구성해 나갈 수 있다.

또한 인지적 불일치를 평형화로 만들기 위해 다양한 경험과 사고의 과정을 거치면서 스스로 사고하고 문제해결을 하는 학습의 과정에서 지식을 풍부하게 구성하는 적극적인 참여자가 되는 것이다. 이러한 의미에서 교육의 주체로서 유아들에게 지식의 이해를 돕기 위해서는 유아 스스로 관찰하고 경험하면서 끊임없는 사고의 과정이 이루어지도록 하는 것이 중요하다.

(2) 구성주의에 기초한 학습 원리

구성주의에 기초한 학습 원리에 대해 포스넛(Fosnot), 더피(Duffy) 및 사베리(Savery)는 〈표 2-1〉과 같이 제시하고 있다(조영남, 1999).

표 2-1 구성주의에 기초한 학습 원리

- 학습은 발달의 결과가 아니라 학습이 곧 발달이다.
- 인지적 불균형이 학습을 촉진한다.
- 반성적 추상이 학습의 원동력이다.
- 학습은 사회적 · 대화적 활동이다. 즉, 공동체 구성원들 간의 대화가 깊이 있는 사고를 촉진시킨다.
- 학습은 구조의 발전을 지향한다.
- 학습은 상황에 기초하여 일어난다.
- 학습은 구성적 · 능동적 과정이다.
- 학습은 도구와 상징을 통해 촉진된다.
- 궁극적인 성취는 앎의 방법을 아는 것이다.

(3) 구성주의와 과학교수방법

구성주의에 기초한 유아과학교육의 교수방법은 유아들의 생각과 경험을 중요하게 생각하는데, 유아 스스로 적극적인 학습자로 탐구과정에 참여할 것을 강조한다. 즉, 유아들이 활동에 직접 참여하고 또래들과 활발한 상호작용을 하는 과정 중심적 교수방법으로서 유아 중심의 능동적인 교수학습환경을 실천하고자 하는 것이다. 구성주의 과학교수방법으로는 〈표 2-2〉와 같다.

표 2-2 구성주의 과학교수방법

- 과학활동을 계획할 때, 유아가 이미 알고 있는 과학적 지식이나 개념과 이전의 경험을 고려한다.
- 유아가 기존에 갖고 있는 경험과 개념에 새로운 도전을 할 수 있는 활동을 계획한다.
- 과학학습은 유아가 직접적인 실험, 관찰 등의 탐구활동에 참여하는 방법으로 이루어져야 한다.
- 유아가 과학활동에 참여하면서 제시하는 다양한 아이디어를 격려한다.
- 유아가 흥미를 갖는 대상에 관해 적극적으로 탐구할 기회를 제공한다.
- 유아의 질문을 해결하기 위해 구체적인 실험뿐만 아니라 책이나 전문가 등의 다양한 정보원을 활용한다.
- 유아가 좀 더 정교한 아이디어를 구성하도록 돕기 위해 다양한 개방적 질문을 활용한다.
- 유아가 현재 관찰할 수 있는 현상의 원인을 추론할 수 있는 활동을 경험하여 다양하게 사고해 보는 기회를 제공한다.
- 어떤 질문에 대한 해답을 교사가 말하거나 책을 찾아보기 전에 유아의 아이디어를 묻는다.
- 실험이나 관찰의 결과를 유아 스스로 정리하도록 하여 새로운 개념의 활동을 위한 반성적 사고의 기회를 갖도록 한다.
- 협동학습의 기회를 주어 유아들 간에 다양한 의사소통과 아이디어의 교류를 통해 학습을 촉진한다.

(4) 구성주의와 과학활동

김경미 등(2017)은 과학활동에서의 구성주의 적용을 〈표 2-3〉과 같이 제시하고 있다.

표 2-3 과학활동에서의 구성주의 적용

- 과학활동은 선행경험과 지식에서 출발해야 한다.
- 학습할 개념에 대한 실험과 예측을 통해 인지적 갈등을 유발한다.
- 예측한 것과 얻어진 결과의 차이에 대한 원인을 분석한다.
- 실험 및 관찰 결과에 대한 소집단 토론을 통해 개념을 재구성한다.
- 구성된 개념을 문제해결에 응용한다.

(5) 구성주의와 교사

구성주의에 기초한 과학교육에서 교사는 정답을 가지고 있지 않으며 지식 전달자가 아니다. 따라서 교사는 유아에게 적합한 활동을 계획하고 유아 스스로 자신의 맥락에서 지식을 구성하고 문제를 해결해 나갈 수 있도록 하며 유아와 함께 적극적으로 토의하고 탐구해 나가는 역할을 해야 한다. 교사는 학습의 계획 및 실행 시 유아들의 적극적인 참여를 이끌고, 유아가 의미 있는 것을 발견하고 내면화할 수 있도록 도울 수 있어야 한다. 질문을 통해 유아들의 이전 경험을 이해하고 어떻게 주제와 연결시키고 재구성하는지를 돕는 역할을 한다. 다시 말해 구성주의 입장에서 교사는 관찰자, 제시자, 질문자, 안내자, 조언자, 학습 촉진자, 공동학습자, 질문자, 환경구성자라 할 수 있다(백은주, 2017; 이기현, 2016).

2) 인지적 구성주의와 사회문화적 구성주의

구성주의 접근은 피아제(Piaget) 이론에 기초를 둔 인지적 구성주의와 비고츠키(Vygotsky) 이론에 기초를 둔 사회문화적 구성주의로 나누어 살펴볼 수 있다. 인지적 구성주의와 사회문화적 구성주의는 지식은 고정된 것이 아니라 구성된다는 점에서 공통점이 있지만 유아가 지식을 구성하는 방법에 대해서는 관점이 다르다. 즉, 인지적 구성주의는 개인의 인지적 구성과정에 초점을 두며, 지식은 유아 개개인의 경험을 통해 자신만의 방법으로 구성된다고 본다. 반면 사회문화적 구성주의는 학습에 미치는 사회문화적 영향력을 중요시 하며, 유아가 지식을 구성하는 데 문화적 맥락 속에서의 경험이 중요한 영향을 미친다고 본다는 점에서 차이가 있다.

(1) 인지적 구성주의

피아제(Piaget)

피아제 이론에 기초를 둔 인지적 구성주의는 지식은 정지된 것이 아니라 변화하고 변형되는데 지식을 구성하는 과정에서의 내적인 힘을 강조한다. 즉, 유아들은 적극적으로 새로운 경험을 지각하고 의미를 얻기 위해 노력하여 지식을 구성하는데, 유아들의 경험은 평형화의 과정을 통해 지식으로 구성된다. 이때 평형화는 동화와 조절의 과정을 통해 일어나는데, 평형화는 유아들이 환경과의 상호작용을 하는 과정에서 이전 지식과 새로운 지식 간의 불일치로 인해 인지적 갈등을 불러오고, 이들 간의 균형을 이루기 위해 기존의 사고방식을 변화시키며 새로운 방법을 찾아가는 역동적인 과정이라 할 수 있다. 이러한 평형화의 과정을 통해 인지발달이 이루어지는 것이다(〈그림 2-1〉).

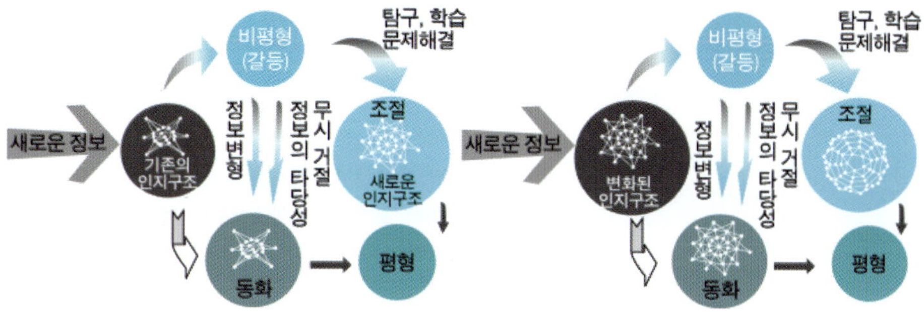

그림 2-1 새로운 지식 창출에 있어 동화–조절–평형

출처: 김이영 외(2016). 교육심리학. 양성원.

따라서 인지적 구성주의에서는 유아의 일반적인 사고발달 단계가 고려되고 인지적 갈등이 일어나는 내용이나 과제의 도입이 중요함을 강조한다. 인지적 구성주의를 유아과학교육에 적용하기 위해서는 〈표 2-4〉와 같은 측면을 고려하여야 한다(김경미 외, 2017).

표 2-4 인지적 구성주의 적용을 위한 고려사항

구분	내용
과학교육은 사고 구조의 발달을 주요 목적으로 강조해야 한다.	피아제가 설명하는 인지발달은 감각운동기, 전조작기, 구체적 조작기, 형식적 조작기의 4단계를 거쳐 발달하는데, 각 단계는 서로 다른 논리수학적 사고 구조를 가지고 있다. 따라서 유아과학교육은 사고 구조의 발달을 목적으로 해야 한다.
개인차를 고려해야 한다.	인지발달 단계는 각 단계를 거치지만 개인차가 있을 수 있고, 각 단계별 전이 과정에서도 개체 간의 발달 차이가 있을 수 있다. 따라서 교사는 개별 유아의 사고 구조 발달에 관심을 가지고 개별화 수업이 될 수 있도록 준비하고, 유아 개개인의 사전경험과 지식 및 개념을 파악하여 이에 기초한 활동을 구성해야 한다.

구분	내용
내용보다는 과정 중심의 활동이어야 한다.	유아가 직접 관찰, 분류, 측정, 예측, 의사소통, 실험 등의 과정을 통한 과학활동이어야 한다.
유아가 주도적 · 능동적 · 적극적으로 참여하도록 한다.	유아의 흥미와 아이디어를 반영하여야 하며, 유아의 사전지식과 경험에 기초한 지식을 재구성해 갈 수 있도록 하는 것을 의미한다. 과학활동의 계획 및 준비 단계에서부터 유아가 참여하도록 하며, 활동 진행 중에는 유아가 자유롭게 탐색하고 조작할 수 있는 탐구활동이 되도록 한다.
지식을 구성하기 위해서는 행동이 선행되어야 한다.	지식은 유아 스스로에 의해 구성되며, 사물과 직접적인 상호작용을 함으로써 사물의 특성을 이해하게 되고 자신의 행동에 의해 직접 만들어지는 물리적 현상을 통해 지식을 구성하게 된다. 따라서 유아가 직접 관찰하고 조작 및 예측, 비교 등을 할 수 있도록 풍부한 활동 자료를 제공하고 적극적으로 참여할 수 있도록 한다.
인지적 평형화를 유도해야 한다.	평형화는 인지발달을 촉진하는 것이기 때문에 인지적 갈등을 유발하도록 하여 평형화가 이루어지도록 한다.

이와 함께 피아제의 인지적 구성주의가 유아과학교육에 주는 시사점을 살펴보면 〈표 2-5〉와 같다(이경우 외, 1996).

표 2-5 인지적 구성주의의 시사점

구분	내용
과학교육의 목적을 어디에 두는가 하는 점이다.	피아제는 유아의 지식은 내적인 사고과정에 의해 형성된다고 보았고, 따라서 과학교육의 목적은 유아의 사고 작용이 일어나는 탐구와 실험 및 토의를 통해 스스로 의미를 구성해 가는 것이라 할 수 있다.
개개인이 지식을 구성할 때 행동의 중요성을 강조한다.	교사 주도적 방법에서 벗어나 유아들이 직접 사물을 조작 및 탐색해 보거나 질문, 결과 예측, 비교해 보는 등의 유아 주도적 방법이 되어야 한다.
인지발달의 단계별 진보는 보편적이며 예측 가능하다는 것이다.	유아 개인의 사전경험이나 과학적 맥락, 주변 상황이나 개인적인 흥미도 유아들이 배울 수 있고 배워야 할 것을 결정하는 인지적 수준보다 우위에 둘 수 없다.
지식은 유아 스스로에 의해 구성된다는 것이다.	구성주의 입장에서 볼 때, 인간은 정신 작용을 바탕으로 자신의 직관적 사고를 조직하고 변형함으로써 주변세계를 이해하게 된다는 의미에서 각 개인은 스스로의 의미와 지식을 구성한다.

인지적 구성주의는 유아과학교육에서 과학의 내용보다는 과정을 중요시한다. 즉, 탐구와 실험 및 토의 등의 과학의 과정에서 유아 스스로 구성할 수 있도록 이끌어 주는 것이 중요하다고 본다. 따라서 유아 개개인의 인지적 구성과정에 초점을 두어 유아들의 경험을 바탕으로 유아들의 탐구과정과 다양한 사고과정을 통해 지식이 구성되는 과학의 과정을 강조한다. 이러한 과학교육의 과정과 활동에 유아들은 적극적으로 참여하고 탐구하며 유아들의 사고 작용과 변화가 이루어져야 함을 목적으로 한다.

과학교육의 내용에 있어서도 유아들의 발달 수준과 단계를 고려하여 유아들의 인지발달의 수준 내에서 이루어지도록 하는 것이 유아들의 흥미를 불러올 수 있다. 과학 교수방법으로는 유아들이 사물을 직접 탐색하고 조작하는 직접적인 경험을 중요시하고, 교사는 유아들이 스스로 활동에 참여할 수 있도록 분위기를 조성해 주고 관찰자와 촉진자로서 적절한 개입이 이루어져야 한다.

(2) 사회문화적 구성주의

비고츠키(Vygotsky)

비고츠키 이론에 기초한 사회문화적 구성주의는 인지적 구성주의와 마찬가지로 지식은 인간의 내부에서 구성되며 변화하는 것이고 유아 스스로 지식을 구성해 나간다는 관점은 동일하다. 그러나 개인의 내적인 인지 구조보다는 사회문화적 구성주의는 사회문화적 요인과 맥락이 지식 구성에 더 큰 영향력이 있다고 본다. 특정 '영역'에 따라 한 개인의 문제해결이나 지식습득 능력이 달라질 수 있다는 관점을 가지는데, 내용을 잘 아는 영역에서는 보다 높은 수준의 추론이 가능하다고 본다. 유아들은 관심 분야에 대한 세부 지식을 축적해 가면 그 부분의 학습을 쉽게 할 수 있고, 이는 이후의 학습을 이끌어가는 기초로서 작용한다. 이와 같은 학습의 기초로서 방향을 제시해 주는 것을 '구속능력'이라고 하며, 선행경험과 선행지식 등의 인지적 · 내적 구속능력과 교사, 부모, 유능한 또래 등의 타인의 행동, 타인과의 상호작용, 사회적 맥락, 그리고 언어와 같은 상징, 신념 등의 사회문화적 · 외적 구속능력이 있다. 이러한 구속능력들은 지식 구성과정에 영향을 미치며 지식습득이나 문제해결을 촉진시키는 매개체라 할 수 있다. 이처럼 개인의 인지 구조뿐만 아니라 경험을 통해 습득한 특정 영역의 세부 지식은 지식 구성과정에 영향을 미치고, 한 개인을 둘러싸고 있는 사회문화적 맥락들이 지식 구성의 과정을 촉진시켜 준다.

개인의 정신은 다른 사람들의 정신과 분리되지 않고 결합되며, 사회문화적 지식은 사회구성원 간에 공유되는데, 개인의 인지발달은 이러한 사회문화적 상황을 통해 공유된 지식을 내면화함으로써 이루어진다. 따라서 개인의 발달은 그가 경험하는 사회문화적 맥락에서 이해해야 하며, 교육은 그 사회의 독특한 사회문화적 맥락에서 이루어져야 함을 강조한다. 따라서 유아가 일상생활 속에서 경험하는 사회적 상호작용을 이해해야 하며 수업도 마찬가지로 사회문화적 상황에 기초해야 한다.

비고츠키 이론은 근접발달지대(The Zone of Proximal Development: ZPD)에서의 학습을 강조하는데, 유아의 실제적 발달 수준과 잠재적 발달 수준을 모두 고려하여 근접발달지대를 자극하는 것이 필요하며 잠재적 발달 수준으로 이끌어주는 교육이 이루어져야 함을 보여준다. 이러한 근접발달지대에서의 효과적인 학습이 이루어지기 위해서는 바람직한 스캐폴딩(scaffolding)이 필요하다. 스캐폴딩(비계설정)은 유아보다 유능한 수준의 교사나 부모 또는 또래의 안내 및 도움이 유아의 학습을 도와주어 인지적 향상을 가능하게 해 주는 발판역할을 만들어 주는 것으로서(Wood & Middleton, 1975), 유아보다 유능한 조력자가 도움을 줄 때 유아의 요구에 맞게 민감하게 조절함으로써 유아의 학습을 극대화하는 것이 중요하다. 교사는 효과적인 스캐폴딩을 통해 유아가 흥미 있어 하는 문제해결의 과정에 적극적으로 참여하도록 이끌어야 하며, 유아들이 타인의 관점을 보거나 들으면서 스스로 해결할 수 있도록 돕는 것이 바람직하다(〈그림 2-2〉).

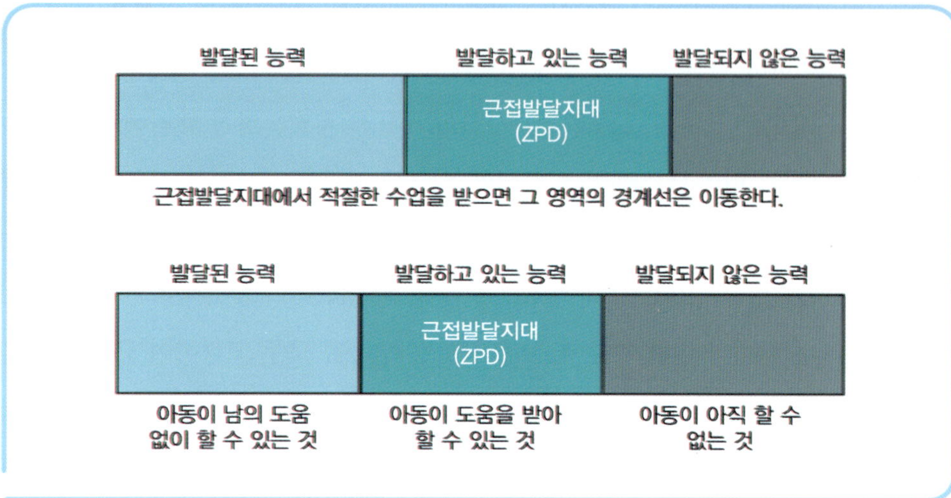

그림 2-2 근접발달지대의 개념화

출처: 김이영 외(2016). 교육심리학. 양성원.

사회문화적 구성주의를 유아과학교육에 적용하기 위해서 다음과 같은 측면을 고려하여야 한다(김경미 외, 2017; 유연화 외, 2019).

표 2-6 사회문화적 구성주의 적용을 위한 고려사항

구분	내용
유아과학교육의 교수 · 학습은 사고능력 증진에 목적을 두어야 한다.	유아와 또래와의 언어적 상호작용을 확장시켜 줄 수 있는 교수학습방법을 개발하여 놀이와 활동을 제공해야 한다. 유아들은 또래와의 언어적 상호작용에서 자신의 생각과 다른 사람의 관점을 접하여 사회인지 갈등을 일으키고, 다른 사람과의 협력 또는 협상하며 지식을 공동으로 구성할 수 있기 때문이다.
일상적 경험을 과학적 개념 체계로 확장해야 한다.	유아의 사전경험과 사전개념에 기초하여 과학활동을 경험하고 확장해 주는 것이 필요하다. 교사는 유아에게 물리적 세계에 대한 실험에 참여하게 한 후 사전경험 및 사전개념을 정교화시킬 수 있도록 하는 것이 바람직하다.

구분	내용
관심 있는 주제에 대해 깊이 있는 탐구를 하도록 한다.	유아들이 관심 있는 분야의 세부 지식을 축적해 가면 그 분야의 학습을 쉽게 할 수 있고, 이것이 또 학습의 구속력으로 작용할 수 있다. 따라서 교사는 유아들이 관심을 가지는 과학 영역이나 주제를 선정하여 세부 영역에 대한 지식을 심도 있게 쌓아갈 수 있도록 도와주어야 한다.
사회문화적 구속력을 활용한다.	교사는 유아의 학습에서 보다 적극적으로 활동에 참여해야 하며, 활동 중에 힌트, 단서, 안내, 시범, 언어적 중재, 질문, 제안, 지시 등을 통해 유아를 안내하고 학습을 촉진해야 한다. 또한 다양한 문화 시설이나 도구를 적극적으로 활용하고, 문화적으로 구조화된 과제를 제공함으로써 사회문화적 환경에서 과학활동이 이루어지도록 한다.
유아과학교육은 협동적 소집단 활동으로 진행한다.	협동학습으로 이루어지는 소집단 활동은 유아 개개인의 능동적 참여가 가능하면서 유아들 간의 사회적 상호작용이 가장 활발한 학습 형태이며, 학습의 효율성 면에서도 아주 우수한 활동 형태이다. 협동학습을 하는 가운데 다양한 의사소통과 아이디어 교류가 활발해짐으로써 학습이 촉진된다.
교사는 유아의 과학학습 과정에 안내자, 비계설정자, 환경제공자로서 적극적인 역할을 해야 한다.	교사는 유아들의 행동을 주의 깊게 관찰하여 기록하고 질문하여 유아들의 근접발달지대 안에 있는 현재의 발달 수준과 잠재적 발달 수준을 고려한 과제를 제공해 주어 유아의 학습에 보다 적극적으로 참여해야 한다.

사회문화적 구성주의는 과학의 과정뿐만 아니라 과학의 내용도 중요시한다. 유아들이 관심을 가지는 특정 영역의 세부 지식의 가치와 습득을 강조한다. 유아들이 관심 영역의 세부 지식을 습득해 가면 그 부분의 학습을 쉽게 할 수 있으며, 이는 학습의 구속능력으로 작용하게 되는 것이다. 사회문화적 구성주의에서 과학교육의 내용은 유아들이 관심을 가지고 흥미 있어 하는 영역이나 주제를 선정하여 관심 있는 세부 영역에 대한 지식을 심도 있게 쌓아가고 융통성 있게 문제를 풀어갈 수 있도록 하는 것이 중요하다. 또한 사회문화적 환경 속에서 유아들 간의 다양한 상호작용 중에 지식을

구성하고 확장해 가도록 하는 것이 바람직하다. 인지적 구성주의보다는 성인의 보다 적극적인 역할을 중요시하기 때문에, 교사는 지식을 직접적으로 전달하기보다는 유아들의 지식 구성과정이 활발하게 일어나고 상호작용이 원활하게 이루어지도록 적극적인 개입과 역할을 해야 한다.

(3) 인지적 구성주의와 사회문화적 구성주의의 교육적 시사점

인지적 구성주의와 사회문화적 구성주의는 모두 구성주의의 틀 속에서 있으며 서로 다른 세부 관점을 가지고 있지만 통합이 유아과학교육에 주는 시사점을 살펴보면 다음과 같다(이경우 외, 1999; 이기현, 2016; Martin, 2001).

첫째, 유아과학교육은 유아가 과학적 지식을 능동적으로 구성해 가도록 하는 데 초점을 두어야 한다. 이때 성인의 역할은 지식의 구성이 진행되고 있는 동안 적절한 정보와 전략을 제공해야 하며, 유아의 능동적 학습을 활발하게 자극하여 유아가 알고자 하는 지식을 얻을 수 있는 방향을 제시해 주어야 한다.

둘째, 유아가 직접 만져볼 수 있는 활동을 하는 것이 중요하며, 단순히 물체를 만져보는 것에서 넘어서 지식 구성을 위해 적극적으로 참여하도록 하여 행위 자체가 사고와 연결되어 확장될 수 있도록 한다. 유아 스스로 직접하는 활동을 통해 스스로 지식을 구성해나가는 것뿐만 아니라 수준이 높은 성인이나 또래 간의 언어적 상호작용을 통한 지식의 구성과정 또한 중요하다.

셋째, 유아과학교육의 학습 과제와 학습 방법을 다양화하고 학습을 실제 관련 상황과 연계시켜야 한다. 유아의 개인차를 극복하기 위해 수준별 학습이 이루어지도록 해야 하며, 이미 습득한 다양한 지식을 새로운 지식과 연결시킴으로써 실제 상황 속에서 적절한 이해가 이루어지도록 해야 한다.

넷째, 교사는 유아가 인지적 갈등을 일으키도록 끊임없이 개입하여 유아의 과학적 사고의 발달을 도와야 한다. 지식은 인지적 작용으로 인해 끊임없이 구성되고 사회문화적 맥락의 영향을 받는다는 점에서 교사는 유아의 과학적 지식이 끊임없이 심화, 확장되도록 개입해야 한다. 교사의 개입은 언어적인 것만을 의미하지 않으며, 과학교육에 있어 다양한 분야의 지식을 폭넓게 접하게 하는 것도 중요하지만 개별 유아의 관심에 따라 그 지식을 깊이 있게 확장시켜 끊임없이 상위 개념으로 구성해 가도록 하는 것이 더욱 중요하다.

표 2-7 피아제(Piaget)와 비고츠키(Vygotsky) 이론의 차이

구분	피아제	비고츠키
인지발달	• 사회문화적 맥락과 관계없는 보편적인 성격을 지님 • 유아와 물리적 사물 간의 상호작용이 중요함	• 사회문화적 맥락은 인지발달 과정의 유형을 결정함 • 사회적 환경 속에서의 교사-유아, 유아-유아의 상호작용이 더 결정적임
발달과 학습	• 유아의 현재 발달 수준이 학습능력을 결정하기 때문에 유아의 발달에 근거하여 학습이 이루어져야 함	• 발달에 있어서 학습이 중요한 역할을 하며 근접발달지대 내에서의 학습은 발달을 이끎
유아를 보는 관점	• 유아는 세상에 대해 스스로 학습해 가는 특징적 존재	• 사회문화적 맥락 속에서 유아를 바라보며, 완전히 독립적인 존재가 될 수 없다고 봄
유아과학교육 목적	• 내용보다 과정을 중시 • 개별 유아의 사고 구조 발달에 초점 • 유아가 탐구, 실험, 토의를 통해 스스로 의미를 구성하는 것이 목적	• 내용을 중시(과정을 배제한 내용만의 강조가 아니라 특정 영역의 세부지식을 중요시함) • 문제해결과정이나 절차만 중요시하는 것이 아니라 습득한 세부적인 지식을 토대로 융통성 있게 문제를 줄여갈 수 있도록 하는 것에 초점

구분	피아제	비고츠키
유아과학교육 내용	• 과학의 내용이 반드시 유아의 발달단계와 일치되어야 하며, 그 수준 이상의 것은 무의미	• 유아 개인의 일상개념이 작용하는 부분에 대해서 일찍 과학교육이 가능하므로, 이론교육 내용으로 선정하여 확장시켜주는 것이 중요
유아과학교육 교수방법	• 유아가 직접 사물을 조작하는 것을 중요시 • 교사는 언어적 개입보다는 지지적 분위기 조성, 관찰자, 촉진자의 역할(소극적 개입)	• 성인의 보다 적극적인 역할 중요 • 성인–또래 간의 상호작용이 일어나도록 적극적인 개입

출처: 유연화 외(2019). 유아과학교육. 공동체.

3. 유아과학교육과 교육과정

1) 유아과학교육과 누리과정

국가 수준의 교육과정은 최근 「2019 개정 누리과정」으로 개정되었으며, 유아가 중심이 되고 놀이가 살아나는 교육과정을 추구한다. 유아과학교육과 관련하여 「2019 개정 누리과정 해설서」에 제시된 자연탐구 영역의 목표와 내용은 〈표 2-8〉과 같다.

표 2-8 누리과정의 자연탐구 영역

유아는 호기심이 넘치는 과학자다. 궁금한 것에 대해 답을 찾기 위해 적극적으로 탐색하고 탐구하며 이를 즐긴다. 자연탐구 영역은 유아가 물질, 사물, 자연현상, 동·식물 등의 특성과 변화를 수학적, 과학적으로 탐구하는 다양한 경험과 관련된 내용이다. 교사는 유아가 호기심을 가지고 주도적으로 탐구하는 과정을 즐기며, 스스로 궁금증을 해결해 가도록 돕는다. 또한 유아가 주변의 동·식물, 생명, 자연환경에 관심을 가지고 생명을 소중히 여기고 사람과 자연이 더불어 살아가는 방법을 실천하도록 지원할 수 있다.

(1) 목표

탐구하는 과정을 즐기고, 자연과 더불어 살아가는 태도를 가진다.

표 2-9 자연탐구 영역의 목표

① 일상에서 호기심을 가지고 탐구하는 과정을 즐긴다. ② 생활 속의 문제를 수학적·과학적으로 탐구한다. ③ 생명과 자연을 존중한다.

(2) 내용

표 2-10 자연탐구 영역의 내용

내용범주	내용
탐구과정 즐기기	주변세계와 자연에 대해 지속적으로 호기심을 가진다.
	궁금한 것을 탐구하는 과정에 즐겁게 참여한다.
	탐구과정에서 서로 다른 생각에 관심을 가진다.

내용범주	내용
생활 속에서 탐구하기	물체의 특성과 변화를 여러 가지 방법으로 탐색한다.
	물체를 세어 수량을 알아본다.
	물체의 위치와 방향, 모양을 알고 구별한다.
	일상에서 길이, 무게 등의 속성을 비교한다.
	주변에서 반복되는 규칙을 갖는다.
	일상에서 모은 자료를 기준에 따라 분류한다.
	도구와 기계에 대해 관심을 가진다.
자연과 더불어 살기	주변의 동 · 식물에 관심을 가진다.
	생명과 자연환경을 소중히 여긴다.
	날씨와 계절의 변화를 생활과 관련짓는다.

(3) 목표 및 내용범주 이해하기

표 2-11 자연탐구 영역의 목표와 내용범주

자연탐구 영역의 목표와 내용범주는 유아가 호기심을 가지고 궁금한 것을 적극적으로 탐구하는 과정을 즐기며, 생활 속의 문제를 수학적 · 과학적으로 탐구해 보면서, 생명과 자연환경을 존중하는 내용으로 구성하였다.

- '탐구과정 즐기기'는 유아가 주변세계와 자연에 대해 호기심을 가지고 즐겁게 탐색하는 모습을 반영하여 제시하였다.
- '생활 속에서 탐구하기'는 일상의 문제를 수학적 · 과학적 방식으로 탐구하는 유아의 경험을 반영한 것이다.
- '자연과 더불어 살기'는 유아가 생명과 자연환경의 소중함을 경험하는 내용으로 새롭게 편성한 것이다. 기존 누리과정에서 사회관계 영역의 세부내용인 '자연과 자원을 아끼는 습관을 기른다'와 자연탐구 영역의 내용인 '생명체와 자연환경 알아보기'와 '자연현상 알아보기'의 세부내용들을 종합하여, 지속 가능한 사회를 위한 삶의 태도를 형성하는 내용으로 구성하였다.

• 탐구과정 즐기기: 유아가 주변세계와 자연에 대해 지속적으로 호기심을 가지고, 궁금한 것을 탐구하는 과정에 적극적으로 참여하면서 서로 다른 생각에 관심을 갖는 내용이다.
• 생활 속에서 탐구하기: 유아가 물체의 특성과 변화를 여러 가지 방법으로 탐색하고, 물체를 세어 수량을 알아보고, 물체의 위치와 방향, 모양을 알고 구별하며, 길이와 무게 등의 속성을 비교하고, 반복되는 규칙을 찾아보고, 모은 자료들을 기준에 따라 분류하며, 도구와 기계에 관심을 가지고 생활 속의 문제를 다양하게 탐구하는 내용이다.
• 자연과 더불어 살기: 유아가 주변의 동 · 식물에 대해 관심을 가지고, 생명과 자연환경을 소중히 여기며, 날씨와 계절의 변화를 생활과 관련짓는 내용이다.

내용범주: 탐구과정 즐기기

① 목표

일상에서 호기심을 가지고 탐구하는 과정을 즐긴다.

② 내용 및 내용이해

표 2-12 탐구과정 즐기기의 내용 및 내용이해

내용	내용이해
주변세계와 자연에 대해 지속적으로 호기심을 가진다.	유아가 물질, 물체, 동 · 식물, 자연현상 등에 호기심을 가지고, 놀이에서 지속적으로 궁금한 것을 찾아가거나 표현하는 내용이다.
궁금한 것을 탐구하는 과정에 즐겁게 참여한다.	유아가 궁금한 것을 알아보기 위해 관찰, 비교, 분류, 예측, 실험 등의 다양한 탐구과정을 자발적으로 즐기는 내용이다.
탐구과정에서 서로 다른 생각에 관심을 가진다.	유아가 탐구하는 과정에서 자신의 생각을 또래나 교사와 함께 공유하고, 서로 다른 생각에 관심을 가지는 내용이다.

내용범주: 생활 속에서 탐구하기

① 목표

생활 속의 문제를 수학적 · 과학적으로 탐구한다.

② 내용 및 내용이해

표 2-13 생활 속에서 탐구하기의 내용 및 내용이해

내용	내용이해
물체의 특성과 변화를 여러 가지 방법으로 탐색한다.	유아가 주변에서 쉽게 발견할 수 있는 친숙한 물체나 물질의 크기, 모양, 색, 냄새, 소리, 질감과 같은 기본적 특성에 관심을 갖는 내용이다. 나아가 그 물체나 물질을 자르고 섞는 등 다양한 방법으로 변화시켜 보며, 변화되는 특성과 변화되지 않는 특성이 무엇인지 탐색해 보는 내용이다.
물체를 세어 수량을 알아본다.	유아가 일상에서 수에 관심을 가지고, 수량을 세어 많고 적음 및 수량의 변화를 알아보는 내용이다.
물체의 위치와 방향, 모양을 알고 구별한다.	유아가 자신의 물체를 기준으로 앞, 뒤, 옆, 위, 아래 등 공간 안에서 위치와 방향을 알아가는 내용이다. 유아가 주변환경에서 네모나 세모, 둥근 기둥, 상자 모양 등을 찾고 다양한 모양에서 공통점과 차이점을 알아가는 내용이다.
일상에서 길이, 무게 등의 속성을 비교한다.	유아가 일상에서 길이나 무게 등 측정 가능한 속성을 알고, 이 속성을 기준으로 물체를 비교하여 순서 지어보는 내용이다. 이 과정에서 유아는 자신의 신체를 비롯하여 다양한 물체를 활용하고, 다양한 비교 어휘를 사용하면서 순서를 지어보는 내용이다.
주변에서 반복되는 규칙을 찾는다.	유아가 생활 주변에서 사물이나 사건의 양상이 일정한 순서로 반복, 배열되는 것에 관심을 갖고 즐기며, 반복되는 배열에 숨어 있는 질서와 규칙을 발견하여 다음에 올 것이 무엇인지를 예측하는 내용이다.
일상에서 모은 자료를 기준에 따라 분류한다.	유아가 일상생활에서 흥미와 관심에 따라 필요한 자료를 다양한 방법으로 모으고, 수집한 자료의 공통점과 차이점을 탐색하며, 이를 하나 또는 그 이상의 다양한 기준(예: 모양, 크기, 색깔 등)에 따라 정리하고 조직해 보는 내용이다.

내용	내용이해
도구와 기계에 대해 관심을 가진다.	유아가 일상생활에서 사용하는 다양한 도구와 기계에 관심을 가지고 직접 사용해 보면서, 도구와 기계가 우리의 생활에 어떠한 도움을 주는지에 대해 관심을 가지는 내용이다.

내용범주: 자연과 더불어 살기

① 목표

생명과 자연을 존중한다.

② 내용 및 내용이해

표 2-14 자연과 더불어 살기의 내용 및 내용이해

내용	내용이해
주변의 동 · 식물에 관심을 가진다.	유아가 등 · 하원, 산책, 바깥 놀이터, 교실에서 접할 수 있는 동 · 식물을 관찰하거나 직접 길러 보면서, 동 · 식물의 특성에 관심을 가지고 탐구하는 내용이다.
생명과 자연환경을 소중히 여긴다.	유아가 동 · 식물뿐만 아니라 동 · 식물이 살아가기에 좋은 환경에 대해 관심을 가지고, 이들을 생명체로서 소중히 여기는 내용이다.
날씨와 계절의 변화를 생활과 관련짓는다.	유아가 낮과 밤, 날씨, 계절의 변화를 느끼고, 자연의 변화가 자신의 옷차림, 놀이 등 일상생활에 영향을 준다는 것을 이해하고 적절하게 대처하는 내용이다.

생각해보기

유아의 다양한 놀이 맥락에서 교사가 지원할 수 있는 과학놀이에 대해 생각해보세요.

CHAPTER 03

유아과학교육의 교수 · 학습방법

| 배울내용 |

1. 전달식 교수법
2. 발견적 교수법
3. 상호작용적 교수법

| 학습목표 |

1. 전달식, 발견적, 상호작용적 교수법의 개념을 안다.
2. 전달식, 발견적, 상호작용적 교수법이 유아과학교육에서 적용되는 상황을 이해한다.

CHAPTER 03

유아과학교육의 교수·학습방법

유아의 흥미와 호기심은 적극적으로 사물을 다루고 탐색할 때 자극된다. 그러므로 바람직한 방법으로 자료를 제시하고 탐색을 자극할 때 과학적인 관심은 더욱 커지게 된다. 유아를 위한 과학교육은 교사의 지시적인 접근보다는 유아 스스로 이미 알고 있는 지식, 생활 속에서 익힌 개념, 기술 등을 연습해 볼 수 있는 기회를 제공하여 연속된 활동이 일어날 수 있도록 해야 한다. 또한 유아가 자유로운 탐색을 통해 능동적으로 지식을 구성해나갈 수 있도록 지원해야 한다. 즉, 유아를 위한 과학교육은 지식을 가르치고 개념을 습득하도록 하는 것보다 유아가 과학에 흥미를 가지고 탐색하면서 부딪치고 몰두하고 자발적으로 새로운 문제를 찾아 해결하도록 환경을 마련해 주는 것이 바람직한 방법이라고 할 수 있다.

교사는 유아의 발달적 목표와 적절한 과학방법을 파악한 후 과학을 경험할 수 있도록 환경을 조성해 주어야 한다. 과학적 경험들은 놀이 중심으로 이루어질 때, 그 과정에서 창의적인 사고와 문제해결능력을 증가시킬 수 있다. 그러한 경험들이 모든 영역에서 고르게 통합되도록 개별 또는 소집단으로 활동과 놀이를 구성하여 학습하도록 할 때 주제가 보다 깊게 다루어질 수 있다.

유아의 흥미와 호기심은 사물을 다루고 조작할 때 자극된다. 따라서 올바른 방법으로 자료들을 제시하고 활동을 제공할 때 과학에 대한 유아의 관심은 더욱 커지게 된다. 특히 과학학습영역은 교사의 지시적인 접근보다는 유아 스스로 이미 배운 개념, 주제, 기술 등을 연습해 보고 강화할 수 있는 기회를 제공하여 연속된 활동이 일어날 수 있는 적절한 영역이기 때문에, 교사는 유아들이 과학에 흥미를 가지고 즐거워하면서 문제에 몰두하고 자발적으로 새로운 문제를 찾아 해결하면서 과학과정의 활동들을 경험할 수 있도록 환경을 조성해 주어야 한다. 그러한 과학경험들은 놀이와 활동을 통해 이루어질 때, 그 과정 속에서 창의적인 사고와 문제해결능력을 증가시킬 수 있고, 모든 영역에서 통합되어 소집단으로 서로 협동하여 학습할 때, 주제가 보다 깊게 다루어질 수 있다.

유아가 지식을 확장해가는 방법은 다양하다. 그 중 흥미로운 상황에서 오감을 통해 자신의 주변세계를 끊임없이 탐색하는 일은 특별한 방법이 적용되지 않더라도 일상생활에서 자연스럽게 과학적 탐구로 이어질 수 있는 방법 중의 하나이다. 따라서 유아가 단순한 탐색에 그치지 않고 자연스럽게 탐구과정으로 연결되도록 하는 교사의 역할은 매우 중요하다. 즉, 단순한 흥미에 그치지 않고 유아의 의미 있는 과학학습을 위해 적합한 교수방법이 계획된다면 유아는 스스로 과학적 지식을 습득해 나갈 수 있을 것이다.

유아과학교육을 위한 교수방법을 적용할 때, 지식의 주체가 누구냐에 따라 수동적이거나 능동적인 역할에 초점을 두고 과학교육을 진행할 수 있다. 또는 상호작용에서 유아의 반응에 따라 교수법도 달라질 수 있다.

본 장에서는 유아가 과학적 지식을 습득해 나가는 과정에서 교사의 역할이 달라질 수 있기 때문에 상황에 따른 적절한 교수법은 무엇인지, 그리고 어떻게 적용할 것인지에 대해 구체적으로 알아보고자 한다.

1. 전달식 교수법

전달식 교수법이란 지식을 소유한 교사가 유아에게 지식을 전달하는 것에 초점을 두고 유아들을 가르치는 것을 의미하며, 이 과정에서 유아의 학습은 수동적으로 이루어지게 된다. 즉, 유아는 교사에게 설명을 듣고 지식을 수용하는 과정에서 학습이 일어난다고 보는 관점이다.

전달식 교수법에서 교사는 유아의 호기심이나 흥미에 기초하여 주제를 미리 선정하여 활동을 계획한다. 유아의 사전경험을 파악하고 있다면 주제를 선정하는 것뿐만 아니라 가르쳐야 할 내용, 교수자료 및 매체를 선정하는 데 도움을 받을 수 있다. 유아의 이전 경험은 학급의 특성이나 연령에 적합한 발달적 지식을 고려하여 파악할 수 있다. 유아가 이전 경험에서 어떠한 경험을 통해 무엇을 습득했는지를 파악하는 것이 활동을 전개해 나가는 데 매우 유용하다. 만약 유아가 전혀 알지 못하는 내용이라면, 교사가 자세히 설명하고 시범을 보이며 유아의 사전지식 습득에 도움을 줄 수 있다. 반대로 교사가 설명하는 내용이 유아가 잘 알고 있는 것이라면, 유아의 질문에 기초하여 상황을 이끌어 나가다가 결론을 지을 수 있다.

이 교수법에서는 유아가 좀 더 알고 싶은 것이 있고, 지적 호기심이 생겼다고 판단될 때 교사는 개별적이거나 소집단으로 탐구할 수 있도록 도움을 줄 수 있다. 전달식 교수법이 적용되는 사례를 살펴보면 〈그림 3-1〉과 같다.

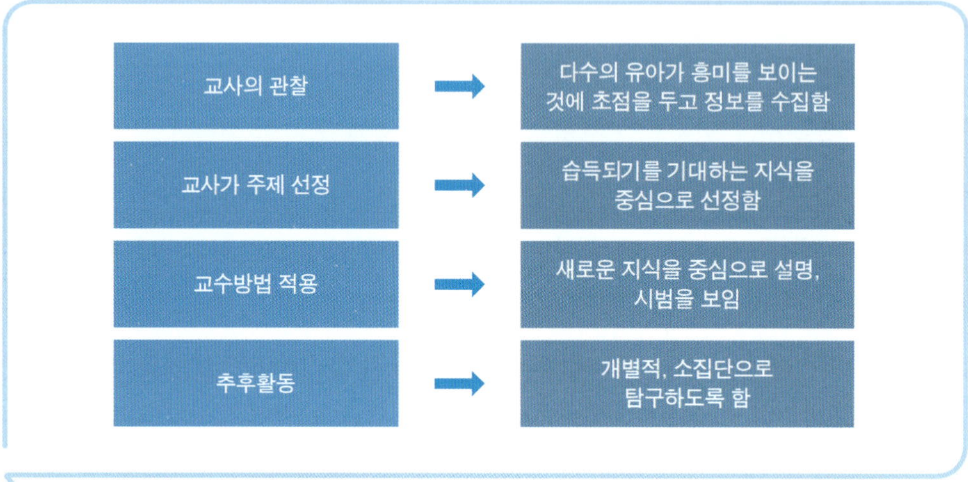

그림 3-1 전달식 교수법의 교수 · 학습 과정

전달식 교수법은 전통적인 교실에서 빈번하게 이루어지는 교수법으로서 〈표 3-1〉과 같은 특징을 지니고 있다.

표 3-1 전달식 교수법의 특징

- 교육과정이 고정되어 있으면서 교육내용을 세분화하여 목표를 구체화한다. 교과를 중심으로 학습자에게 타당한 지식, 기술, 태도 등을 제공한다.
- 교수자가 지식을 소유하고 있으며 학습자에게 전수하거나 설명하는 형태로 교사가 역할을 수행한다.
- 학습자는 교수자가 제공하는 지식을 전수받고 흡수하며, 교수자는 학습자가 올바른 정보를 습득할 수 있도록 타당성을 검토하고 정답을 찾아간다.
- 평가는 활동을 모두 마친 후 학습자가 습득한 지식을 알아보기 위해 이루어진다.

전달식 교수법이 지식을 설명하고 일방적으로 전달하는 행위로 끝난다면, 유아가 보이는 흥미가 좌절될 수 있고, 적극적으로 탐색하는 행동이 나타난다 하더라도 주도적인 탐구활동으로 전이되기 어렵다. 그러나 전달식 교수법이 유용한 경우도 있다. 즉, 유아의 사전경험이 부족하거나 유아의 흥미가 전혀 없어서 주어진 자료를 가지고 어떤 놀이를 해야 할지 모를 때 적절하게 적용될 수 있다.

표 3-2 전달식 교수법의 교수 · 학습 과정의 예 1

만5세반 김 교사는 숲체험을 하면서 솔방울과 나뭇가지, 솔잎을 주워왔다. 교사는 숲에서 하려고 계획했던 놀이가 충분히 이루어지지 않았다고 판단하여 솔방울과 나뭇가지를 주워왔다고 설명한다. 실외에서 충분하지 않았던 놀이가 실내 놀이에서는 어떻게 이루어지는지 궁금한 상황이다.

교사: 숲에서 솔방울과 나뭇가지, 솔잎을 주워왔어요.
이것으로 어떤 놀이를 할 수 있을까요?
유아: (유아는 숲에서 했던 놀이를 회상하며 대화에 참여한다)
소나무, 잠자리, 장수풍뎅이, 나비, 자동차…
교사: (교사는 솔방울에 대한 지식을 유아에게 설명한다)
소나무 열매가 솔방울이란다. 이 나뭇가지에서 떨어졌지.
어떤 모양인지 살펴볼까? 색깔은?
유아: 세모모양, 뾰족하기도 하고, 길쭉하기도 하다!
(한동안 말을 하지 않고 솔방울과 나뭇가지를 살펴본다)
그럼 우리가 하고 싶은거 해도 돼요?

〈표 3-2〉는 교사가 솔방울과 나뭇가지를 유아에게 제시하면서 놀이하기 전 상호작용한 예이다. 이 예는 전달식 교수법이 적절하게 적용된 상황으로 이해할 수 있다. 〈표 3-2〉는 유아가 사전경험이 있었으므로 아는 것에 기반하여 자연스럽게 탐구놀이로 전이되도록 유도한 사례이다. 즉, 교사가 사전에 계획한 활동을 진행하는 과정에서 환경과의 충분한 상호작용이 부족하다는 것을 알고 자료를 교실로 옮겨와 유아 스스로 탐색하도록 하면서 기존의 습득된 개념을 회상하도록 한 것이다.

교수방법이란 교육목적 달성을 위해 어떻게 가르칠 것인가? 하는 개념으로 학습이 잘 일어나도록 환경을 마련하고 사전에 내용을 조직하는 교사의 계획이 필요하다. 그러나 유아를 가르친다는 것은 지식을 전달하는 것에서 그치지 않고 교사, 유아, 환경이 상호작용하는 가운데 스스로 사고의 폭을 넓혀가는 경험이 필요하다. 따라서 교사는 유아가 지적 호기심을 갖도록 자극을 주고, 동기부여되도록 적극적으로 상호작용하여 스스로 하고 싶은 도전을 갖도록 이끌어주는 역할이 필요하다. 이때 도전이란 단순한 탐색에서 그치지 않고 지적인 호기심이 발현되도록 돕는 것이다.

그러나 전통적인 수업방식을 따르면서 전달식 교수법을 잘못 적용할 수 있는 경우도 있다. 〈표 3-3〉은 사전계획에 따라 활동에 중심을 둔 대화의 예이다.

표 3-3 전달식 교수법의 교수 · 학습 과정의 예 2

교사는 책상 위에 솔방울과 나뭇가지, 솔잎을 바구니에 담아놓고 이야기 나눈다.

교사: 숲에서 솔방울과 나뭇가지, 솔잎을 주워왔어요.
이것으로 무엇을 할 수 있을까요?
유아: (유아는 숲에서 했던 놀이를 회상하며 대화에 참여한다)
소나무, 잠자리, 장수풍뎅이, 나비, 자동차…
교사: (교사는 솔방울에 대한 지식을 유아에게 설명한다)
이것을 어디에서 보았을까?
유아: 숲에서요, 산에서, 놀이터에서도 보았어요.
교사: 소나무 열매가 솔방울이란다. 이 나뭇가지에서 떨어졌지.
(어떤 모양인지 살펴볼까? 색깔은?)
유아: 세모모양, 뾰족하기도 하고, 길쭉하기도 하다!
(한동안 말을 하지 않고 솔방울과 나뭇가지를 살펴본다)
그럼 우리가 하고 싶은거 해도 돼요?
교사: (교사는 계획한 활동을 설명한다)
오늘은 솔방울과 나뭇가지, 솔잎을 이용해서 솔방울 트리를 만들어 볼 거예요.
교사: 선생님이 종이컵을 준비했어요. 종이컵은 화분으로 할 거예요. 지금부터 솔방울 트리를 만들어볼까요?
(교사는 솔방울 트리를 만드는 유아와 개별 혹은 소그룹으로 상호작용한다)
교사: 솔방울을 만져보니 어떤 느낌일까? 솔잎의 냄새를 맡아볼까? 등

〈표 3-3〉은 과학활동과 미술활동이 통합된 사례이지만 지식을 소유한 교사가 설명하고 유아는 교사의 계획에 따라 재료를 탐색하며 실행하도록 한다. 교사는 유아의 사전지식에 근거하여 질문하고 유아의 흥미를 유발하여 활동에 참여하도록 유도한다. 유아가 흥미를 보이나 교사의 계획에 따라 활동이 진행되므로 진정한 의미에서 유아주도 활동으로 볼 수 없다. 전달식 교수법에서 바람직한 교사의 역할을 정리하면 〈표 3-4〉와 같다.

표 3-4 전달식 교수법에서의 교사의 역할

- 교사는 유아의 사전지식을 파악하여 과학적 개념을 전달하지 않고 유아의 질문에 기초하여 상호작용한다.
- 교사는 계획한 활동을 진행할 때 유아의 흥미를 유발시키기 위한 주의집중 전략을 사용하여 사고를 스스로 확장할 수 있도록 한다.
- 교사는 과학적 개념을 설명하여 말로 가르치는 것이 아니라 유아의 탐색활동을 관찰하고 적절한 시기에 개입한다.

2. 발견적 교수법

발견의 사전적 의미는 이전에 찾아내지 못하였거나 아직 알려지지 않은 사물이나 현상, 사실 따위를 찾아내는 것을 의미하고, 발견적 교수법이란 유아가 여러 가지 과학적 사실을 활용해 문제해결을 해 보도록 하는 교수방법이다(조형숙 외, 2014).

과학에서 '발견' 하면 떠오르는 것이 있다면 무엇일까? 아마도 천동설의 개념을 지동설로 바꾼 코페르니쿠스(Copernicus), 상대성 이론의 아인슈타인(Einstein) 등 위대한 과학자의 업적을 떠올리게 될 것이다. 물리학, 화학, 생물학, 천문학 분야에서 과학적 발견은 인류의 역사를 바꾸어 놓는 결과를 가져왔다. 즉, 인류의 역사는 과학의 역사인 셈이다. 지금으로부터 과거를 거슬러 산업형태 변화를 통해 과학의 역사를 살펴볼 수 있다.

표 3-5 산업형태의 변화

구분	1차 산업혁명	2차 산업혁명	3차 산업혁명	4차 산업혁명
산업의 주요 변화	• 연도: 1784년 • 영국 • 증기기관 등장 • 기계화	• 연도: 1870년 • 전기발명 • 전기를 이용한 대량생산	• 연도: 1969년 • 인터넷 • 컴퓨터 정보화 및 자동화 생산시스템	• 현재~ • 로봇 인공지능 • 가상통합 • 사물을 자동적 지능적으로 제어할 수 있는 가상 물리 시스템 구축

산업혁명을 이끈 과학자는 어떤 사람들이었을까? 시대별로 대표되는 과학자들은 호기심을 잃지 않고 끝까지 포기하지 않았던 태도가 공통적인 특성이었을 것이다. 수천 또는 수만 번의 도전으로 인류 역사에 기록된 것이다. 어떤 사람은 지식으로 알고 끝내는 일을 인류에 위대한 업적을 남긴 과학자는 지식을 활용해 새로운 지식을 창조해낸 것이다.

어린이와 과학자는 많이 닮았다. 과학자가 실험정신으로 새로운 것을 발견해내는 과정에서 보이는 적극적인 태도와 어린이가 모르는 것에 대해 궁금해하고 파헤치며, 무엇인가 발견해내려는 태도가 닮아서 비슷한 과학적 자아를 지니고 있다고 표현한다. 따라서 발견적 교수법은 유아의 과학적 자아를 잘 발현시켜 탐구하고 도전하는 적극성을 길러줄 수 있다. 또한 유아가 호기심을 갖고, 질문하고 표현하는 과정에서 발생하는 문제를 스스로 해결하도록 도움을 줄 수 있다.

유아교육기관에서 발견적 교수법이 적용되는 사례를 흔히 볼 수 있다. 예를 들어, 실외놀이를 하는 중 우연히 발견한 작은 콩벌레, 나뭇가지 사이에 투명한 거미줄을 연결하여 집을 짓고 있는 거미들, 성인의 눈에는 잘 띄지 않지만 유독 유아들은 잘 찾아낸다. 그 이유는 관심이 있기 때문이다. 유아는 관심을 질문으로 표현하며 더욱 적극적인 행동으로 기꺼이 알아내고자 한다. 이러한 끈기는 과학자가 공통적으로 갖고 있는 유용한 태도이자 능동적인 학습자로서 주도적인 행동을 이끄는 신념이 될 수 있기 때문에 교사는 유아의 이러한 태도를 주의 깊게 관찰하여 질문에 어떤 반응을 해 주어야 할지에 대한 사전지식을 갖추는 것이 중요하다.

실내영역 중 과학적 발견이 있을 수 있는 환경은 매우 다양하다. 과학 영역을 배치하였다면 동·식물, 측정도구, 자석, 온도계, 사용하지 못하는 기계, 도구류, 모형 등은 유아의 관심을 끌기에 충분하다. 또한 유아가 가정에서 가져온 것, 복도에 놓여 있는 작은 분수, 조리실에서 풍겨오는 다양한 냄새들, 주변의 소리 등은 유아의 관심을 끌고 과학적 호기심을 갖기에 매우 적절한 환경이다.

교사도 유아처럼 과학적 자아가 꿈틀댄다면, 유아의 관심사를 공유하고 마음껏 탐색하도록 허용적인 분위기를 마련해 주어야 한다. 교사의 따뜻한 격려가 스스로 자료를 탐색하는 과정에서 유아의 호기심이 충족되고 동기가 유발될 수 있다. 또한 다양한 방법으로 문제를 해결해 보는 중에 새로운 사실을 발견해낼 수도 있다. 유아는 새로운 사실을 알아내려고 할 때 자신이 알고 있는 방법을 동원하여 생각한다. 그러므로 교사는 유아가 다양한 방법을 적용할 수 있도록 유아가 사용 가능한 자료나 도구를 비치해 주어 직접 탐구할 수 있도록 한다면 새로운 사실을 알아내는 과정이 어렵지 않고 흥미롭다는 것을 알게 된다. 즉, 이러한 누적된 경험이 유아로 하여금 자신의 유능함을 발견하는 계기가 될 수 있다.

교사는 유아의 경험이 과학적 발견으로 연결될 수 있도록 환경을 마련해 주고 관찰을 통해 개입의 시점을 잘 파악하는 것이 중요하다. 발견적 교수법을 적용할 때 교사가 개입할 시점을 살펴보면 〈그림 3-2〉와 같다.

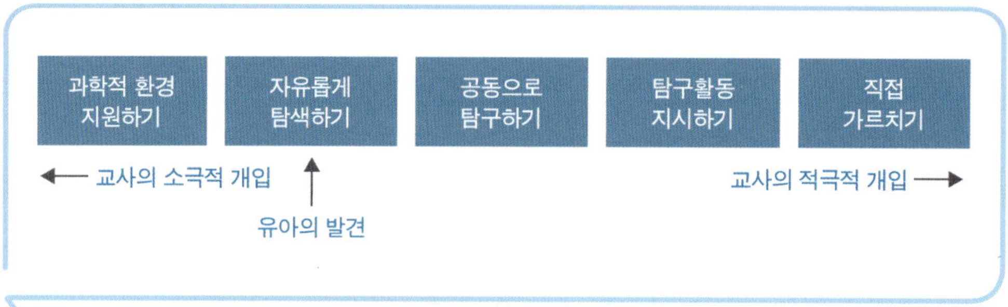

그림 3-2 과학놀이에서 교사의 개입 정도

1) 과학적 환경 지원하기

교사는 유아가 놀이하는 근처에 머물면서 유아의 행동을 관찰한다. 유아가 환경과 상호작용하는 과정에서 발견하는 것이 무엇인지 관심을 가지고 지켜본다(예: 과학 영역에 깨끗하게 씻어 말린 여러 종류의 조개껍질을 제시해 준다). 주제와 연계되어도 좋지만 연계되지 않더라도 탐색활동을 촉진시켜 흥미를 갖도록 하는 목적으로 환경을 마련한다. 이러한 흥미는 유아가 이미 이 조개껍질을 어디에서 보았는지, 내가 알고 있는 조개껍질과 무엇이 같고 무엇이 다른지, 색이나 모양은 어떠한지? 등에 관한 다양한 정보를 자신의 지식과 연결할 수 있기 때문에 의미 있는 학습의 출발점이 될 수 있다.

2) 자유롭게 탐색하기

유아가 환경과 자유롭게 상호작용하기 위해서는 충분한 시간이 자신에게 주어지고 있다는 것을 체감하는 것이 중요하다. 대충 훑어보거나 쫓기듯 탐색을 마친다면 유아가 진지하게 활동에 몰입하는 경험을 할 수 없을 것이다. 따라서 교사는 유아 주변에 머물면서 유아가 탐색에 몰입할 수 있는 시간이 충분하고 그것을 교사도 허용하고 있다는 느낌을 갖도록 분위기를 조성해 주어야 한다(예: ○○이가 조개껍질에 관심을 가지고 탐색한다. "나 이거 알아, 바닷가 놀러갔다가 식당에서 먹어 본거야." 조개 두 개를 비교하며, "이거랑 이거랑 모양이 똑같다. 그런데 이건 줄이 있고, 이건 줄이 없네, 아니다. 자세히 보니까 줄이 보인다").

3) 공동으로 탐구하기

교사는 탐색하고 있는 유아에게 다가가 질문한다. "○○이는 두 개의 조개껍질을 비교하고 있구나!", 교사는 유아에게 돋보기를 건네며 조개껍질을 자세히 관찰할 수 있도록 돕는다(예: "돋보기로 조개껍질을 보니까 아까 보았던 것과 달라 보이는 것은 무엇일까?"). 교사는 유아가 자유롭게 탐색활동을 지속하도록 도와야 한다. 지식을 습득해야 하는 상황에 초점을 두어 설명하거나 대화의 주도권을 교사가 가지고 있다는 느낌이 들지 않도록 해야 한다. 교사는 유아의 질문에 기초하여 유아가 좀 더 확장된 사고를 할 수 있도록 반응해 주며, 필요한 과학놀이 환경이 무엇인지 판단하는 역할을 해야 한다. 즉, 유아에게서 시작된 흥미이기 때문에 유아가 자신의 노력으로 흥미를 지속시키고 있다는 주도적인 느낌을 갖도록 한다.

4) 탐구활동 지시하기

교사가 유아의 과학놀이에 공동으로 참여하고 있더라도 유아가 혼자서 문제해결을 하고 싶다면 교사는 그 자리를 벗어나야 한다. 그러나 유아가 혼자서 어떻게 해야 할지 모르거나 소극적인 태도를 보인다면 교사는 유아 곁에서 편안하게 탐색을 즐기도록 해 주며, 유아가 보이는 반응을 살펴보아야 한다. 즉, 유아가 발견하는 것이 흥미가 될 수 있으므로 편안한 상태에서 유아를 잘 관찰해야 한다. 그런 다음 유아에게 서서히 활동에 몰입할 수 있도록 돕는다(예: "○○이는 조개껍질을 만지는 것이 불편한가보구나. 선생님처럼 한 번 만져볼래? 거칠거칠하네, 매끈한 것도 있어"). 이때 교사의 행동을 유아가 관찰하며 따라해 본다면 충분히 격려해 준다.

5) 직접 가르치기

교사가 환경을 지원해 준 뒤 유아의 관심사가 매우 큰 경우가 있다. 예를 들어, 교사가 예측하지 못한 상황일 수도 있고, 관심을 보이는 유아로 인해 다수의 유아가 흥미를 가진 경우이다(예: "조개껍질에서 바다소리 들린다. 아니야! 바다소리는 소라에서 들리는 거야" 유아가 조개껍질 근처에 모여서 논쟁을 벌이고 있다. 다수의 유아가 웅성이는 소리에 모여들고 교사에게 큰 소리로 이야기한다. "선생님 얘네 조개껍질 가지고 싸워요"). 교사는 이 상황에서 어떻게 개입할 것인가? 정말 싸우는 것으로 생각하고 논쟁을 벌인 유아를 데리고 다른 장소로 가서 갈등을 해결할 것인가? 교사는 이 상황을 가르치는 기회로 삼아야 한다. 여러 유아들이 모여 있으므로 다수의 유아에게 조개껍질에 대해 이야기를 나눌 수 있는 자연스러운 기회가 될 수 있다(예: "모두 조개껍질에 관심이 많구나! 조개껍질에서 바다소리가 들리는지 궁금한 거구나. 그럼 우리가 조개껍질을 귀에 대고 바다소리가 들리는지 한 번 들어볼까?" 교사는 과학 영역 아래 상자에서 소라껍질을 꺼내 귀에 대 보도록 한다).

이런 상황에서 교사가 융통성을 발휘하기가 쉽지만은 않다. 유아가 서로 싸우는 상황이 아니라는 것도 인식해야 하고, 유아들이 무엇을 알고 싶은지도 알아야 한다. 어떤 물리적 환경을 조성해 주어야 할지 빠르게 판단해야 한다. 초임교사일 경우 빠르게 대처하지 못할 수도 있다. 그럴 때는 유아들의 이야기를 들어보고 천천히 판단해도 늦는 것은 아니다. 유아가 타당하게 자신의 의견을 말할 수 있도록 돕는 것이 우선되어야 한다. 중요한 것은 유아가 탐색활동을 하는 중 발생한 예기치 못한 상황이지만 상황이 해결되었다면 유아의 탐색활동이 지속되도록 지원하는 것을 잊어서는 안 된다.

3. 상호작용적 교수법

상호작용적 교수법은 구성주의에 기초하여 과학교육의 이론과 개념을 가장 잘 적용한 대표적인 교수법 중의 하나이다(김은정, 2013). 구성주의란 유아가 기존에 많은 개념을 가지고 있으며, 이러한 개념을 스스로 구성한다는 것이다. 유아는 물리적인 환경과의 직접적인 상호작용을 통해 인지를 발달시킨다는 피아제 관점에서 구성주의의 이론적 근거를 찾아볼 수 있다. 유아가 처한 상황에서의 맥락적인 상호작용은 기존에 습득한 개념이 잘 드러나도록 한다. 이것이 상호작용 교수법의 핵심이다. 비록 틀린 개념일지라도 유아가 스스로 지식을 구성하려는 노력을 중요시 한다.

유아가 스스로 지식을 구성하여 증진하기 위한 최상의 방법으로는 첫째, 유아들의 흥미에 개입한다. 둘째, 모든 암중모색(어둠 속에서 더듬어 찾거나 어림으로 무엇을 알아내거나 찾아내려 함)과 실수를 포함하는 적극적 실험을 격려한다. 셋째, 성인과 유아, 그리고 유아들 간의 협동을 장려한다(DeVries & Zan, 1994). 즉, 구성주의에서는 유아의 흥미, 적극적 실험, 협동이 전반적인 교수원리에 포함되어 있다.

상호작용적 교수법에서 교사는 유아가 새로운 지식을 발견하고 스스로 의미를 구성할 수 있는 상황을 제공해 주는 촉진자의 역할을 하며 교사의 개입을 최소화한다. 유아의 학습은 집단구성원 간의 상호작용 과정에서 일어나는 것으로 유아가 형성한 사전개념을 파악하는 것이 중요하다. 중요한 것은 유아가 주도하고 교사는 협력적인 역할을 한다는 것이다. 다음 〈표 3-6〉의 사례를 통해 〈그림 3-3〉의 상호작용접 교수법의 절차를 살펴보면 다음과 같다.

표 3-6 상호작용법 교수법의 사례: 곡식에 대해 알아보아요

만5세 김 교사는 가을철에 수확하는 여러 가지 곡식에 대해 알아보고 있다. 가을이 되어 추수한 곡식을 실물자료로 준비하여 이야기 나누기를 한다. 교사 탁자 위에 쌀, 콩, 수수, 조, 팥 등이 놓여 있다. 설명을 마치고 교사는 과학 영역에 실물자료를 옮겨 놓는다. 교사의 이야기가 끝난 후 유아들 중 한 명이 과학 영역에서 곡식을 탐색하고 있다.

유아 1: 선생님 내가 봤는데, 콩에 구멍이 있었어요. 그거 벌레가 먹은 거예요.
우리집에서 봤어요.
유아 1: 그런 거 먹으면 안 돼요. 선생님 이거 어떻게 골라내요?
유아 2: 그거 버려야 돼. 나도 콩 썩은거 봤는데… 엄마가 썩은 거 다 버렸어요.
교 사: 콩을 썩게 만드는 벌레도 보았니?
유아 3: 선생님 쌀도 벌레가 많이 생겨요. 으악 벌레 너무 싫어!
유아 4: 쌀벌레? 그거 어떻게 생겼어?
(중략)

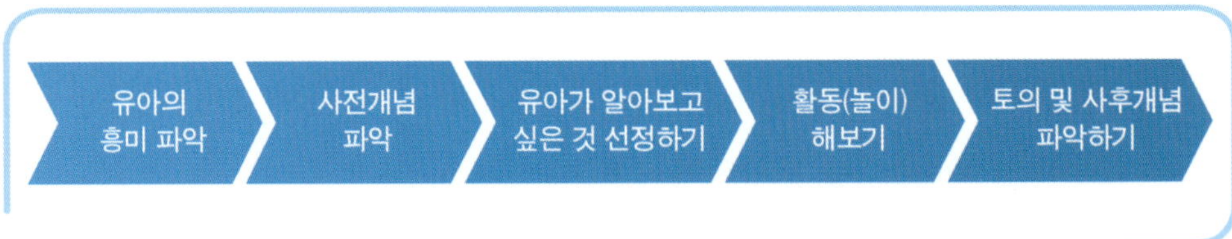

그림 3-3 상호작용적 교수법의 진행과정

1) 유아의 흥미 파악

상호작용적 교수법에서는 유아의 흥미를 자극할 수 있는 환경을 마련하고 유아가 환경과 상호작용하는 과정에서 자연스럽게 흥미를 갖도록 한다. 교사가 과학 영역에 제시한 곡식을 탐색하며 자신의 경험을 통해 습득한 지식을 드러내는 것을 교사와의 대화 속에서, 유아의 질문을 통해 찾아볼 수 있다. 교사는 유아가 무엇에 관심이 있는지, 어떻게 자신의 관심사를 표현하는지 관찰하여 유아가 스스로 지식을 구성해나가도록 도움을 주어야 한다.

〈표 3-6〉의 상황에서 김 교사는 유아가 무엇에 대해 관심을 갖고 있다고 판단할 수 있을까? 교사는 유아가 곡식을 갉아 먹는 벌레에 관심이 집중되어 있다는 것을 파악할 수 있다. 이 상황에서 곡식을 보관하는 방법에 따라 벌레가 생길 수도 있다는 것을 알려줘야 할까?, 아니면 아까운 곡식을 먹어치우는 벌레 종류에 대해 알아보아야 할까? 등 교사는 유아가 보이는 흥미가 어디에서 시작되었는지 알아보아야 한다.

2) 사전개념 파악

교사는 유아가 이미 알고 있는 지식이 어느 정도인지 알아보기 위해 자신이 알고 있는 지식을 그림으로 그려보게 하거나 좀 더 다양한 언어로 표현하도록 하여 상호작용 과정에 참여할 수 있도록 이끌어 주어야 한다. 이때 교사가 알고 있는 지식으로 설명하거나 정답에 가까운 이야기를 한다면 아마도 유아는 더 알 것이 없다고 생각하여 더 이상 흥미를 보이지 않을 수도 있다. 따라서 교사가 가르쳐 유아의 지식을 확장해 준다고 생각한다면 이전의 전달식 교수법의 잘못 적용된 사례를 참고하기 바란다. 상호작용적 교수법은 유아가 스스로 지식을 구성해 나가고 교사는 유아가 스스로 지식을 구성해 나가는 과정에서 협력자 역할을 해야 한다.

3) 유아가 알아보고 싶은 것 선정하기

유아의 사전개념, 즉 기존의 지식을 파악하였다면 교사는 유아들과 공동으로 새로운 지식을 증진시킬 수 있도록 도와야 한다. 유아가 알고 있는 것이 틀린 개념일지라도 관심을 보이는 행동을 격려하며 지속적인 흥미를 보일 수 있도록 분위기를 조성한다. 교사는 유아의 질문을 적어보며, 유아가 알고 있는 것과 알아보고 싶은 것을 구분하여 목록으로 적어 볼 수 있다. 〈표 3-6〉의 상황에서 유아가 보이는 관심이 곡식을 갉아 먹는 벌레일지라도 식물의 성장과도 연결하여 생태에 대해서도 관심을 가지도록 상호작용할 수 있다. '벌레는 해충이다' 이런 정답을 가르치는 것이 아니라 벌레에서 시작된 관심이 좀 더 다양한 관심으로 끊임없이 확장되어 사고할 수 있는 발판을 마련해 주어야 한다.

유아는 가역적 사고가 불완전하여 보존개념 발달이 어려운 인지적 특성을 보인다. 식물의 성장과정을 경험한 유아는 작은 씨앗에서 싹이 나고 성장하여 꽃을 피운 후 다시 열매를 맺어 씨앗으로 되돌아온다는 지식을 습득한다. 이미 경험으로 개념을 습득한 유아는 씨앗부터 다시 씨앗이 될 때까지, 즉 과거를 거슬러 현재까지의 흐름을 파악할 수 있는 발달적 개념인 가역적 사고가 형성되었다고 할 수 있다.

4) 활동(놀이) 해보기

유아가 궁금해하고 알아보고 싶은 것을 질문으로 시작하여 적어 보았다면 실제 유아의 경험으로 가능한 활동이나 놀이가 무엇인지 함께 결정해야 한다. 상호작용적 교수법에서 교사의 역할이 협력자, 조력자, 공동 놀이자라는 것을 잊지 않아야 한다. 벌레에서 시작된 관심이 쌀은 어떻게 자라는가? 쌀이 자란다는 지식은 잘못된 개념일 수 있다. 그렇지만 쌀이 어떻게 자라니? 벼가 자라서 쌀이 되는거야?라고 잘못된 개념을 바로 고쳐주지 않아야 한다. 경험을 통해 스스로 지식을 습득하고 수정하여 지식 확장에서의 능동성을 갖는 것이 상호작용적 교수법의 핵심이다.

유아가 알아보고자 하는 것은 빠른 시간에 해결될 수 없다. 또한 교사 혼자서 물리적 환경을 갖춘다는 것도 어렵기 때문에 가정이나 지역사회 협력이 필요하다는 것을 알아야 한다. 예를 들어, 벌레 먹은 썩은 콩을 수집하여 분류해 보거나 벼가 자라는 논으로 견학을 갈 수도 있다. 마침 벼를 베고 있는 콤바인을 볼 수 있다면 유아에게는 잊지 못할 경험이 될 수도 있다. 쌀로 만든 음식을 알아보며, 떡 방앗간 견학을 갈 수도 있고 떡집 사장님을 전문가로 초청하여 떡이 되는 과정에 대해 알아볼 수도 있다. 이처럼 유아가 기존지식을 활용하여 과학적 개념을 증진시키고 유능함을 발견하도록 하는 것이다.

5) 토의 및 사후개념 파악하기

교사는 유아가 활동을 마쳤다고 판단되면 유아의 사후개념을 파악하여 사전개념과 비교할 수 있도록 자료를 제시해 준다. 이것은 유아가 스스로 성장했다고 느낄 수 있는 기회가 된다. 이때 새로운 흥미거리가 생길 수 있기 때문에 교사의 관찰이 매우 중요하다. 활동을 마치는 것에 목표를 두기보다 활동을 통해 새로운 관심사가 무엇인지 알아보는 것이 중요하다. 즉, 스스로 새로운 목표에 도전하여 과학적 지식을 확장해 나가도록 하는 것이다.

생각해보기

유아과학교육을 위한 각 교수방법의 장점과 단점에 대해 생각해보세요.

- 전달식 교수법

- 발견적 교수법

- 상호작용적 교수법

CHAPTER 04

유아과학교육의 내용

| 배울내용 |

1. 물체와 물질
2. 생명체와 자연환경
3. 자연현상
4. 도구와 기계

| 학습목표 |

1. 누리과정 자연탐구영역의 내용을 알고 유아의 경험과 연계한다.
2. 자연탐구영역을 중심으로 유아의 과학적 경험을 안다.

CHAPTER 04 유아과학교육의 내용

오늘날 빠르게 변화하는 사회 속에서 과학의 발전은 우리 인류에게 미친 영향이 크다. 즉, 산업사회 이전부터 과학은 우리의 삶과 밀접하여 사회의 변화를 이끌어 왔고 발전의 속도 또한 빠르기 때문에 과학의 발달이 우리 인류에 미치는 영향력은 더욱 커질 것이다. 최근 과학기술의 발달로 과학이 우리 삶에 제공해 주는 이점이 많다. 가깝게는 과학기술 사용자로서의 편리함부터 우주와 같은 인간이 직접 탐사할 수 없는 영역에 이르기까지 다양하다. 그러나 우리가 누리는 편리함 뒤에 드러나지 않는 위기는 생태계의 균형을 깨뜨리고 그 영향이 우리의 삶으로 연결되고 있다.

예를 들어, 어디서나 간편하게 마시는 생수를 담는 용기는 플라스틱이다. 다 마신 플라스틱 생수병을 분리해서 배출하지 않았을 때 생수병이 바다로 흘러들어가거나 시간이 지나면서 작은 조각의 플라스틱으로 분해되어 바다생물이 먹게 되는 사례가 보고되고 있다. 더욱 위협적인 것은 이 작은 플라스틱은 눈에 보이지 않을 정도로 미세하게 분해되더라도 썩지 않고 빗물을 통해 지하수로 흘러들어 다시 우리 몸으로 들어온다는 것이다. 이 점에서 볼 때 과학교육은 과학기술 발달의 양면성을 고려하여 교육내용을 선정해야 할 필요가 있다. 윤리적이고 올바른 가치를 판단할 수 있는 교육까지도 담당해야 할 필요성이 있는 것이다.

그림 4-1 깨끗한 바다에서 수초를 먹고 사는 바다거북

그림 4-1 플라스틱이 가득한 바다에서 사는 바다거북

사진 출처: 위키백과/Google

과거 과학교육은 과학적 지식 습득에 목표를 두고 교사는 무엇을 가르칠 것인지 미리 결정하여 세부적인 내용을 선정하였다. 교사는 과학이라는 학문적 영역에서 교육내용을 선정하여 학습자에게 가르치고, 과학적 개념을 습득하도록 한다. 교사가 계획한 대로 가르친 후 유아가 과학적 개념을 습득했는지를 평가하여 내용을 반복하거나 상위 개념을 습득할 것인지에 관한 또 다른 내용을 교사가 정한다. 과거 교사 대 유아 비율이 높고, 과학교육을 담당하는 교사가 적었기 때문에 가능한 상황일 수 있었다. 그러나 급변하는 현대사회에서의 과학교육은 지식을 전달하고 가르치기보다 유아에게 내재되어 있는 호기심을 발휘하도록 하여 스스로 탐색하는 과정에서 탐구하는 태도를 길러 과학적 소양인(scientific literacy)으로서 살아가도록 돕는 교육이 바람직할 것으로 보인다. (줄바꿈)

과학적 소양인이란 유아가 무엇을 발견하여 탐색하는 과정에서 스스로 관찰, 비교, 측정, 분류 등의 과학적인 방법을 활용하여 과학을 수행하는 행동에 익숙해지도록 하는 것이다. 과학을 가르치는 것이 아니라 일상생활에서 과학을 수행하는 자신만의 방법을 찾아보는 경험이 필요하다.

존 듀이(Dewey)는 '교육은 경험의 재구성이고, 유아의 성장이 바로 교육의 목적'이라고 하였다. 여기에서 교육이란 유아의 현재 경험에서 출발하여 그 경험이 수정되도록 도와주고 이끌어주는 것을 말한다. 유아는 스스로 환경을 구성하고 조절할 수 없는 능력이 아직은 미성숙한 존재이기 때문에 유아의 현재 발달을 이끌어줄 수 있는 교사의 계획된 목표가 있어야 한다. 유아의 흥미에서 시작된 활동이나 놀이에 교사의 잠정적인 계획이 있어야 한다는 것이다. 즉, 유아가 스스로 경험을 재구성하여 유아의 잠재적인 능력을 발달시키는 것에 목적을 두고 교과 혹은 경험과 연결된 내용을 선정한다.

유아에게 무엇을 가르친다는 입장에서 유아과학교육의 내용을 선정한다면 주제에 적합한 활동이나 과학 활동의 근본적인 역할을 하는 개념을 다루는 것에서 시작할 수 있다. 또는 유아가 갖는 일상적인 호기심에서 비롯된 질문에서 교육내용이 선정될 수 있다.

「2015년 초등학교 교육과정 개정」에서 누리과정과 초등학교 교육과정의 연계를 강화하자는 내용이 포함된 점은 교육내용의 연계성을 부각시킨다. 특히 만5세의 경우 유아교육기관에서 초등과 연계된 교육이 운영되고 있는 것은 초등학교 교육의 시작이 입학 전에 이미 실시되고 있다는 것을 의미한다. 그러므로 과도한 선행학습이 이루어지지 않도록 교육내용의 연계를 강화해야 할 필요가 있는 것이다.

다음에 소개하는 유아과학 내용은「2019 개정 누리과정」에 제시된 교사의 놀이지원 역할에 초점을 두어 작성하였으며, 놀이지원 과정에서 이루어지는 관찰을 통한 평가는 놀이 과정에서의 역동적 평가가 되도록 예시에 포함시켰다. 한순미(2008)는 역동적 평가란 평가자가 학습자와의 역동적 상호작용을 통해 학습자의 잠재적 발달 수준에 대한 양적 정보와 심리과정에 대한 질적 정보를 획득하는 평가방법으로, 개별화된 교수·학습에서 평가 문제에 대한 해답을 역동적 평가 접근에서 찾고자 하였다. 본 장에서는 비고츠키(Vygotsky)의 교수·학습 이론에 근거한 역동적 평가를 예시에 적용하였다. 교사의 놀이지원은 개별화된 교수·학습 상황에서 현재 발달 수준을 파악하고 잠재적 발달 수준에 도달할 수 있도록 상호작용하여 유아가 스스로 문제를 해결할 수 있는 방향을 제시하고자 한다.

교사는 유아가 놀이하고 있는 상황을 관찰하면서 현재 발달 수준을 파악할 수 있으며, 교사의 놀이지원 전략이 적용될 수 있는 시점이다. 교사가 유아의 잠재적 발달 수준, 즉 잠재적 목표를 파악하였다면 근접발달지대에서 상호작용 전략(비계설정, scaffolding)을 세운다. 놀이지원에서 언어적 상호작용뿐만 아니라 환경을 재구성하고 심리적으로 지지하기 등의 전략도 포함된다.

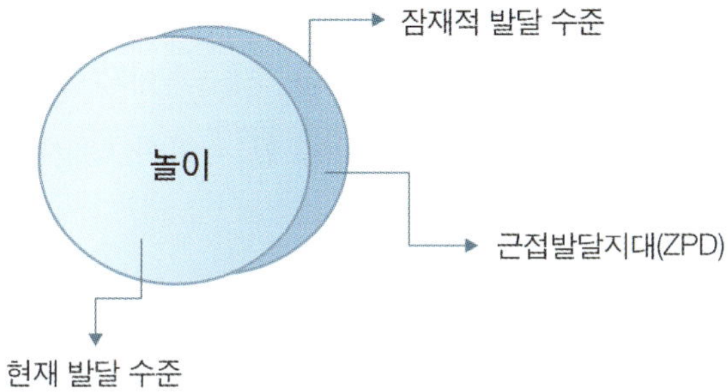

그림 4-2 비고츠키 교수 · 학습 이론

다음은 개정 전 · 후 누리과정을 살펴보고, 개정 전 누리과정 자연탐구영역의 내용 중 과학과 관련된 내용을, 개정 후 누리과정에서 제시한 유아가 경험해야 할 내용을 중심으로 유아과학교육의 내용을 살펴보고자 한다.

3~5세 연령별 누리과정 자연탐구 영역의 목표는 '호기심을 가지고 주변세계를 탐구하며, 일상생활에서 수학적 · 과학적으로 생각하는 능력과 태도를 기른다' 이다. 세부적인 목표는 다음과 같다.

첫째, 주변의 사물과 자연세계에 대해 알고자 하는 호기심을 가지고 탐구하는 태도를 기른다. 둘째, 생활 속의 여러 상황과 문제를 논리 · 수학적으로 이해하고 해결하기 위한 기초능력을 기른다. 셋째, 주변의 관심 있는 사물과 생명체 및 자연현상을 탐구하기 위한 기초능력을 기른다. 다음에 제시한 내용범주와 내용은 과학과 관련된 것만 표로 제시하였다.

아래 표 4-1를 보면 내용범주와 내용에 과학적 탐구하기와 과학의 내용이 제시되어 있다. 이 장에서 개정 전 누리과정 자연탐구 영역의 내용을 함께 제시하는 것은 과학의 내용을 이해하는 데 도움이 될 수 있기 때문이다. 유아가 배우는 과학은 자연과학 분야이며 자연과학이란 자연 현상의 보편적 법칙을 탐구하는 학문적 특성을 고려한 내용으로 구성되었다. 물리학, 생물학, 화학, 우주과학, 지구과학의 내용을 다룬다. 이 점을 참고하여 2019 개정 누리과정 내용에 포함되어 있는 과학 내용을 찾아보고 연결하는 것이 필요하다.

표 4-1 2015년 개정 3~5세 연령별 누리과정 자연탐구영역의 과학교육 내용

내용범주	내용
탐구하는 태도 기르기	• 호기심을 유지하고 확장하기 • 탐구과정 즐기기 • 탐구기술 활용하기
과학적 탐구하기	• 물체와 물질 알아보기 • 생명체와 자연환경 알아보기 • 자연현상 알아보기 • 간단한 도구와 기계 활용하기

「2019년 개정 누리과정」 자연탐구 영역의 목표는 '탐구하는 과정을 즐기고, 자연과 더불어 살아가는 태도를 가진다'이다. 세부적인 목표는 다음과 같다. 첫째, 일상에서 호기심을 가지고 탐구하는 과정을 즐긴다. 둘째, 생활 속의 문제를 수학적 · 과학적으로 탐구한다. 셋째, 생명과 자연을 존중한다이다.

목표와 내용범주는 유아가 호기심을 가지고 궁금한 것을 적극적으로 탐구하는 과정을 즐기며, 생활 속의 문제를 수학적 · 과학적으로 탐구해 보면서, 생명과 자연환경을 존중하는 내용으로 구성되어 있다.

따라서 본 장에서는 유아가 놀이를 통해 경험해야 할 59개 내용 중 자연탐구 영역의 과학과 관련된 내용을 중심으로 서술하고, 3~5세 연령별 누리과정에 제시된 과학적 탐구하기 내용과 2019년 개정 누리과정에서 자연탐구 영역의 내용을 비교하여 유아과학교육의 방향성을 살펴보고자 한다.

표 4-2 2019년 개정 누리과정 자연탐구 영역의 유아가 경험해야 할 내용

내용범주	내용
탐구과정 즐기기	• 주변세계와 자연에 대해 지속적으로 호기심을 가진다. • 궁금한 것을 탐구하는 과정에 즐겁게 참여한다. • 탐구과정에서 서로 다른 생각에 관심을 가진다.
생활 속에서 탐구하기	• 물체의 특성과 변화를 여러 가지 방법으로 탐색한다. • 물체를 세어 수량을 알아본다. • 물체의 위치와 방향, 모양을 알고 구별한다. • 일상에서 길이, 무게 등의 속성을 비교한다. • 주변에서 반복되는 규칙을 찾는다. • 일상에서 모은 자료를 기준에 따라 분류한다. • 도구와 기계에 대해 관심을 가진다.
자연과 더불어 살기	• 주변의 동 · 식물에 관심을 가진다. • 생명과 자연환경을 소중히 여긴다. • 날씨와 계절의 변화를 생활과 관련짓는다.

1. 물체와 물질

물체란 물질로 이루어진 하나의 사물을 의미한다. 물질이란 물체를 이루는 것으로서 물체를 구성하는 재료이다. 물체는 공간상에서 움직일 수 있고, 물체가 가지고 있는 물체의 고유한 양, 물체가 지니고 있는 정전기의 양 등의 물리량을 가진다. 물리량이란

물리적 성질이나 상태인데 길이, 무게, 용량, 온도 등 수량으로 나타낼 수 있다. 책상을 예로 든다면, 하나의 책상은 나무, 철제, 플라스틱 등의 물질들로 이루어진 사물이다. 물체의 위치, 상태, 운동, 에너지 등의 변화를 관찰하거나 실험하여 그 원인을 밝히는 이론이 물리학이다. 물론 물리학을 유아에게 가르칠 수는 없다. 유아에게 물체와 물질의 기본적 특성을 경험하도록 하여 지속적으로 주변의 사물에 관심을 갖고 탐구과정에 즐겁게 참여하도록 하는 것이 유아에게 적합한 과학교육의 방향이다.

1) 3~5세 연령별 누리과정 물체와 물질에 관한 과학교육 내용

「3~5세 연령별 누리과정」의 물체와 물질에 관한 과학교육 내용은 〈표 4-3〉과 같다.

표 4-3 3~5세 연령별 누리과정 물체와 물질에 관한 과학교육 내용

- 물체의 특성과 변화를 여러 가지 방법으로 탐색한다.
- 유아가 주변에서 쉽게 발견할 수 있는 친숙한 물체나 물질의 크기, 모양, 색, 냄새, 소리, 질감과 같은 기본적 특성에 관심을 갖는다.
- 그 물체나 물질을 자르고 섞는 등 다양한 방법으로 변화시켜 보며, 변화되는 특성과 변화되지 않는 특성이 무엇인지 탐색해 본다.

2) 2019년 개정 누리과정 물체와 물질에 관한 과학교육 내용

2019년 개정 누리과정의 물체와 물질에 관한 과학교육 내용은 〈표 4-4〉와 같다.

표 4-4 2019년 개정 누리과정 물체와 물질에 관한 과학교육 내용

- 물체의 특성과 변화를 여러 가지 방법으로 탐색한다.
- 물체를 세어 수량을 알아본다.
- 물체의 위치와 방향, 모양을 알고 구별한다.

〈표 4-5〉의 내용은 자연탐구 영역 '생활 속에서 탐구하기' 내용범주에 속한 내용 중 물체와 물질에 관련된 내용과 내용 이해를 그대로 옮겼다. 내용은 유아가 경험해야 할 내용으로, 내용 이해는 각 기관이나 교사의 여건에 따라 다양한 경험이 구성될 수 있으므로 내용에 대한 개념 정의로 생각해도 무방할 것이다. 내용 이해를 숙지한 후 유아에게 적합한 경험이 무엇인지 고려해 보아야 할 것이다. 또한 유아의 실제 경험에서 과학적 지식과 기술, 탐구하는 태도를 기를 수 있도록 하고, 유아의 경험이 자연탐구 영역뿐만 아니라 5개 영역이 통합되도록 놀이를 지원하는 교사의 역할이 필요하다.

표 4-5 내용 및 내용 이해

내용	내용 이해
물체의 특성과 변화를 여러 가지 방법으로 탐색한다.	유아가 주변에서 쉽게 발견할 수 있는 친숙한 물체나 물질의 크기, 모양, 색, 냄새, 소리, 질감과 같은 기본적 특성에 관심을 갖는 내용이다. 나아가 그 물체나 물질을 자르고 섞는 등 다양한 방법으로 변화시켜 보며, 변화되는 특성과 변화되지 않는 특성이 무엇인지 탐색해 보는 내용이다.

유아 경험의 실제는 신체운동·건강, 의사소통, 사회관계, 예술경험, 자연탐구 영역에서 통합된 경험의 사례이다. 유아과학교육 내용을 구분하는 것은 본 장의 서두에 밝힌 것과 같이 과학이 초등의 교과로 연계된다는 교육과정의 목표를 고려하여 나누어

본 것이다. 유아의 과학적 경험을 계획한다면 유아가 주도하는 놀이 중심의 경험이 되도록 하고, 유아의 경험이 5개 영역에서 통합되도록 고려해 보는 것이 중요하다.

표 4-6 유아 경험의 실제

유아 경험의 실제(누리과정 예시)
우리밀 과자를 만드는 과정에서 유아들은 버터와 계란, 밀가루를 숟가락으로 휘저으며 놀라운 표정으로 말한다. "어? 이것 봐! 반죽이 점점 갈색으로 변하고 있어", "색깔이 진하게 변한다", "점점 찐득찐득해지고 있어", "섞는 게 힘들어. 이제 네가 해 봐" 유아들이 모여 하고 싶은 놀이에 대해 자유롭게 이야기를 나누고 있다. 민지: 야, 우리 같이 놀자. 뭐할까? 현우: 나는 술래잡기. 민지: 나는 꼬마야. 줄넘기 할래. 현우: 우리 손 들어서 정하자. 술래잡기하고 싶은 사람 손! 한 명, 두 명, 세 명. 그러면 줄넘기하고 싶은 사람 손! 민지: 똑같잖아. 술래잡기도 세 명이고, 줄넘기도 세 명이잖아.

5개 영역의 통합적 이해를 돕기 위해 위 사례를 〈표 4-7〉과 같이 분석해 볼 수 있으며, 교사의 놀이지원은 〈표 4-8〉과 같다.

표 4-7 통합적 이해

영역	이해
신체운동 · 건강	• 신체활동 즐기기: 신체 움직임을 조절한다. – 유아들은 버터와 계란, 밀가루를 숟가락으로 휘젓는다.
의사소통	• 듣기와 말하기: 말이나 이야기를 관심 있게 듣는다. – 친구들의 이야기를 관심 있게 듣고 대화의 과정에 참여하여 자신의 의견을 말한다.

영역	이해
사회관계	• 더불어 생활하기: 서로 다른 감정, 생각, 행동을 존중한다. – 술래잡기와 줄넘기로 의견이 나뉘었을 때 상대방의 생각을 존중한다.
예술경험	• 창의적으로 표현하기: 다양한 미술 재료와 도구로 자신의 생각과 느낌을 표현한다. – "밀가루를 숟가락으로 휘저으며 반죽이 점점 갈색으로 변하고 있어, 색깔이 진하게 변한다, 점점 찐득해지고 있어!" 라고 표현한다.
자연탐구	• 생활 속에서 탐구하기: 물체의 특성과 변화를 여러 가지 방법으로 탐색한다. – 밀가루 반죽 색과 질감이 변화하는 특성을 탐색한다. • 생활 속에서 탐구하기: 물체를 세어 수량을 알아본다. – 술래잡기와 줄넘기를 하고 싶은 사람을 손을 들어 정하면서 수를 세어 많고 적음의 수량 변화를 파악한다.

표 4-8 교사의 놀이지원 예시

• 밀가루 반죽을 섞어보는 도구를 추가하여 제공할 수 있다.
(예: 거품기, 다양한 크기의 숟가락을 사용하여 도구에 따라 반죽되는 상태가 어떻게 달라지는지 관찰한다.)
• 사회적 상호작용을 격려할 수 있다.
(예: 술래잡기와 줄넘기 놀이로 의견이 나뉘었을 때, "의견이 둘로 똑같이 나뉘었네? 어떻게 결정될지 선생님도 궁금하구나", "손을 드는 방법 말고 다른 방법은 없을까?"와 같은 상호작용으로 유아들의 목표에 도달할 수 있도록 도움을 준다.)

생각해보기

교사의 놀이지원을 추가해서 적어봅시다.

2. 생명체와 자연환경

생명체란 생명이 있는 사람을 비롯하여 동물과 식물을 두루 일컬으며, 넓은 의미로 유기체라고도 한다. 유아는 생명이 있다는 것을 어떻게 알 수 있을까? 자신의 키가 자라고, 몸이 커지며, 말을 하게 되는 등의 발달을 통해 성장을 이해하듯, 동물과 식물도 성장한다는 것을 알아가는 경험이 필요하다. 자신과 같이 성장하는 다른 생명체에 관심을 가지고 성장과정을 지켜보아야 생명의 소중함에 대해 이해할 수 있는 것이다. 자신의 주변에 존재하는 생명체가 각자의 과정은 다르지만 성장을 하고 있다는 것을 알아가는 것이다.

자연환경은 사람에 의해서 생겨난 것이 아닌 생명체가 살아가기 위해 자연적으로 생성된 것으로서 누구에게나 공평하게 주어진 것이다. 사람만을 위한 자연환경이 아니라 사람을 비롯한 동물과 식물, 때론 식물의 먹이가 되는 토양의 미생물 등에게도 주어진 환경이다. 그러므로 생명체가 지속적으로 살아가기에 좋은 자연환경을 만들어가기 위한 모두의 노력이 있어야 한다. 유아 주변의 동·식물에 관심을 가지고, 사람뿐만 아니라 생명이 있는 모든 환경을 아끼고 보살피는 태도를 갖도록 하는 것이 자연환경 교육의 방향이다.

1) 3~5세 연령별 누리과정의 자연환경에 관한 과학교육 내용

3~5세 연령별 누리과정의 자연환경에 관한 과학교육 내용은 〈표 4-9〉와 같다.

표 4-9 3~5세 연령별 누리과정의 자연환경에 관한 과학교육 내용

- 유아가 자신의 출생과 성장 과정뿐만 아니라 주변의 동·식물에 관심을 갖는다.
- 생명체에 직접적인 영향을 미치는 자연 환경을 알아봄으로써 생명체와 자연환경을 존중한다.
- 인간과 동·식물이 함께 살기 좋은 녹색환경과 생태계를 파괴할 수 있는 온실가스와 환경 오염을 줄이는 방법에 대해 알아본다.

2) 2019년 개정 누리과정의 자연환경에 관한 과학교육 내용

2019년 개정 누리과정의 자연환경에 관한 과학교육 내용은 〈표 4-10〉, 내용 및 내용 이해는 〈표 4-11〉, 유아 경험의 실제는 〈표 4-12〉와 같다.

표 4-10 2019년 개정 누리과정의 자연환경에 관한 과학교육 내용

- 주변의 동·식물에 관심을 가진다.
- 생명과 자연환경을 소중히 여긴다.

표 4-11 내용 및 내용 이해

내용	내용 이해
주변의 동·식물에 관심을 가진다.	유아가 등·하원, 산책, 바깥 놀이터, 교실에서 접할 수 있는 동·식물을 관찰하거나 직접 길러 보면서, 동·식물의 특성에 관심을 가지고 탐구하는 내용이다.
생명과 자연환경을 소중히 여긴다.	유아가 동·식물뿐만 아니라 동·식물이 살아가기에 좋은 환경에 대해 관심을 가지고, 이들을 생명체로서 소중히 여기는 내용이다.

표 4-12 유아 경험의 실제

유아 경험의 실제(누리과정 예시)
성민: 저, 도토리 엄청 주웠어요. 교사: 벌써 도토리가 떨어져 있었어? 성민: 네. 다람쥐들이 도토리를 많이 먹으라고 조금만 주웠어요. 교사: 어머! 네가 주워온 도토리를 보니까 정말 가을이 온 걸 알겠구나. 네 말대로 다람쥐들은 맛있는 도토리를 먹는 가을이라서 신나겠다. 성민: 저는요. 가을이 제일 좋아요. 교사: 아~ 그렇구나. 왜? 성민: 가을은 진짜 시원하잖아요. 난 더운 날씨가 싫어요.
유아가 개미를 발견하고 모두 놀란다. "야! 개미다!", "여기 봐!", "으~악!", "무서운 거 아니야" 한 유아가 "열매 같은 걸 가져가나 봐. 무겁겠다", "배가 고픈가 봐", "어디로 가지?", "밟지 마"라고 이야기하며 개미가 지나갈 수 있도록 몸을 옆으로 비키며 개미를 쳐다본다. 

5개 영역의 통합적 이해를 돕기 위해 위 사례를 〈표 4-13〉과 같이 분석해 볼 수 있으며, 교사의 놀이지원은 〈표 4-14〉와 같다.

표 4-13 통합적 이해

영역	이해
신체운동 · 건강	• 신체활동 즐기기: 실내 · 외 신체활동에 자발적으로 참여한다. – 신체를 자발적으로 움직여 도토리를 줍는다. 개미가 지나갈 수 있도록 몸을 옆으로 비키며 개미를 쳐다본다.
의사소통	• 듣기와 말하기: 상대방이 하는 이야기를 듣고 관련해서 말한다. – 교사가 도토리를 주워온 것을 보고 가을이 왔다는 것을 알겠다고 할 때 성민이는 자신이 좋아하는 계절이 가을이라고 말한다.
사회관계	• 더불어 생활하기: 친구와 서로 도우며 사이좋게 지낸다. – 유아가 열매를 옮기고 있는 개미를 발견하고 개미가 안전하게 지나갈 수 있도록 돕기 위해 다른 친구들의 배려를 요청하는 모습을 볼 수 있다.
예술경험	• 아름다움 찾아보기: 자연과 생활에서 아름다움을 느끼고 즐긴다. – 성민이가 자신의 주변에서 만나는 사물과 자연현상(도토리와 가을)에 관심을 가지고 변화된 현상을 즐긴다.
자연탐구	• 자연과 더불어 살기: 주변의 동 · 식물에 관심을 가진다. • 생명과 자연환경을 소중히 여긴다. • 날씨와 계절의 변화를 생활과 관련짓는다. – 도토리를 주워보며 다람쥐 먹이를 생각하고, 가을의 변화를 느낀다. 우리 주변에서 흔히 볼 수 있는 곤충(개미)을 보호하기 위해 자발적인 행동을 한다.

표 4-14 교사의 놀이지원 예시

• 유아-교사 상호작용을 확장할 수 있다.
(예: 다람쥐는 도토리를 주워서 어떻게 할까? 다람쥐는 도토리 말고 또 어떤 것을 먹는지 알아볼까?)
• 유아의 흥미가 과학적 지식을 확대하도록 돕고, 스스로 탐구하는 태도를 기르도록 물리적 환경을 지원한다.
(예: 실외 놀이를 마치고 교실로 들어온 후 교사는 동물책을 제공하여 다람쥐와 개미의 생태에 대해 탐구할 수 있도록 한다.)

생각해보기

교사의 놀이지원을 추가해서 적어봅시다.

3. 자연현상

자연계는 법칙이 존재한다. 법칙이 성립되려면 수많은 가설에서 시작된 사실의 증명 과정이 필요하다. 과거 천문학에서 천동설을 지지했던 과학자들은 거대한 우주에서 지구가 중심이 되어 태양, 별, 달 등의 행성이 지구를 중심으로 회전한다고 주장했다. 우주 밖으로 나가서 관측을 할 수 없었기 때문에 사실처럼 받아들여졌었다. 하지만 망원경의 발달과 천체를 연구하는 과학자들의 호기심과 도전 정신으로 천동설의 법칙은 깨진지 오래되었다. 이처럼 우리의 자연계는 아직까지 밝혀지지 않은 사실이 존재하고, 이를 증명하려는 과학자들의 노력이 지속되고 있는 것이다.

유아에게 어떠한 개념이나 법칙을 가르치는 것은 매우 추상적이다. 그러므로 유아가 일상생활에서 접할 수 있는 구체적인 경험이 적합하다고 할 수 있다. 낮과 밤, 계절의 변화 등 자연계의 변화와 규칙을 일상생활과 연결지어 경험하는 것이 중요하다.

1) 3~5세 연령별 누리과정의 자연현상에 관한 과학교육 내용

3~5세 연령별 누리과정의 자연현상에 관한 과학교육 내용은 〈표 4-15〉와 같다.

표 4-15 3~5세 연령별 누리과정의 자연현상에 관한 과학교육 내용

• 유아가 생활 속에서 쉽게 접할 수 있는 자연물이나 자연현상에 대해 관심을 갖는다. • 탐구과정을 통하여 '변화와 규칙성'이라는 자연의 본질에 대한 이해를 도모한다.

2) 2019년 개정 누리과정의 자연현상에 관한 과학교육 내용

2019년 개정 누리과정의 자연현상에 관한 과학교육 내용은 〈표 4-16〉, 내용 및 내용 이해의 〈표 4-17〉, 유아 경험의 실제는 〈표 4-18〉과 같다.

표 4-16 2019년 개정 누리과정의 자연현상에 관한 과학교육 내용

- 날씨와 계절의 변화를 생활과 관련짓는다.
- 주변에서 반복되는 규칙을 찾는다.

표 4-17 내용 및 내용 이해

내용	내용 이해
날씨와 계절의 변화를 생활과 관련짓는다.	유아가 낮과 밤, 날씨, 계절의 변화를 느끼고, 자연의 변화가 자신의 옷차림, 놀이 등 일상생활에 영향을 준다는 것을 이해하고 적절하게 대처하는 내용이다.
주변에서 반복되는 규칙을 찾는다.	유아가 생활 주변에서 사물이나 사건의 양상이 일정한 순서로 반복 배열되는 것에 관심을 갖고 즐기며, 반복되는 배열에 숨어 있는 질서와 규칙을 발견하여 다음에 올 것이 무엇인지를 예측하는 내용이다.

표 4-18 유아 경험의 실제

유아 경험의 실제
수영: 두껍아! 두껍아! 헌집 줄게 새집 다오. 민수: 나도 두꺼비 집 만들어야지, 수영아 두꺼비 집은 어떻게 만들어? 수영: 모래에다가 손을 푹 집어넣고 탁 탁 두드려.

그리고 손을 얼른 빼.
민수: 이렇게? 안 되잖아.
수영: 아니, 그렇게 하지 말고, 안 되겠다. 내 두꺼비 집에다 손 넣어 봐.
내가 다시 만드는 거 잘 봐.
민수: 우리 두 개 연결해서 두꺼비 굴 만들었다고 하자!
수영이와 민수는 계속해서 두꺼비 집을 만들어 연결하고 두꺼비 굴이라고 한다. 다른 아이들이 와서 두꺼비 집을 만들어 두꺼비 굴을 연결한다.
민수: 두꺼비는 지금 없어. 겨울잠 자러 갔어. 봄 되면 알 낳으러 다시 와.

5개 영역의 통합적 이해를 돕기 위해 위 사례를 〈표 4-19〉와 같이 분석해 볼 수 있으며, 교사의 놀이지원은 〈표 4-20〉과 같다.

표 4-19 통합적 이해

영역	이해
신체운동 · 건강	• 신체활동 즐기기: 신체 움직임을 조절한다. – 모래에 손을 푹 집어넣고, 탁 탁 두드려, 손을 얼른 빼 등의 행동은 눈과 손의 협응능력, 소근육 움직임을 조절한다.
의사소통	• 듣기와 말하기: 상대방이 하는 이야기를 듣고 관련해서 말한다. • 바른 태도로 듣고 말한다. – 수영이는 민수의 이야기를 듣고, 민수의 의도를 파악한 후 답변한다. 상대방 이야기를 끝까지 듣고 자신의 의견을 말한다.
사회관계	• 더불어 생활하기: 친구와 서로 도우며 사이좋게 지낸다. – 수영이와 민수는 함께 놀이하는 즐거움을 알고 즐거운 놀이를 하기 위해 서로 배려한다.
예술경험	• 아름다움 찾아보기: 서로 다른 예술표현을 존중한다. – 수영이가 만든 두꺼비 집과 민수가 만든 두꺼비 집의 이름은 다르다. 두꺼비 집이 두꺼비 굴로 표현되었을 때 서로 존중하며 새로운 놀이로 확장한다.

영역	이해
자연탐구	• 생활 속에서 탐구하기: 물체의 특성과 변화를 여러 가지 방법으로 탐색한다. • 주변에서 반복되는 규칙을 찾는다. • 자연과 더불어 살기: 날씨와 계절의 변화를 생활과 관련짓는다. – 모래의 특성을 파악하여 두꺼비 집을 만들면서 형태가 변화되는 것을 알고, 두꺼비 집을 연결하면서 반복되는 배열을 찾아 두꺼비 굴로 만든다. 겨울잠 자는 동물을 알고 계절의 변화를 인식한다.

표 4-20 교사의 놀이지원 예시

• 유아-교사 상호작용을 통해 놀이를 촉진할 수 있다.
(예: 민수가 두꺼비 집을 만들 때 물기가 없는 모래일 수도 있었을 것이다. 그래서 두꺼비 집이 잘 만들어지지 않을 수도 있다. 이를 관찰하여 모래에 물을 섞어보도록 상호작용할 수 있다.)

• 유아의 과학적 지식이 확대되도록 발문한다.
(예: 실외 놀이를 마치고 교실로 들어와서 겨울잠 자는 동물을 좀 더 알아보도록 하거나 유아-유아 상호작용을 촉진하도록 교사가 발문할 수 있다.)

생각해보기

교사의 놀이지원을 추가해서 적어봅시다.

4. 도구와 기계

도구란 어떤 일을 할 때 노력을 덜 들이고 편하게 일할 수 있도록 도와주는 장치를 말한다. 망치는 벽이나 나무에 못을 박기 위해 필요한 도구라면, 숟가락이나 젓가락, 포크 등은 음식을 먹기 위한 도구가 된다. 기계란 동력을 사용하여 도구를 움직이는 것을 말한다. 물론 대근육과 소근육을 움직여 벽에 못을 박는다면 동력의 제공자는 못을 박는 사람이다. 그러나 여러 차례 일을 반복한다면 힘이 들고 근육의 통증을 유발할 수도 있다. 또는 일을 수행하면서 오랜 시간이 걸릴 수도 있다. 이러한 불편함을 최소화하기 위해 외부로부터 에너지를 공급 받아 도구를 움직이는 기계가 발명된 것이다.

전기가 상용화되면서 산업화가 빠르게 진행된 것도 과학기술의 발달로 평가한다. 기계의 발명은 사람이 직접 힘을 가하는 노동력을 최소화하고 생산성을 높이기 위한 장치로서 생활문화와 삶의 태도까지도 바꿀 수 있는 상태로 발전하고 있다. 기계와 도구의 사용은 우리 삶에서 선택이 아닌 필수적인 조건이 되고 있다. 그러므로 유아가 일상생활에서 도구와 기계를 바르고 안전하게 사용하여 우리 삶에 어떤 도움을 주는지 도구로서의 가치를 인식하는 교육이 필요하다.

1) 3~5세 연령별 누리과정의 도구와 기계에 관한 과학교육 내용

3~5세 연령별 누리과정」의 도구와 기계에 관한 과학교육 내용은 〈표 4-21〉과 같다.

표 4-21 3~5세 연령별 누리과정의 도구와 기계에 관한 과학교육 내용

- 유아가 일상생활에서 쉽게 접하는 도구와 기계에 흥미를 가지고 탐색한다.
- 도구와 기계를 반복적으로 활용하면서 도구와 기계의 종류와 기능을 알고 바르게 활용한다.
- 우리 생활에 변화를 가져다주는 새로운 도구와 기계에도 관심을 갖고 장·단점을 알아본다.

2) 2019년 개정 누리과정의 도구와 기계에 관한 과학교육 내용

2019년 개정 누리과정의 도구와 기계에 관한 과학교육 내용은 〈표 4-22〉, 내용 및 내용 이해는 〈표 4-23〉, 유아 경험의 실제는 〈표 4-24〉와 같다.

표 4-22 2019년 개정 누리과정의 도구와 기계에 관한 과학교육 내용

- 도구와 기계에 대해 관심을 가진다.

표 4-23 내용 및 내용 이해

내용	내용 이해
도구와 기계에 대해 관심을 가진다.	유아가 일상생활에서 사용하는 다양한 도구와 기계에 관심을 가지고 직접 사용해 보면서, 도구와 기계가 우리의 생활에 어떠한 도움을 주는지에 대해 관심을 가지는 내용이다.

표 4-24 유아 경험의 실제

유아 경험의 실제(누리과정 예시)
바깥 놀이터에서 유아가 친구들에게 "우리 이 열매 모으자. 개미는 이걸 좋아하거든" 하며 제안하자, 유아들이 "여기 많다"라고 말하며 바닥에 떨어진 작은 열매를 줍기 시작한다. 한 유아가 솔방울을 내밀자, "아니야. 솔방울은 너무 커, 좀 작은 게 필요해. 동그랗게 이거랑 똑같이 생긴 것만"하고 말한다. 잠시 후 유아들이 주운 열매를 모으고, "이것 봐, 진짜 다 똑같은 열매다", "그런데 여기 빨간 건 잘 익은 건가?", "내일 오면 개미가 빨갛게 익은 건 다 먹었겠지?"라고 말하며 빨간 열매와 초록 열매를 골라낸다.  유아들이 선생님과 함께 콩나물 무침 요리를 하고 있다. 작은 절구를 보던 한 유아가 "와! 맷돌이다"라고 말하자, 다른 유아들이 "저건 콩콩 찧는 거야", "맷돌이 아니고...?" 하며 선생님을 쳐다본다. 선생님은 "이건 절구인데"라고 말하자, 유아들이 "오늘 콩나물 무침에 쓰려고요?"하고 묻는다. 선생님은 "그래. 이걸로 깨소금을 만들어 볼까?"라고 말하며 절구 안에 깨를 넣는다.

5개 영역의 통합적 이해를 돕기 위해 위 사례를 〈표 4-25〉와 같이 분석해 볼 수 있으며, 교사의 놀이지원은 〈표 4-26〉과 같다.

표 4-25 통합적 이해

영역	이해
신체운동 · 건강	• 신체활동 즐기기: 신체 움직임을 조절한다. – 눈과 손을 협응하여 소근육을 조절하고 열매의 크기에 따라 구분한다.
의사소통	• 듣기와 말하기: 상대방이 하는 이야기를 듣고 관련해서 말한다. • 자신의 경험, 느낌, 생각을 말한다. – 유아들은 자신이 하고 있는 놀이가 어떤 것인지 교사에게 생각과 경험을 전달하고 놀이를 확장한다.

영역	이해
사회관계	• 더불어 생활하기: 친구와 서로 도우며 사이좋게 지낸다. • 서로 다른 감정, 생각, 행동을 존중한다. – 개미에게 줄 열매를 친구들과 함께 모아본다. 솔방울을 주워온 유아에게 개미가 먹을 열매가 작아야 한다는 의견을 표현하자 친구들이 의견을 존중하며 작은 열매로 모아온다.
예술경험	• 창의적으로 표현하기: 다양한 미술 재료와 도구로 자신의 생각과 느낌을 표현한다. – 유아들이 자연에서 발견한 열매를 가지고 콩콩 찧어 콩나물 무침에 활용한다.
자연탐구	• 생활 속에서 탐구하기: 도구와 기계에 대해 관심을 갖는다. • 일상에서 길이, 무게 등의 속성을 비교한다. – 유아가 맷돌의 사용법에 대해 알고 있다. 절구가 생각나지 않은 유아는 콩콩 찧는다고 표현한다. 자신이 가지고 있는 열매를 기준으로 솔방울 크기를 측정하도록 하고 좀 더 정확하게 동그랗게 생긴 것이라고 표현하여 구체화한다.

표 4-26 교사의 놀이지원 예시

• 유아-교사 상호작용을 촉진하여 지적 호기심을 갖도록 한다. (예: 교사가 절구에 열매를 직접 넣어보며 깨소금을 만들자고 제안한 후, 만약 절구가 없다면 깨소금을 만들 수 있는 방법이 있을까? 라고 질문해 볼 수 있다.)

생각해보기

교사의 놀이지원을 추가해서 적어봅시다.

05 CHAPTER

유아과학교육의 접근법

| 배울내용 |

1. 창의적 실험 접근법
2. 자연탐구 접근법
3. 문학적 접근법
4. 프로젝트 접근법

| 학습목표 |

1. 유아과학교육의 접근법 중 창의적 실험 접근법에 대해 이해한다.
2. 유아과학교육의 접근법 중 자연탐구 접근법에 대해 안다.
3. 유아과학교육의 접근법 중 문학적 접근법에 대해 이해한다.
4. 유아과학교육의 접근법 중 프로젝트 접근법을 수행할 수 있다.

유 아 과 학 교 육

CHAPTER 05

유아과학교육의 접근법

과학이라고 하면 추상적이고 이론적이라는 생각과 함께 누구나 쉽게 접근하기에는 다소 어려운 활동으로 인식되고 있지만 생활주변에서 일어나는 일들에 대해 궁금해하고, 그 궁금증을 해결하기 위한 방법을 찾아가는 그 자체가 과학이라고 할 수 있다. 따라서 본 장에서는 유아들이 일상생활에서 궁금증을 느끼고, 그 궁금증을 해결하는 방법들에 대해 창의적 실험 접근법, 자연탐구 접근법, 문학적 접근법 및 프로젝트 접근법을 중심으로 살펴보고자 한다.

1. 창의적 실험 접근법

1) 창의적 실험 접근법의 개념

창의적 실험 접근법은 직접적인 탐구를 통해 과학적 의문을 해결하려는 것으로, 조사나 관찰이 아닌 구조적인 과학 실험에 의해 활동이 이루어지는 방식으로 유아나 교사가 제시한 흥미로운 과학적 질문을 해결하기 위해 실험을 구성하고 실행하는 과정 중심의 과학교육 접근법이다(조형숙, 2001). 따라서 창의적 실험 접근법에서 중요한 것은 탐구를 위한 과학적 질문을 제기하고 전개하는 것으로, 이 질문은 교사가 이미 짜여진 활동을 선정하여 교사 주도적으로 이루어지는 과학활동이 아닌 유아와 교사가 함께 구성하고 실행하는 과정 중심의 과학활동을 위한 방식으로 이루어진다. 다시 말해 창의적 실험 활동에서 어떤 질문을 제기하는가는 매우 중요하며 질문에 따라 과학활동의 효과도 달라진다.

유아를 위한 과학교육방법은 과학교육을 접근하는 방식에 따라 크게 두 가지로 나누어 볼 수 있다. 즉, 유아들에게 현재까지 축적된 과학적 사실과 개념에 대해 알려주는 결과론적 접근법과 과학적 지식을 유아들 스스로 구성할 수 있도록 실천하는 탐구과정으로 보는 과정론적 접근법이다(Koch, 1999). 창의적 실험 접근법은 과학적 탐구를 하려는 태도와 기술을 길러주는 과정론적 접근에 기초하여 유아가 보다 창의적이고 주도적으로 과학적 탐구과정에 참여할 수 있도록 하는 방식이다. 기존의 과학교육방법이 교사가 과학활동의 주제, 내용, 방법, 자료를 모두 주도적으로 진행하였다면, 창의적 실험 접근법은 교사뿐만 아니라 유아와 같이 활동의 출발점이 되어 궁금한 내용에 대해 과학실험으로 전개하고 유아에게 과학하는 과정에 참여하는 직접 기회를 제공함으로써 과학에 대한 긍정적인 태도를 형성하고 과학적 지식을 구성해 가도록 하는 데 목적이 있다(남기원, 2001).

이와 같은 내용을 정리하면, 과학교육을 위한 창의적 실험 접근법은 유아들이 궁금해 하는 질문이나 문제를 선정하고 이에 대한 해답을 논리적으로 해결하기 위해 가설을 설정하여, 가설 검증을 위한 실험을 계획 · 수행하고, 나타난 현상을 관찰 · 기록하고, 결과를 정리하여 결론으로 구성하는 일련의 절차적인 과정을 수행하는 것을 의미한다.

2) 창의적 실험 접근법의 방법

교사가 미리 결정한 실험 주제를 형식적인 상황에서 유아가 수동적으로 참여하는 기존의 과학활동과 달리 창의적 실험 접근법에 의한 과학활동은 유아가 적극적으로 과학활동에 참여하도록 이끈다. 유아들이 탐구하고자 하는 질문으로 실험활동을 계획, 수행, 평가하는 창의적 실험 접근법에 기초한 과학활동방법은 다음과 같다(황의명, 조형숙, 2001).

첫째, 과학적 탐구를 위한 실험 문제를 제기하고 전개하는 맥락이 구체적이어야 한다. 즉, 유아들이 실제로 궁금해 하는 것에 관한 문제를 제기함으로써 일상생활에서 유아들이 인식할 수 있는 내용으로 이루어져야 한다.

둘째, 창의적 실험 접근법에 의한 과학활동은 통합적 교육과정에 기초해야 한다. 유아들의 질문이 어떤 영역의 활동에서 이루어지느냐에 따라 실험은 조형활동과 관련된 실험이나 요리활동, 동작활동 등과 관련된 실험으로 다양하게 이루어질 수 있다. 예를 들어, '음식 재료로 색을 만들 수 있을까?'라는 질문에 대해서는 색을 만들고 칠하는 조형활동 형태의 실험으로 구성하여 실행해 볼 수 있으며, '송편의 색을 어떻게 하면 다르게 만들 수 있을까?'라는 질문에 대해서는 송편을 만들어보는 요리활동 형태의 실험으로 전개할 수 있다.

셋째, 창의적 실험 접근법의 과학활동은 유아들로 하여금 주변을 좀 더 세밀히 탐색하는 태도를 기르고, 자신의 아이디어를 발전시키고, 수정 · 검토하는 기회를 갖게 한다. 유아들도 자신의 이전 경험에 의해 한번 고정된 생각은 변화하기 어렵다. 이로 인해 유아들 간의 생각의 차이로 의견을 다투는 경우가 종종 있다. 이렇게 생각이 다른 문제를 가지고 창의적 실험을 구성함으로써 나타난 결과를 받아들이고 자신의 생각을 재검토해 보는 기회를 갖게 함으로써 객관적 태도를 형성하도록 한다.

넷째, 창의적 실험 접근법은 유아들이 스스로 발현할 수 있도록 활동의 기회를 제공한다. 전적으로 교사가 주도하여 미리 계획한 활동에 참여하는 것이 아니라 유아들이 호기심을 갖고 궁금해 하는 질문을 해결하기 위해 교사의 도움을 받아 구조적인 실험을 계획하고 전개함으로써 유아 주도적인 교육활동이 이루어지도록 한다.

3) 창의적 실험 접근법의 전개과정

창의적 실험 접근법에 의한 과학활동은 유아가 마치 과학자처럼 구조적이고 통제된 실험 활동 안에서 유아와 교사가 함께 구성하고 실행하는 일련의 절차적 전개과정을 통해 이루어진다. 이는 유아들이 가지고 있는 주변세계에 대한 호기심을 기초로 일상생활에서 이루어지는 여러 가지 창의적인 과학적 질문에 대해 일련의 논리적인 단계를 통해 해답을 찾으려 노력하는 과정이다. 조형숙(2001)이 제시한 창의적 실험 접근법을 활용한 교수·학습과정은 다음과 같다.

첫째, 탐구문제를 제안한다. 특정한 활동을 계획할 때, 교사가 적합한 문제를 선정하여 제기하거나 유아가 우발적으로 질문할 수 있다. 제기된 문제는 실험 가능한 것인지 검토를 하고 결정한다.

둘째, 실험문제를 구성한다. 이 단계에서는 제기된 문제를 명료화하고 실험에서 알아볼 요인들을 결정한다.

셋째, 가설을 설정한다. 제기된 문제에 대해 기대되는 결과를 가설로 설정한다.

넷째, 변인을 설정한다. 설정한 가설을 과학적으로 확인하기 위해 고정시켜야 하는 요인과 변화시켜야 하는 요인을 결정한다.

다섯째, 재료를 계획한다. 실험에 필요한 재료가 무엇인지 알아보고 이를 준비한다.

여섯째, 실험을 계획하고 실행한다. 실험을 위한 도구를 설치하고 가설을 확인하기 위해 무엇을 관찰하고 조사해야 하는지 구체적인 실험 절차를 계획하고 수행한다.

일곱째, 자료를 수집한다. 결과를 얻기 위해 수집한 자료들을 어떻게 기록할지 의논한 후 정보들을 기록한다.

여덟째, 결과를 정리한다. 실험이 마무리되면 소그룹 또는 대그룹으로 모여 결과를 정리하고 가설과 비교한다.

아홉째, 결론 및 평가한다. 결과에 따라 결론을 내리고 실험과정에서 잘못된 점이나 더 알아보고 싶은 점 등을 토의한다.

이와 같이 창의적 실험 접근법을 활용한 교수·학습과정을 '콩나물 기르기' 활동의 사례로 정리한 내용은 〈표 5-1〉과 같다.

표 5-1 창의적 실험 접근법에 따른 과학활동 단계 및 활동 사례

활동 단계	내용
탐구문제의 제안 (문제제기)	교실에서 콩나물을 기르는데 검은 보자기를 씌우니 유아들이 식물은 햇빛이랑 물을 좋아하는데 콩나물에 검은 보자기를 씌우면 햇빛을 보지 못해 어떻게 하느냐는 질문으로 시작하게 되었다. 콩나물을 기르는 과정에서 검은 봉지를 씌우는 것에 대한 의문을 제기한 유아들과 함께 문제 제기에 대한 결과를 알아보는 실험 활동을 하기로 하였다.
실험문제의 구성	콩나물을 기를 때 검은 보자기를 왜 씌워야 하나요? 콩나물도 햇빛을 볼 수 있도록 검은 보자기를 씌우지 않고 기르면 안 되나요?
가설 설정	1. 콩나물도 식물이니 햇빛이 보이는 창가에서 기른다. 2. 콩나물을 기를 때 검은 보자기를 씌워 햇빛이 보이지 않게 기른다.
변인 설정	동일한 콩나물 콩, 콩나물 시루를 준비하고 동일한 시간에 동일한 양의 물주기
재료 계획	콩나물 콩 1.5kg×2, 콩나물 시루 2개, 검은 보자기 1개, 물주기 시간표, 물바가지 2개 등
실험	두 개의 콩나물 시루에 콩나물 콩 1.5kg씩 넣고 하나는 창가 근처인 과학 영역에, 하나는 보자기를 씌우고 햇빛이 잘 들지 않는 영역에 두고 기르면서 변화를 살펴본다.

활동 단계	내용
자료수집	과학 영역에 관찰기록표를 두어 매일 매일 변화를 관찰하고 기록한다. 물주는 당번을 정하여 매일 콩나물에 물을 주고 창가에 둔 시루의 콩나물과 검은 보자기를 씌운 시루의 콩나물을 비교하여 기록한다.
결과정리	콩나물 콩이 자라는 과정을 살펴보며 이야기 나누고 결과를 정리한다.
결론 및 평가	일주일 동안 기른 콩나물을 비교한 결과, 시루에 보자기를 씌워 기른 콩나물은 노란 콩나물이고 창가에 두고 기른 콩나물은 초록 콩나물이 되었다. 유아들은 실제 맛이 어떻게 다른지 알아보기 위해 각각의 콩나물로 요리를 해 보자는 의견이 나와 콩나물 요리활동을 하기로 하였다.

2. 자연탐구 접근법

1) 자연탐구 접근법의 개념

인간은 태어나면서부터 자연을 만나고 자연에 둘러싸여 보고 듣고 느끼며 성장한다. 또한 자연의 모든 생명체들은 인간의 삶과 서로 밀접하게 연관되어 영향을 주고 받는다. 유아들 역시 선천적으로 자연을 선호하는 경향이 있으며, 이 시기의 유아들은 오감각을 활발하게 사용하여 자연 및 주변세계와의 상호작용을 한다. 이는 인간의 생애주기 중 유아기가 주변환경과의 자발적이고 능동적인 상호작용을 통해 전인적인 발달과 성장이 이루어지는 시기이기 때문이다. 「2019 개정 누리과정」에서도 이를 반영하듯 자연탐구 영역의 내용범주를 '자연과 더불어 살기'로 별도로 구분하였으며, 이는 유아 시기의 과학활동에서 '동 · 식물과 자연'에 대한 주제가 강조되고 있음을 알 수 있다.

유아가 일상생활에서 자연스럽게 접하게 되는 자연 친화적 경험은 앞으로의 자연에 대한 인식 및 태도에 중요한 영향을 미친다. 유아 시기의 자연과의 경험은 지적 호기심과 궁금증에 대한 해소를 넘어 자연과 공존하는 삶을 실천하는 소양을 길러주는 토대가 된다. 특히 현대 사회에 환경 문제가 심각하게 대두되면서 유아기부터 생명을 존중하고 자연과 더불어 사는 인식 및 이에 대한 문제해결능력을 길러주려는 목적으로 자연탐구 중심의 교육들이 요구되고 있다.

그러나 도시 중심의 현대 사회에서 유아들이 자연과 직접 대면할 수 있는 환경이 부족하고 실내 위주의 생활 패턴 역시 자연 친화적인 활동이 이루어지기에는 많은 어려움이 있어 유아교육기관에서는 과학교육을 위해 실현 가능한 자연탐구 접근법을 계획할 필요가 있다. 이에 자연탐구를 활용한 과학교육방법으로 기관에서 활용하기 용이한 접근법으로는 교실에서 동·식물 기르기, 산책활동, 텃밭 가꾸기 등이 있다.

2) 자연탐구 접근법의 방법

(1) 동·식물 기르기

유아들은 동·식물과의 만남을 통해 생명의 소중함을 느끼고 자연과 소통하며 교감하게 된다. 유아교육기관에서 동·식물 기르기 활동의 목적은 자연과 인간의 관계를 동·식물을 길러보는 과정을 통해 일상생활에서 접할 수 있는 기회를 제공하는 것이다. 뿐만 아니라 동·식물을 기르는 과정에서 자연스럽게 성장과 죽음을 경험하면서 유아는 생명의 소중함을 느끼게 된다. 이러한 동·식물 기르기 활동의 교육적 의의는 생태에 대한 지식의 발달, 동·식물과의 정서적 유대감 형성, 생명에 대한 책임감과 생명 존중 의식의 발달, 과학적 탐구에 필요한 다양한 기술의 습득 등을 들 수 있다. 유아들을 위한 동·식물 기르기의 교육적 가치를 정리하면 다음과 같다.

첫째, 유아와 동·식물의 만남은 유아의 끊임없는 호기심과 탐구심을 자극한다. 즉,

자연과 호흡하고, 자연물을 관찰하면서 생기는 여러 가지 질문들에 대해 유아가 직접 해결하고자 하는 탐구능력을 향상시켜 주며 유아 스스로 주도적으로 활동하는 기회를 제공한다.

둘째, 유아들은 동·식물을 길러봄으로써 자연과 교감을 통하며 생명에 대한 책임감과 생명 존중 의식을 기를 수 있다. 동·식물을 기르는 경험으로 인하여 자연에 있는 모든 생명을 소중히 여기는 마음도 저절로 가슴 속에 생겨나고 땅 위에서 자라는 동·식물과 어떻게 관계를 맺어야 하는지에 대한 생각도 가지게 된다. 이러한 개념은 단기적으로 나타나는 것이 아니라 교육내용들이 쌓이면서 서서히 이루어진다. 함께 나누고 교류할 수 있는 동반자로서 자연은 유아들에게 자신과 자연에 대한 존중의 가치를 알게 해 준다.

셋째, 동·식물 기르기는 유아들에게 자연에 대한 과학적 학습의 경험을 제공해 준다. 이러한 경험을 통해 동·식물의 생존에 필요한 필수 요건과 특성 등에 대한 다양한 지식을 습득하는 기회를 갖게 된다.

넷째, 동·식물 기르기 경험은 자연과 유아 간의 상호작용을 형성하는 기회를 제공하며, 이는 유아가 생물에 감정을 이입하여 자연에 대한 보다 깊은 애정과 친근함을 표현하는 정서적 유대감을 발달하게 된다.

다섯째, 동·식물을 기르는 활동을 통해 유아는 심신의 안정과 치료적 가치를 가질 수 있다. 동물이나 식물을 매개로 하는 활동은 사람과 자연과의 상호활동을 통해 정서적 안정과 신체의 발달을 촉진시켜 삶의 질을 향상시킨다.

교실에서 고구마 기르기

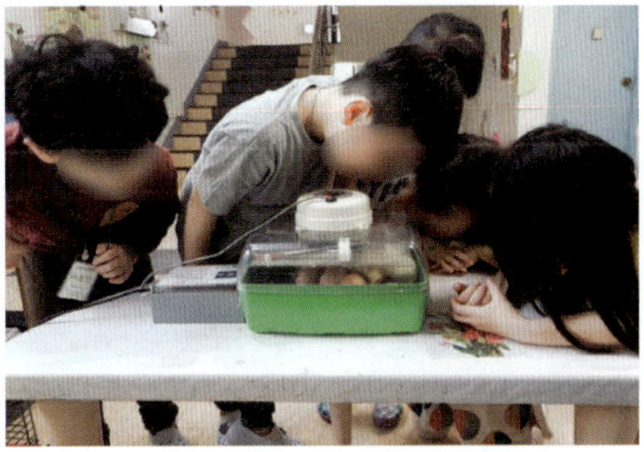

부화기에 부화한 병아리 관찰

그림 5-1 동 · 식물 기르기

의미 있는 동 · 식물 기르기 활동이 이루어지기 위해서는 〈표 5-2〉와 같은 과정을 고려하여 교육 계획을 구성하고 전개하는 것이 필요하다(조형숙 외, 2010).

표 5-2 동 · 식물 기르기 교육 계획안

① 동 · 식물 기르기 환경 구성

- 유아교육기관에서 기를 수 있는 동 · 식물은 한계가 있으므로 유아에게 해를 끼치지 않고 돌보기가 수월하며 유아의 관심과 흥미를 끌기에 적합한 동 · 식물을 선정
- 햇빛의 양에 따라 과학 영역에 재배치하거나 적절한 온도와 습도 조절 및 먹이 등을 준비

↓

② 예상 교육 활동 계획 구안

- 동 · 식물 기르기가 보다 유의미한 교육활동이 되기 위해서는 활동에 앞서 동 · 식물의 다양한 변화와 양상, 양육 조건, 서식지의 특징 등에 대해서 통합적 교육활동을 미리 고안하고 계획
- 계획에 따라 체계적으로 일정하게 다양한 탐구활동 전개

↓

③ 동 · 식물의 생태 관찰 활동

- 동 · 식물의 관찰을 격려하고 이에 대해 적절히 반응해 줌으로써 유아는 동 · 식물의 생태를 적극적으로 관찰하고 탐색

- 동 · 식물 관찰을 위한 활동: 동물의 움직임을 몸으로 표현해 보기, 먹이 그래프 만들기, 동물이 내는 소리 녹음해 보기, 식물의 성장 과정을 측정하기, 꽃 이름 붙이기
- 하루 일과 회상 시간에 동 · 식물 관찰을 한 유아가 관찰 내용을 발표하고 교사는 이를 격려하기

↓

④ **유아의 질문과 반응에 관한 탐구활동 계획과 전개**
- 유아가 직접 알아보고 싶어 하는 질문을 해결하기 위해 적절한 탐구활동을 계획
- 교사가 미리 구안한 예상 활동 계획안을 활용하는데, 유아의 구체적인 질문이나 반응에 따라 적절한 활동을 선택하여 제시하거나 새로운 탐구활동을 유아와 함께 계획
- 유아의 질문을 해결하기 위한 탐구활동은 토의하기, 조사하기, 실험 구성하기, 관찰하기, 가정과 연계하기, 지역사회 연계 활동 등으로 이루어짐

↓

⑤ **연관 활동 전개**
- 유아의 질문에 따른 탐구활동을 전개한 후 발견한 결과를 의미 있게 표상하거나 보다 확장된 개념을 이해하도록 하기 위해 다양한 연관 활동을 함

(2) 산책활동

교실 내에서 이루어지는 과학교육과 달리 실외에서 이루어지는 과학교육방법 중 유아들에게 자연을 탐구하는 방법으로 가장 좋은 활동은 산책활동이다. 산책의 사전적 의미는 "느긋한 기분으로 한가로이 가볍게 이리저리 거니는 것 혹은 휴식을 취하거나 건강을 위해 천천히 걷는 일"이라고 정의한다. 이렇듯 천천히 걸으면서 산책하다 보면 유아들은 자연스럽게 주변환경 속의 여러 사물과 생물들을 만나고 현상을 보게 되면서 이를 관찰하고 상호 관계를 맺게 된다. 일반적으로 유아들과 산책활동을 전개할 때 숲이나 대단위 공원, 유적지 등과 같은 곳을 떠올리며 도심 지역의 경우 실천하기 어렵다고 생각할 수 있다. 그러나 산책장소는 특별하게 자연 경관이 좋은 곳이 아니라 도시 공간 어디든 활용할 수 있다. 교사는 놀이터, 아파트 단지 내 공원, 언덕, 주변 작은 숲, 실개천, 시장, 주변 지역 자원 등 어디든지 유아들이 쉽게 접할 수 있는 공간이면

주기적으로 산책활동을 전개할 수 있다. 산책은 결코 어려운 일이 아니며 유아교육기관 밖을 나와 동네 한 바퀴를 돌아보는 것만으로도 충분한 산책활동이 된다. 산책활동을 전개하는 데 고려할 사항들은 다음과 같다(하정연 외, 2016).

① 산책장소

영아반이나 학기 초에는 바깥놀이 활동 장소나 유아교육기관 주변부터 돌아보는 것으로 하여, 이후 점차 기관 근처에 있는 공원, 뒷산, 놀이터, 초등학교 운동장, 산책로 등을 활용한다. 유아들의 연령이 어릴수록 가까운 거리로 장소를 정하고, 높은 연령의 유아들이거나 아이들이 산책에 익숙해질수록 좀 더 먼 곳으로 장소를 정하도록 한다. 또는 생활주제에 따라 다양한 산책장소를 정할 수도 있다.

처음에는 다양한 장소보다 같은 장소를 반복해서 가는 것이 자연탐구활동에 있어서 특히 효과적이다. 매일 특정한 곳을 지속적으로 산책하면 유아들은 주변의 개미, 꽃, 나무와 같은 자연물을 관찰 · 탐구하거나 애착을 갖게 되고, 자연의 변화를 민감하게 받아들일 수 있게 된다. 또한 길 익히기, 걸어야 할 곳, 쉬어야 할 곳, 건널목을 건너야 하는 곳과 같이 어떤 약속을 지켜야 하는 등의 기능적 행위도 같은 곳을 여러 번 산책할 때 이루어진다.

② 산책계획

유치원이나 어린이집의 교사는 산책을 위한 연간, 월간 및 주간, 일일계획을 작성하여 체계적으로 실시해 볼 수 있다. 생활주제를 중심으로 주제에 적합한 곳을 산책활동으로 계획하거나, 계절을 중심으로 봄, 여름, 가을, 겨울의 변화에 따른 주변환경의 변화와 자연과 함께하는 법을 배울 수 있도록 계획할 수도 있다. 산책 시간은 하루 일과 중 언제라도 가능하며 교사가 미리 일과 중 언제 실시할 지 계획한다. 이때 오전이나 점심을 먹고 나서, 혹은 오후와 같이 시간대에 따라 다양하게 계획하면 시간에 따라 달라지는 주변을 경험할 수 있다.

③ 자연탐구를 위한 산책활동

산책을 하면서 유아들이 관심을 보이는 곤충, 흙, 꽃, 나무, 열매, 새 등의 자연물을 관찰하고 탐구하는 기회를 갖게 된다. 교사는 새로 핀 꽃이나 거미집과 같이 유아들이 관심을 보이는 것은 무엇이든 오감각을 활용하여 주의를 기울여 관찰하도록 격려한다. 이러한 활동으로 유아들은 호기심과 궁금증을 자아내게 되고 이는 질문으로 이어지며 자연스럽게 질문 목록을 만들어 교실의 연계활동으로 탐구할 수 있다.

땅에 떨어진 나뭇가지나 열매 등을 줍거나 만지며 놀기도 하고 꽃이나 풀을 따기도 한다. 이때 자연을 함부로 훼손하지 않도록 약속을 정한다. 자연 속에서 뛰어 놀고, 자연물을 관찰하고, 일부를 주워오기도 하지만 다양한 자연물과 교감을 나누는 활동을 통해 자연을 소중히 여기는 마음과 동·식물에 대한 배려심을 기를 수 있도록 한다. 예를 들어, 나무 기둥에 귀를 대보기, 커다란 나무 기둥을 안아보기, 이름 모를 꽃의 이름 지어주기, 곤충 채집하기 등 유아가 자연물을 느끼고 활동할 수 있도록 전개한다.

산책활동 시 꽃 관찰하기

청진기를 이용한 나무 소리 들어보기

그림 5-2 자연탐구를 위한 산책활동

④ 산책 이후 연관 활동

산책에서 유아들이 호기심을 갖는 자연물이나 경험에 대해 교실에서 자연물의 이름과 속성을 알아보거나 자연물을 활용한 미술, 음률, 요리활동 등으로 유아들의 흥미와 연계하여 다양한 활동으로 확장할 수 있다. 예를 들어, 산책지에서 발견한 자연물의 이름이 궁금한 경우, 일부를 가지고 오거나 사진을 찍어 유아들과 조사해 볼 수 있다. 가지고 온 자연물이나 곤충 등은 교실에 놓아두고 관찰할 수도 있다. 사진을 찍어오거나 가져온 자연물을 보고 그려봄으로써 관찰일지를 작성해 볼 수 있다. 쑥이나 진달래 등을 뜯어 와서 쑥떡이나 화전을 만드는 요리활동을 해 볼 수도 있으며, 자연물과 교실의 재료를 활용하여 미술작품도 만들 수 있다. 산책활동 후 경험을 이야기 나누어 보고 이를 동시 짓기 활동 등으로 확장할 수도 있다.

산책하며 수집한 자연물 관찰하기

진달래꽃으로 화전만들기

그림 5-3 산책 이후 연관 활동

(3) 텃밭 가꾸기

텃밭 가꾸기 활동은 자연체험활동으로서 작물의 생산을 위하여 자연 속에서 씨앗을 뿌리고 물을 주고, 수확을 해 보는 등 작물을 직접 기르고 가꾸고 돌보는 지속적인 경험을 해 보는 활동이다. 텃밭 가꾸기는 일상생활에서 손쉽게 자연을 접할 수 있는 기회를 유아에게 제공하며 자연에 대한 인식과 태도를 형성하는 데 기여한다. 텃밭 가꾸기 활동은 자연에 대한 구체적이고 직접적인 경험과 자연물과 자연 현상에 대한 관찰 및 탐구과정 속에서 유아들의 경험을 확장하고 개념을 구성하는 데 중요한 기회를 제공한다.

텃밭 가꾸기 활동은 흙, 물, 햇빛, 공기와 같은 자연 속에서 반복적인 경험을 통해 유아 스스로 자연에 대한 흥미를 가지고 능동적으로 참여함으로써 생명에 대한 이해와 존중하는 태도를 갖게 된다. 텃밭은 유아들에게 즐거움과 앎을 제공하는 놀이터이면서 학습의 공간이기도 하다. 또한 텃밭은 유아들에게 훌륭한 자연학습장이면서 동시에 자연탐구활동의 장이다. 텃밭 가꾸기는 유아들이 오감으로 자연을 직접 체험함으로써 자연의 소중함과 가치를 느끼게 해 주며, 유아의 사회성 및 정서발달, 신체발달, 인지발달 등 모든 발달영역에 매우 긍정적인 역할을 한다. 텃밭 가꾸기의 교육적 효과를 구체적으로 살펴보면 다음과 같다.

첫째, 자연을 직접 몸으로 체험하면서 자연의 소중함과 생명의 신비로움을 경험하고 느끼면서 생명에 대한 가치와 소중함을 갖게 된다. 유아들은 텃밭 가꾸기 활동을 직접 체험함으로써 날씨나 흙의 중요성을 이해하고 땀의 의미와 수확의 기쁨을 알게 되면서 자연계의 순환과 생명에 대한 애착을 형성하게 된다.

둘째, 텃밭 가꾸기는 유아에게 자연에 대한 탐구의 기회를 제공하고 식물 성장에 필요한 물, 흙, 공기, 햇빛의 소중함과 자연 생태계의 순환과정을 경험하고 밭에 존재하는 다른 생물의 특징을 알고 이해하게 된다.

셋째, 유아들이 식물을 재배하면서 땅과 흙을 밟고 식물 성장 과정에 필요한 농업을 직접 경험함으로써 신체발달이 함양되고 동시에 타인과의 협동과 배려를 경험하면서 사회성 발달도 증진된다.

넷째, 텃밭 가꾸기는 유아들에게 직접 재배한 과일과 채소를 따고 맛보는 기회를 제공함으로써 유아들은 수확의 기쁨을 경험하고 스스로 성취감을 느끼며 자존감이 높아지게 된다.

텃밭은 햇볕이 잘 들고 물이 가까이 있으면서 물 빠짐과 통풍이 좋은 바깥 놀이터나 옥상, 베란다 등의 실외 공간을 활용한다. 텃밭을 활용할 실외 공간이 없는 경우 화분이나 나무상자, 스티로폼 상자를 이용하여 작물을 재배할 수 있다. 교사는 재배하기 쉬운 작물부터 계획하고 한꺼번에 너무 많은 작물을 계획하지 않는 것이 좋다. 〈표 5-3〉은 8주 동안 16회 이루어진 텃밭 가꾸기 활동 내용에 대한 사례를 제시한 것이다.

표 5-3 텃밭 가꾸기 활동내용(천현미, 2007)

횟수	활동명	활동내용
1회	땅 고르기 및 퇴비뿌리기	소그룹별로 자신들의 밭에 있는 굵은 돌들을 골라내고 잡초를 뽑은 후 퇴비를 뿌리고 흙을 잘게 부수어 놓는다.
2회	흙 관찰 및 고구마 심기	흙을 관찰하고 촉감과 색을 알아본 후 알맞은 간격과 깊이로 파서 고구마를 심는다.
3회	쑥갓, 열무, 얼갈이 배추 씨앗 심기	쑥갓, 열무, 얼갈이 배추 씨앗들을 관찰한 후 적당한 간격을 두고 알맞은 깊이로 심은 후 물을 충분히 준다.
4회	고추 모종 심기	알맞은 깊이와 간격으로 구멍을 판 후 고추 모종을 심고, 모종이 넘어지지 않게 흙을 돋아준 후 물을 충분히 준다. 작물이 잘 자랄 수 있도록 잡초를 뽑아 주고 쑥갓, 열무, 얼갈이 배추가 얼마나 자랐는지 관찰해 보고 측정해 본다.
5회	방울 토마토 모종 심기	알맞은 깊이와 간격으로 구멍을 판 후 방울 토마토 모종을 심고, 모종이 넘어지지 않게 흙을 돋아준 후 물을 충분히 준다. 자신들의 밭에 심었던 고추 모종과 방울 토마토 모종의 다른 점을 관찰해 보고 측정해 본다.
6회	텃밭 주변 견학가기	자신들의 밭에 물을 주고 주변 텃밭에 견학을 가서 자신들의 텃밭과 다른 점을 찾아보고 주변 동물이나 식물들의 크기나 색, 이름을 알아본다.
7회	새로 돋아난 것 관찰하기	쑥갓, 열무, 얼갈이 배추에서 새로 돋아난 것을 관찰한 후 싹이 자라는 상태를 보고 너무 빽빽하면 약간 뽑아 주어 남은 포기들이 잘 자랄 수 있게 해 준다.

횟수	활동명	활동내용
8회	텃밭의 벌레 찾기	텃밭에 물을 준 후 벌레를 찾아 생김새를 관찰하고 크기를 측정해 본다.
9회	지지대 세우기	고추 모종과 방울 토마토 모종에 지지대를 세운 후 작물이 잘 자랄 수 있도록 잡초를 뽑아 준다.
10회	고추 모종과 방울 토마토 모종 변화 관찰하기	텃밭에 물을 준 후 고추 모종과 방울 토마토 모종의 변화를 관찰하고 잎과 꽃의 모양과 색의 차이점을 관찰한다.
11회	지렁이 찾기	텃밭에 물을 준 후 지렁이를 찾는다. 지렁이의 생김새와 색을 관찰하고 크기를 재본다.
12회	쑥갓 수확하기	쑥갓을 수확한 후 쑥갓의 냄새와 잎 모양을 관찰한 후 크기와 굵기를 재본다.
13회	열무 수확하기	열무를 수확한 후 열무 뿌리의 생김새와 열무 한 뿌리당 몇 개의 줄기가 있는지 관찰해 본다. 쑥갓을 수확한 자리에 무엇이 생겼는지 관찰한다.
14회	얼갈이 배추 수확하기	얼갈이 배추를 수확한 후 얼갈이 배추의 생김새를 관찰하고 무게를 재본다.
15회	고구마순 관찰하기	텃밭에 물을 주고 작물이 잘 자랄 수 있도록 잡초를 뽑아준다. 고구마순의 생김새를 관찰한다.
16회	풋고추 따기	텃밭에 물을 주고 적당한 크기의 풋고추를 수확한다.

그림 5-4 놀이터 텃밭에서 모종 가꾸기

3. 문학적 접근법

1) 문학적 접근법의 개념

과학교육에서 문학적 접근법은 과학적 내용이나 과정을 내포하고 있는 아동문학을 매개로 하여 과학활동과 통합하여 이루어지도록 하는 과학교육방법이다. 유아들이 과학적 개념을 일상생활 경험에 기초하여 자연스럽게 전개되도록 하는 통합적 접근에 의한 유아과학교육이 강조되면서 이야기에 내포된 맥락 속에서 자연스럽게 과학적 개념이나 과정을 받아들이는 매체로 그림책을 활용함에 따라 유아교육현장에서도 과학활동에서 문학적 접근을 활용한 과학교육이 활발하게 이루어지고 있다.

아동문학 중 그림책은 유아들이 가장 처음 접하는 문학 매체로 유아들에게 친숙하다. 그림책은 언어와 시각적 이미지가 결합한 예술장르로 성인이 유아에게 읽어주는 단순한 인쇄물이 아닌 글과 그림의 전체적인 디자인을 통해 사회, 역사, 문화를 전달하는 문학작품이자 예술작품이다. 유아는 그림책을 보면서 이야기에 내포된 지식을 이해할 뿐 아니라 그림을 통해서도 개념을 형성한다. 그림책의 특징은 글과 그림이 함께 이야기를 전달하는 것으로 언어와 그림이라는 두 가지 서로 다른 매체가 결합하여 의미를 전달한다는 것이다.

유아교육에서 그림책을 활용하는 방식을 크게 두 가지로 구분하는데, 하나는 그림책이 갖고 있는 문학적 · 예술적 내용상의 특성 자체를 '교육내용'으로 그림책을 활용하는 방식이고, 다른 하나는 그림책을 별도의 교육내용을 가르치기 위한 학습활동 '교수자료'로 활용하는 방식이다(서정숙, 2000). 다시 말해 교육내용으로 그림책을 활용한다는 것은 그림책이 갖고 있는 언어적 · 미술적 · 내용적 특징에 대한 교육을 위해 그림책을 사용하는 것을 의미하며, 교수자료로 그림책을 활용한다는 것은 언어, 수학, 사회 등의 교과내용의 교육을 위해 그림책을 활용하는 것을 의미한다. 과학교육을 활용한 문학적 접근법은 후자의 방법으로 그림책을 활용하는 것이다. 문학적 접근을 활용한 과학교육의 장점에 대해 정리하면 다음과 같다.

물의 여행

우와, 이만큼 컸어

눈 오는 날

깊은 밤 부엌에서

강아지똥

첫째, 문학을 활용한 과학교육은 유아들이 그림책을 접하면서 자연스럽게 이야기를 통해 과학적 개념 및 과학적 어휘를 형성하도록 돕는다. 하늘에서 내리는 비가 흘러 바다로 가는 내용을 다룬 〈물의 여행〉 그림책을 통해 유아들은 자연스럽게 물의 순환에 대한 과학개념을 이해하며, 〈우와, 이만큼 컸어〉 그림책을 보면서 뼈, 키를 재기 위한 자 등의 어휘의 개념을 자연스럽게 형성할 수 있다.

둘째, 문학을 활용한 과학교육은 유아들이 그림책의 맥락에서 자연스럽게 과학을 일상생활의 경험과 연계하는 매개체의 역할을 한다. 유아들은 그림책 〈눈 오는 날〉을 보면서 주인공인 피터가 눈에서 노는 장면을 통해 자신들이 눈 오는 날 놀았던 일상적 경험과 동일시하며 피터의 행동을 이해하게 된다. 피터가 집에 갖고 온 눈덩이가 녹아 사라진 것을 보며 유아들은 눈이 녹았던 기억을 떠올리며 자신들의 경험과 연관하여 물질이 온도에 따라 녹거나 얼 수 있다는 과학적 사실을 일상생활의 경험과 쉽게 연계하게 되며, 이를 통해 과학이 일상생활에서 이루어지는 활동임을 알게 된다.

셋째, 문학을 활용한 과학교육에서 유아들은 그림책에 나타난 과학적 과정을 보면서 자연스럽게 과학적 활동을 경험하는 기회를 갖는다. 그림책 〈깊은 밤 부엌에서〉는 빵 만드는 요리 과정을 환상적인 그림과 내용으로 다루고 있다. 그림책에 나온 요리 과정을 보며, 유아들은 이 과정을 어떻게 실행한 것인지 계획하고 의사소통하고 실험하는 과정을 통해 유아들은 그림책을 매개로 과학적 과정을 자연스럽게 경험하는 동기가 된다.

넷째, 문학을 활용한 과학교육을 통해 유아들은 과학적인 문제해결방법을 배우거나 그림책의 내용을 통해 문제를 해결하기 위한 정보를 습득할 수 있다. 그림책 〈강아지똥〉에서 주인공 강아지똥이 민들레의 거름이 되는 장면을 통해 유아들은 식물을 잘 키우기 위한 방법으로 거름이 필요하다는 정보를 알게 되고 실제로 교실에서 식물 기르기나 텃밭 가꾸기 활동을 할 때, 이를 활용하여 식물을 더 잘 가꿀 수 있게 된다.

다섯째, 문학을 활용한 과학교육을 통해 유아들은 과학에 대한 흥미를 충족시키고 과학적 태도를 기를 수 있다. 그림책을 통해 유아들은 과학을 재미있게 느끼고 그와 관련된 활동을 경험함으로써 과학적인 태도도 자연스럽게 길러진다.

2) 문학적 접근법의 방법

문학적 접근법에 의한 과학교육방법은 마틴(Martin, 1999)이 제시한 유형에 의해 다음과 같은 방법으로 제시할 수 있다.

우리들이 사는 집

파랑이와 노랑이

땅속 생물 이야기

만희네 집

우리 몸의 구멍

첫째, 과학내용에 적합한 활동을 제시하기 전에 그와 관련된 과학적 개념이나 과정을 담고 있는 그림책을 유아들과 함께 읽고 이야기 나누기를 통해 계획한 과학활동과 관련된 개념에 대한 흥미를 유발하고, 탐구 질문을 구성하여 사전 정보를 제공한다. 〈우리들이 사는 집〉 이야기를 읽고 유아들은 자연스럽게 동물들이 사는 곳에 대한 이야기를 나누면서 동물의 거주 환경에 대한 궁금증과 흥미를 유발하게 되면서 동물의 서식지에 대한 질문들이 생기면서 교사는 이를 과학활동의 도입으로 적용할 수 있다.

둘째, 과학활동이 이루어진 이후에 그와 같은 과학적 탐구과정이나 결과에 대한 내용을 제시한 그림책을 선정하여, 실제 활동의 결과와 그림책 속에 나타난 탐구 결과를 비교해 본다. 물감을 섞어 색의 변화를 통해 물질의 변화를 알아보는 과학활동을 실시한 이후, 그림책 〈파랑이와 노랑이〉에 대한 내용을 이야기 나누기 함으로써 그림책의 내용과 과학내용을 비교해 볼 수 있다.

셋째, 유아들이 우연히 발견한 사물이나 현상에 대한 궁금증을 충족시키고, 주제에 대한 유아 질문의 해답에 대한 정보를 제공하기 위한 매개체로 적합한 그림책을 활용한다. 과학적 정보를 알아보기 위한 방법으로 책을 활용하는 방법은 일반적인 것으로 유아들 역시 그림책이나 정보책을 활용하여 궁금증에 대한 해답을 찾을 수 있다. 바깥놀이를 하던 유아들이 땅속으로 들어가는 개미를 발견하고 땅속에는 어떤 동물이 살고 있는지에 대한 질문에 해답을 찾기 위해 교사는 정보 그림책인 〈땅속 생물 이야기〉를 유아들에게 제공하여 활용하도록 할 수 있다.

넷째, 그림책에 나타난 관찰하기, 분류하기, 예측하기, 추론하기, 실험하기 등과 같은 과학적 과정 기술이 담겨진 이야기 속 경험을 활용하여 유아들의 탐구 기술의 발달을 돕는다. 그림책 〈만희네 집〉은 각 페이지별로 안방, 마당, 마루, 부엌 등 집 안의 곳곳을 소개한다. 이때 소개된 장소가 그려진 그림에는 그 다음 소개할 장소에 대한 그림의 일부가 보여진다. 이를 활용하여 유아들은 다음 장을 예측하는 활동을 할 수 있다. 또는 그림책 〈눈 오는 날〉에서 눈뭉치가 녹는 장면을 보고 온도에 따라 물질이 녹는 실험 활동을 할 수 있다.

다섯째, 유아들이 이미 알고 있는 사물이나 현상에 대한 과학적 지식을 그림책에 제시된 사실과 비교해 보는 활동을 통해 유아들은 기존의 지식과 그림책 속에 제시된 과학적 사실에 대해 평가한다. 이러한 과정을 통해 유아들은 알고 있는 개념을 정리하고 지식을 스스로 구성하게 된다. 그림책 〈우리 몸의 구멍〉을 통해 기존에 유아들이 알고 있던 눈, 코, 입, 귀에 대한 내용을 신체기관의 특징이나 소화과정을 묘사한 그림으로 보고 이해함으로써 신체에 대한 개념을 재정립할 수 있다.

3) 문학적 접근법의 전개과정

문학적 접근법에 의한 과학교육은 그림책 선정하기, 그림책 이야기 듣고 이야기 나누기, 과학활동하기 및 연관활동하기의 전개과정을 통해 이루어지게 된다.

(1) 그림책 선정하기

문학적 접근법에 의한 과학교육을 전개하기 위해서는 가장 먼저 과학활동에 적합한 그림책을 선정하고 그에 따라 적절하게 활동을 계획하는 것이다. 과학교육에서 좋은 책의 선정 기준은 일반적인 좋은 그림책의 기준과는 조금 다르다. 배로우와 세일시(Barrow & Salesi, 1982)가 제시한 과학교육을 위한 좋은 책의 선정 기준은 다음과 같다.

첫째, 그림책에 과학의 과정과 내용이 포함되어 있어야 한다.

둘째, 유아가 그림책을 반복적으로 읽고 싶어 할 만큼 내용이 흥미로워야 한다.

셋째, 등장인물에 대한 분석보다 과학적 행위에 초점을 둔 이야기여야 한다.

넷째, 유아의 일상생활과 관련 있는 경험과 흥미에 기초를 두어야 한다.

다섯째, 이야기에 풍부한 대화가 있고 과학적 · 논리적 · 체계적으로 표현되어야 한다.

여섯째, 내용이 너무 길지 않고 적절해야 한다.

일곱째, 이야기가 그림 속에 잘 나타나고 특징이 그림에 잘 반영되어야 한다.

(2) 그림책 이야기 듣고 이야기 나누기

과학교육을 위해 선정한 그림책을 감상하는 방법은 일과운영에서 이루어지는 그림책 감상하기 활동과 유사하다. 우선 그림책을 읽기 전에 겉표지부터 살펴보면서 그림책의 내용을 예상해 보거나 새로운 어휘, 특히 과학적 용어나 개념에 대한 유아의 사전

경험이나 사전지식을 이야기 나누어 보고 유아들이 낯설어하는 과학적 용어나 개념에 대해서는 미리 소개하여 이해할 수 있도록 돕는다. 책을 읽는 과정에서 그림이나 이야기가 과학적 현상이나 과학적 내용을 다루는 경우, 이 부분에 대해 유아의 호기심을 자극하고 이후에 탐구해 볼 만한 주제로 질문함으로써 이후 과학활동에 대한 동기가 되도록 한다. 또한 읽는 동안 유아들이 제기한 과학적 질문에 대해서는 책 읽기가 끝난 후에 다시 한번 이야기 나누기를 통해 과학적 경험이나 과학적 개념을 재구성하도록 돕는다.

(3) 과학활동하기

책을 읽는 동안 유아가 했던 질문이나 궁금한 점을 중심으로 관찰하기, 분류하기, 예측하기, 추론하기, 측정하기, 의사소통하기, 실험하기와 같은 다양한 과학활동을 계획한다.

(4) 연관활동하기

앞서 전개한 과학활동을 통해 유아가 과학적 개념과 지식을 보다 의미 있는 방식으로 표현하고 확장할 수 있도록 다른 영역과의 연계활동을 전개한다.

표 5-4 문학적 접근법에 따른 과학활동 단계 및 활동 사례

과학활동 단계	내용
그림책 선정하기	「뒤죽박죽 카멜레온」 선정 이유: • 그림책에 동물의 특징에 대한 내용이 포함되어 있음 • 유아가 그림책을 반복적으로 읽고 싶어 할 만큼 내용이 흥미로움 • 동물의 특징이 그림 속에 이해되기 쉽게 나타나 있으면서 유아들의 상상력을 자극하도록 반영되어 있음 
그림책 이야기 듣고 이야기 나누기	「뒤죽박죽 카멜레온」 그림책을 읽기 전에 유아들과 카멜레온에 대해 이야기를 나눈다. 그림책의 겉표지를 보면서 카멜레온은 알록달록 색깔이 변하는 특징을 가지고 있는 동물이라는 것을 설명한다. 책을 읽는 동안 이러한 카멜레온의 특징에 대한 이야기를 잘 들어보고 색의 변형뿐만 아니라 외형의 변형을 통해 다양한 동물들의 외형적 특징에 대한 정보를 비교해 본다. 책을 다 읽은 후에는 어떤 동물들이 등장했으며 카멜레온은 그 동물에 어떤 특징을 가지고 싶었는지 토의하면서 동물의 특징에 대해 다시 한번 개념을 구성하게 한다.
과학활동하기 (과학적 과정 7가지)	• 그림책에 나온 동물들의 특징에 따라 동물들을 분류해 본다. • 유아들이 분류한 기준에 유사한 다른 동물들이 무엇이 있는지 조사해 본다. • 「뒤죽박죽 카멜레온」에 나온 동물 중 하나를 선택하여 카멜레온과 공통점과 차이점을 탐색하고 벤다이어그램으로 나타내어 본다.
연관 활동하기	「뒤죽박죽 카멜레온」에서 카멜레온이 다른 동물들과 결합하는 장면처럼 유아들이 카멜레온과 또 다른 동물들의 특징을 결합하여 나만의 카멜레온 만들기 활동을 한다.

4. 프로젝트 접근법

1) 프로젝트 접근법의 개념

프로젝트 접근법에서 '프로젝트'란 한 명 또는 그 이상의 유아가 수행하는 특정 주제에 대한 깊이 있는 탐구로서 프로젝트 접근법의 특징은 조사 형식이다(Katz & Chard, 2000). 유아들은 프로젝트 활동 계획에 직접 참여하며, 계획 세운 것을 달성하기 위하여 다양한 활동과 노력을 며칠에서 몇 주 동안 지속해 나가게 된다. 프로젝트 접근법이 유아과학교육에 활용되는 의미는 과학활동을 진행하는 일련의 과정이 프로젝트 활동을 진행하는 과정과 유사한 부분이 많기 때문이다. 일반적으로 과학활동은 유아들이 궁금한 현상이나 주제에 대해 관찰, 조사, 실험, 기록 등의 과정으로 이루어진다. 프로젝트 접근법 역시 유아들이 알고 싶어 하는 주제를 선정하여 그 주제에 대한 질문 목록을 만들고 그에 대한 해답을 얻기 위해 조사하고 표상하는 과정으로 수행되기 때문에 프로젝트 접근법에 의한 과학교육이 용이하게 이루어지고 있다.

그러므로 프로젝트 접근법에 의한 과학교육을 전개하기 위해서는 주제 선정이 가장 중요하며 과학교육에 적용하기 적합한 프로젝트 주제는 다음과 같다(Katz & Chard, 2000).

- 직접 만져보고 살펴보는 것이 가능한 주제
- 다양한 방법(실험, 도표 그리기, 만들기, 관찰 등)을 활용하여 표상하기에 적합한 주제
- 국가 수준의 교육과정(누리과정)의 목표와 내용을 반영할 수 있는 주제

2) 프로젝트 접근법의 절차

(1) 프로젝트 준비 단계

프로젝트 준비 단계는 프로젝트에 들어가기 전에 교사가 여러 가지를 계획하고 준비하는 단계로서 이 단계에서는 유아들은 참여하지 않는다. 프로젝트 준비 단계에서는 주제 선정, 주제망 구성, 교육목표 및 기본 어휘 선정, 학습 내용 및 활동 예상안 구성, 자원 목록 작성 및 자원 준비 등이 이루어진다.

① 프로젝트의 주제 선정

프로젝트 활동을 위해 가장 우선적으로 고려해야 하는 것은 적합한 주제를 선정하는 일이다. 주제에 따라 프로젝트가 활성화되지 않을 수도 있기 때문이다. 친숙성, 접근 가능성, 통합성, 협동기회 가능성, 심층적 탐구성, 다양한 표현활동성, 교사와 유아 모두에게 관심과 흥미 유도 등을 고려하여 주제를 선정해야 한다.

② 주제망 구성

주제망 구성이란 프로젝트 활동에 들어가기 전에 프로젝트 준비 단계에서 교사가 주제에 관한 생각을 나름대로 조직해 보는 것이다. 교사가 그 주제에 대하여 현재 가지고 있는 지식, 개념, 아이디어 등을 모두 생각해 내어 망의 형태로 조직한다. 주제망 구성 절차는 브레인스토밍, 유목화, 주제망 그리기로 이루어진다.

'브레인스토밍'은 자유로운 토론으로 창의적인 아이디어를 끌어내는 방식에 주제에 대해 머릿속에 떠오르는 생각을 모두 적는 것이다. 주제와 관련하여 머릿속에 떠오르는 단어를 참가하는 모든 유아들이 순서대로 적어서 아이디어가 50개 이상이 될 때까지 계속해서 주제에 관련한 아이디어를 끄집어낸다. 이때 아이디어는 정답이 없으며 브레인스토밍에서는 아이디어를 모으는 것이 중요하다. '유목화'는 브레인스토밍을 통해 나온 단어들을 유사성에 따라 몇 개의 그룹으로 분류하는 것을 의미한다. '주제망 그리기'는 소주제별로 유목화가 이루어지고 나면 주제를 중심으로 망의 형태로 조직한 것을 의미한다. 주제망 그리기를 하면 이 주제가 몇 개의 소주제로 나뉘는지 항목은 어떻게 이루어지는지 등을 한 눈에 파악할 수 있다. 주제망 그리기 절차는 먼저 프로젝트 주제를 중앙에 적고 중앙에 적은 주제명을 중심으로 유목화된 각 그룹의 소주제를 적고 소주제에 속해 있는 단어들을 적은 후 선으로 연결한다.

③ 교육목표와 기본 어휘 선정

교사가 주제망을 그리고 나면 어느 정도 그 주제에 대한 개념이 정리되면서 프로젝트의 방향을 설정할 수 있게 된다. 이때 개념을 정리하여 지식적 측면(알기, 이해하기), 감성적 측면(느끼기), 실천적 측면(실천하기)으로 나누어 교육목표를 구체화한다.

기본 어휘 선정은 주제를 다루는 동안 유아가 익히고 사용하게 될 기본 어휘를 교사가 미리 선정하는 것이다. 특히 과학용어나 개념을 이해하기 위한 기본 어휘는 매우 중요하기 때문에 기본 어휘는 교사가 그림 카드로 만들어 프로젝트 초기에 유아들에게 설명해 준 후 프로젝트 기간 동안 벽이나 게시판 등에 게시하여 유아들이 활용할 수 있도록 한다.

④ 학습 내용과 활동 예상안 구성

주제망 작성과 교육목표 선정이 이루어지면 이를 기초로 교육과정 영역별 학습 내용 및 활동 예상안을 구성할 필요가 있다. 사전에 교육내용을 확정하지 않고 유아 주도적으로 진행이 이루어진다고 해서 교사가 아무런 준비 없이 활동이 이루어지는 것은 아니다. 우리나라는 국가 수준의 교육과정(누리과정)과 연계하여 학습 내용 예상안을 구성할 필요가 있으며 또한 각 교과별 활동(이야기 나누기, 게임, 실외활동, 음률 · 신체표현, 현장학습, 과제 등)과 연계하여 활동을 미리 계획한다.

⑤ 자원 목록 작성과 자원 준비

프로젝트에 필요한 자원은 1차적 자원과 2차적 자원으로 구분할 수 있다. 1차적 자원은 주제와 관련하여 유아들이 직접 경험해 볼 수 있는 실제 사물, 주제와 관련된 일을 하거나 취미 활동을 하는 사람, 현장 견학 장소 등이 포함된다. 2차적 자원은 간접 경험이 가능한 책, 팸플릿, 사진, 동영상, 인터넷 사이트 등이 해당된다.

⑥ 환경 구성

교사는 프로젝트를 위한 실제적인 준비를 위해 환경 구성을 계획한다. 이는 유아들이 주제 선정의 아이디어를 얻기 위해 교사가 환경 구성을 미리 하는 경우도 있고, 주제에 따라 프로젝트를 해 나가는 과정에서 학습의욕을 고취하고 동기를 유발하기 위해 교실환경을 창의적으로 만들어 갈 수도 있다.

⑦ 부모들에게 알리고 협조 요청

프로젝트를 효과적으로 진행하기 위해서는 부모들의 도움이 필요하다. 사전에 수업 내용과 방법을 부모에게 자세하게 알리고 협조를 구하며, 협조 내용으로는 주제와 관련된 이야기 들려주기, 관련 서적 제공, 전문가로서 초청, 현장 방문이나 행사 시 자원봉사요원 등을 요청할 수 있다.

(2) 프로젝트 시작 단계

시작 단계는 유아의 참여가 시작되는 단계로 프로젝트에 참여하는 유아들의 주제와 관련된 사전 경험 나누기, 교사와 유아의 공동 주제망 구성하기, 질문목록 작성하기 등의 활동으로 이루어진다.

① 유아의 이전 경험 표현

교사는 활동을 촉진시키기 위해 유아들의 이전 경험을 끌어내어 주제에 대한 흥미를 유발하고 유사한 경험을 한 유아들의 생각을 공유할 수 있도록 한다. 유아들의 경험이나 지식은 이야기, 그림, 글, 조형 등으로 표현될 수 있으며, 이러한 활동은 다른 유아들끼리 서로 공유되는 과정을 통해 또 다른 경험 나누기 활동을 활성화시킬 수 있다.

② 교사와 유아의 공동 주제망 구성

유아들 전체의 아이디어를 수집하고, 주어진 주제에 대하여 자신들의 경험을 통하여 알고 있는 지식을 동원하여 주제망을 구성한다. 구성방법으로는 이전에 경험 나누기를 통해 유아들이 주제와 관련된 다양한 생각들을 자유롭게 적어보는 브레인스토밍을 하고, 브레인스토밍을 통해 나타난 다양한 지식들을 같은 범주끼리 묶어 그룹을 지어 분류하는 유목화 작업이 이루어진다. 브레인스토밍과 유목화는 대그룹, 소그룹, 개인별로 다양하게 이루어질 수 있다. 이후 유목화된 내용을 망의 형태로 나타내 보는 주제망 그리기로 구성한다.

달팽이를 주제로 한 주제망 만들기

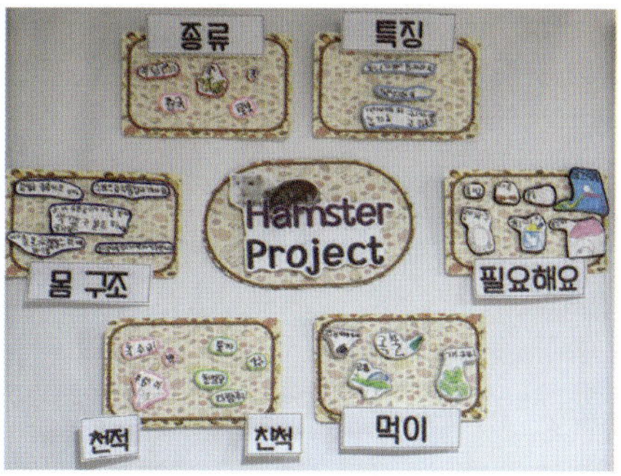

햄스터를 주제로 한 주제망

그림 5-5 교사와 유아의 공동 주제망

③ 질문 목록 작성

질문 목록 작성은 프로젝트를 수행하는 과정에서 유아들이 궁금해하는 것을 조사하고자 하는 질문 사항들로 사전에 수집하여 정리한다. 대개 질문은 이전에 구성된 주제망과 연관지어 유발된다.

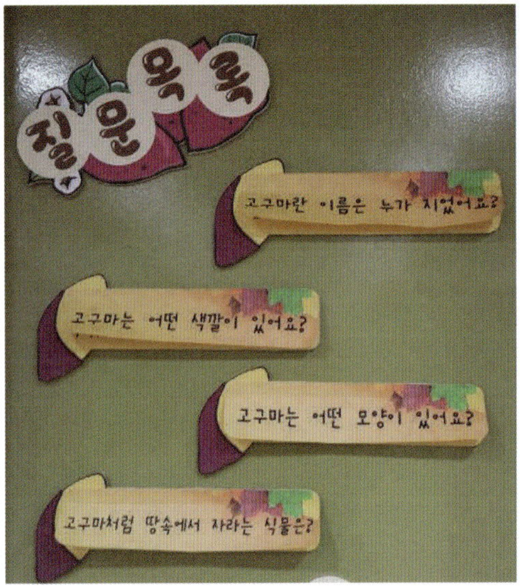

그림 5-6 고구마프로젝트 질문 목록 만들기

(3) 프로젝트 전개 단계

전개 단계에서는 앞에서 작성한 질문 목록을 중심으로 조사·탐구활동과 특정 목표를 위한 활동으로 이루어진다. 조사·탐구활동은 다양한 실물 자원을 통해 현장 견학이나 전문가와의 면담 및 관련 활동 등을 통해 이루어진다. 특정 목표에 따른 활동도 조사·탐구활동처럼 여러 가지 자원을 활용하여 이루어진다. 특히 전개 단계에서는 현장 견학 및 전문가와 함께 하는 활동이 충실하게 수행되기 위해 현장 견학 전 활동,

현장 견학, 현장 견학 후 활동으로 구성하는 것이 효과적이다.

① 현장 견학 전 활동

현장 견학 전 활동으로 질문에 대한 조사·탐구활동 및 구체적 목표에 따른 특별 활동은 다음과 같은 형식으로 이루어진다(지옥정, 2000).

- 다른 사람의 의견 듣고 조사하기
- 전문가나 가족 및 주변 사람들에게 질문하고 설명 듣기
- 평가하기
- 실험하기(가설 세우고 실험하기)
- 자원 조작해 보기
- 관찰하기
- 책 보기(그림, 사진, 동영상 등 시청각 자료 보기)
- 토론 활동
- 표상하기 활동

이때 프로젝트 활동을 촉진하기 위한 교사의 개입이나 포트폴리오처럼 활동 과정 및 결과물을 정리하여 공유하는 활동 등과 같이 교사 계획 활동이 더불어 이루어질 수 있다.

② 현장 견학

현장 견학 전 준비 사항은 교사의 준비 사항과 교사와 유아가 함께 하는 준비사항으로 나뉜다.

- 교사: 현장 견학의 목표 확인하기, 현장 사전 답사하기, 현장 예약하기
- 교사와 유아: 현장에 대해 이야기 나누기, 현장에 가서 볼 것 예상하기, 질문 목록 확인하고 알아올 것 정하기, 현장에서 지켜야 할 태도 정하기, 기록 방법을 알려주거나 확인하기, 준비물 챙기기, 자원봉사자의 역할 정하기

현장 견학에서 중요한 것은 유아들이 궁금해하는 내용을 현장 견학을 통해 충분히 조사하고 다양한 정보를 얻어 교실로 돌아와 사후 활동과 연계할 수 있도록 하는 것이다. 과학관, 체험관, 박물관, 동물원, 식물원, 도서관 등 과학활동과 연계한 견학 기관은 다양하다. 현장 견학에서 유아들은 다음과 같은 일을 수행한다.

- 관찰 및 조사하기
- 현장 사람들에게 질문하기
- 기록하기(글로 쓰기, 수나 측정 단위로 표시하기, 그리기, 사진 찍기 등)
- 현장에서 여러 가지 물품 수집해오기

③ 현장 견학 후 활동

현장 견학 이후 이루어지는 활동들은 현장 견학에 기초한 표현 활동과 심화된 조사·탐구활동으로 나누어 볼 수 있다. 현장 견학을 마치고 교사와 유아들은 그 과정 및 결과에 대하여 이야기하면서 보고 배운 것이 무엇인지 확인하고 현장 견학 전 질문 내용과 견학에서 알아 온 답을 발표하고 토론한다. 견학 후 유아들이 현장에서 간단히 스케치한 것을 상세하게 그림으로 나타내거나 도표로 작성하기, 만들기, 기록하기 등의 표현 활동을 수행한다. 현장 견학에 기초한 표현 활동은 게임이나 언어적 표현, 미술적 표현, 수학적 표현, 사회·과학적 표현, 음악과 극 표현 등으로 다양하게 이루어진다. 더불어 현장 견학을 통해 새롭게 제기된 질문에 대해 조사와 탐구활동을 확장하여 진행할 수 있다.

④ 전문가의 방문

전문가의 특별한 도움이 필요한 경우 전문가를 초청하여 방문함으로써 유아들의 활동을 더욱 활성화시킬 수 있다.

(4) 프로젝트 마무리 단계

프로젝트 마무리 단계는 프로젝트 과정 중 나온 학습 결과물이나 성취물을 전시회 및 발표회와 같은 자리를 마련하여 다른 사람들에게 보여주고, 설명하며, 의견을 교환하는 단계이다.

고구마 프로젝트에 전시된
유아 그림 표상으로 만든 그래프

개미 프로젝트에 전시된 유아 작품

그림 5-7 학습 결과물

3) 프로젝트 접근법의 전개과정

과학 프로젝트 접근법의 구체적 전개과정을 살펴보기 위해 신미숙(2008)의 '들풀 프로젝트' 활동의 과정을 단계별 활동 내용, 주제망, 영역별 활동 계획안으로 살펴보면 〈표 5-5〉, 〈그림 5-8〉, 〈그림 5-9〉와 같다.

표 5-5 들풀 프로젝트 접근법의 단계별 활동 내용

단계	활동 과정	활동 내용
준비 단계	• 주제선정 • 예비 주제망 구성 • 목표선정 • 교육과정 조직안 • 활동예상안 작성 • 자원목록 작성	• 교사회의를 통하여 주제 선정 • 교사 경험과 사전지식, 관심에 근거한 예비 주제망 구성 • 국가 수준의 교육과정과 교사의 예비주제망과 교육목표, 활동안을 모두 고려하여 교육과정 조직안 작성 • 영역 내 · 영역 간 통합이라는 재조직 과정을 거쳐 활동 예상안 작성 • 활동계획안을 준거로 작성
시작 단계	• 주제소개하기 • 이전 경험 나누기 • 교사와 유아 공동 주제망 구성 • 질문목록 구성하기	• 다양한 자료 제시를 통한 주제 소개 • 교사가 먼저 경험을 들려주고 유아 서로 간에 경험을 소개하기 • '들풀'에 관련된 생각들을 종이에 써보기→같은 것끼리 모으기→교사와 유아 공동 주제망 작성 • 들풀에 대하여 알고 싶고 궁금한 점을 '궁금이 상자'에 적어 넣은 후 질문으로 해결한 것을 나누어 정리하기
전개 단계	• 조사활동	• 로제트 모양의 들풀 조사하기 • 들풀 뿌리 조사하기 • 꽃을 볼 수 있는 들풀 조사하기 • 먹는 들풀 조사하기 • 다양한 정원의 모양 조사하기 • 정원을 만드는 데 필요한 것 조사하기 • 들풀의 다양한 번식과정 조사하기
	• 탐구활동	• 들풀에 공기 구멍 찾기 • 비오는 날 민들레 꽃의 변화 관찰하기

단계	활동 과정	활동 내용
		• 들풀 잎 관찰하기 • 들풀로 염색하기 활동 • 먹는 들풀로 이용한 요리활동 • 들꽃 관찰하기 • 민들레 흰액 관찰하기 • 모기향 피우기 활동
	• 표현활동	• 들풀을 이용한 압화 만들기 • 로제트 잎 표현하기 • 냉이 씨앗으로 악기 만들기 • 꽃 물 들이기 • 로제트 신체로 표현하기 • 벌과 나비의 춤 놀이 • 들풀 그리기
	• 현장견학	• 국립 생물 자원관 • 주말농장 • 지역사회 공원 • 식물원
마무리 단계	• 전시회 • 프로젝트 활동에 대한 평가	• 들꽃 정원 구성하기 • 전시회 날짜 정하기 • 초대 대상 정하기 • 초대장 만들기 • 전시물 항목 정하기 • 준비 일정표 만들기 • 소집단별 역할 정하기 • 행사장 꾸미기 • 초대장 보내기 • 프로젝트를 마치며 결과에 대해 생각 나누기

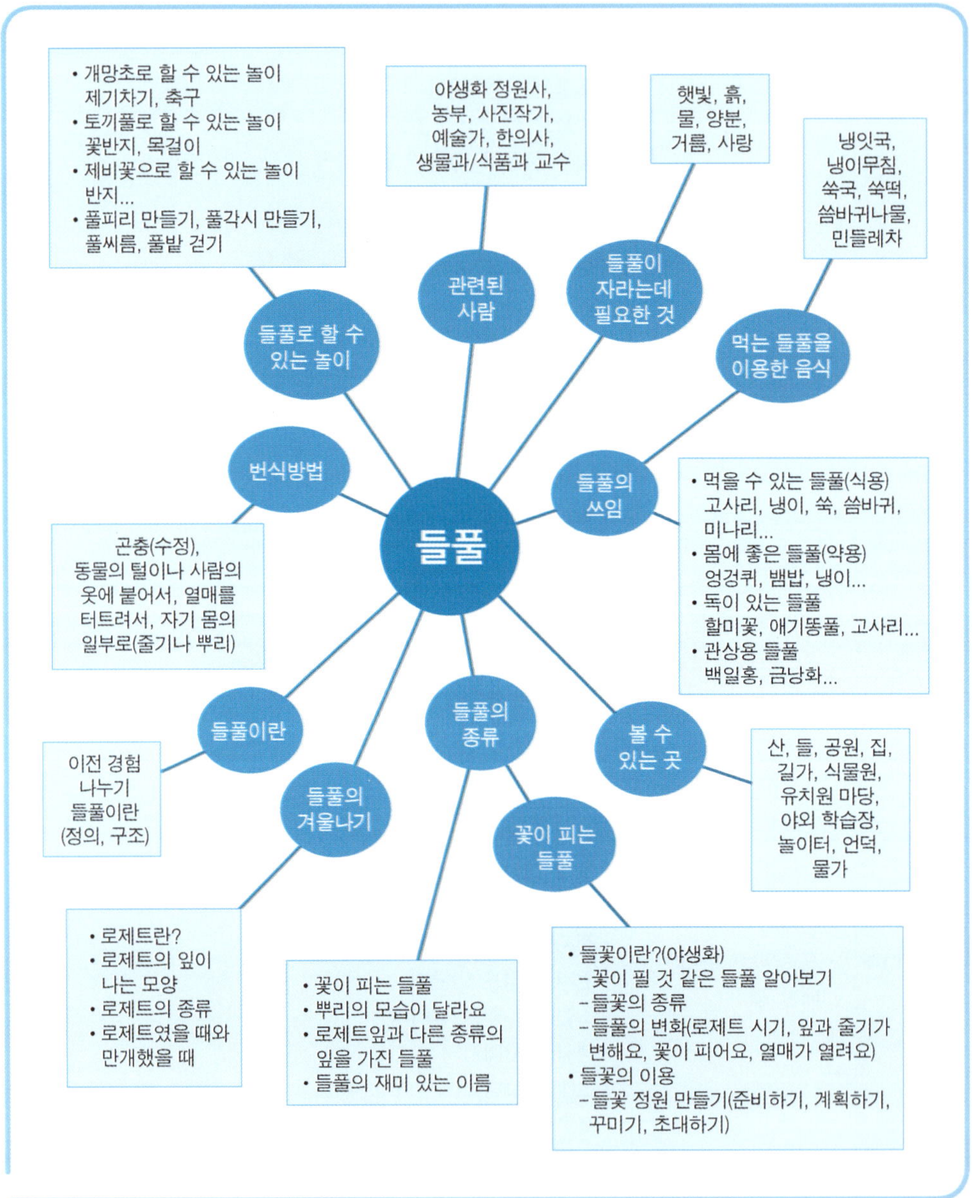

그림 5-8 들풀 프로젝트 주제망

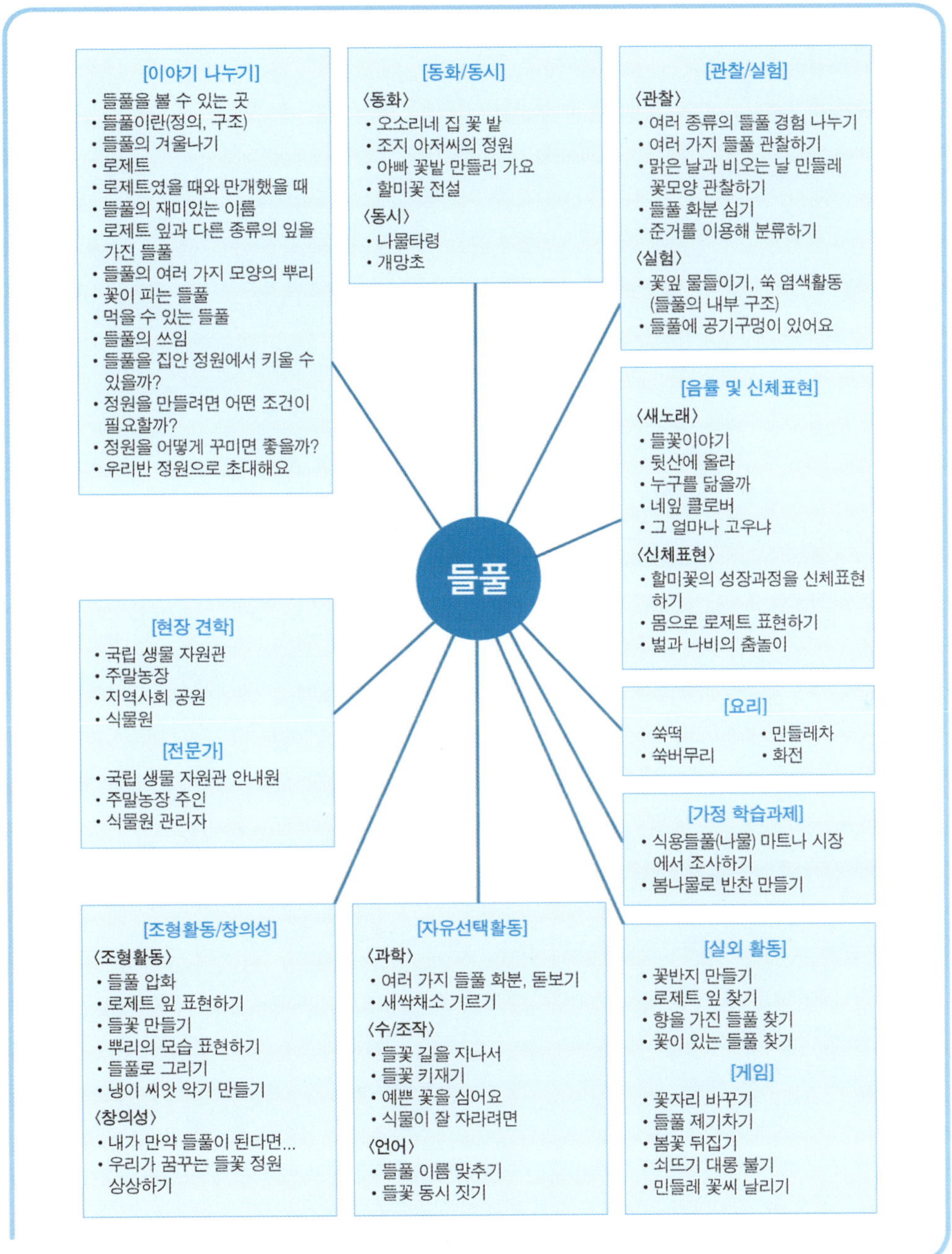

그림 5-9 영역별 활동 계획안

06 CHAPTER

유아과학교육을 위한 환경

| 배울내용 |

1. 실내 환경
2. 실외 환경
3. 지역사회와의 연계

| 학습목표 |

1. 유아과학교육을 위한 실내 환경의 구성 원리를 이해하고 관련 매체에 대해 안다.
2. 유아과학교육을 위한 실외 환경의 구성 원리를 이해하고 관련 매체에 대해 안다.
3. 유아과학교육과 연계되는 지역사회의 환경 특성을 안다.

CHAPTER 06

유아과학교육을 위한 환경

유아의 과학활동은 놀이를 중심으로 일상생활과 주변세계에 관심을 가지고 탐색하는 것에서부터 출발한다. 즉, 유아들이 주변세계에서 만나는 다양한 물질들과 자연 등의 환경은 유아들의 호기심을 자극하고 관찰과 탐색 등으로 다양한 과학적 경험이 되기도 한다. 따라서 어떠한 환경을 제공해 줄 것인가, 어떻게 구성되어 있는가에 따라 유아들의 과학활동의 질은 달라질 수 있다. 유아들이 즐겁게 참여하고 탐구과정에 몰입하는 놀이 중심의 의미 있는 과학활동이 되기 위해 실내 환경과 실외 환경, 지역사회의 환경을 중심으로 살펴보고자 한다.

1. 실내 환경

유아교육기관의 실내 과학교육 환경은 유아들이 직접 조작해 보고 충분히 탐색하여 과학활동을 촉진할 수 있도록 다양하고 풍부한 자료를 제공하는 환경으로 구성해야 한다. 유아들은 유아교육기관 내 어디에서든 과학적 탐구활동이 이루어질 수 있으며, 또한 놀이를 하며 다양한 탐구 경험을 하고 그 속에서 과학적 배움이 일어난다. 따라서 다양한 상황에서 과학적 탐구와 배움이 일어나도록 지원하기 위해 적절한 환경 구성과 풍부한 자료 준비와 활용이 필요하다. 유아교육기관의 공간은 유아들에게 다양한 경험을 제공하고 배움이 일어나도록 하는 곳이지만, 특히 유아과학교육을 위해 유아교육기관의 모든 실내 환경뿐만 아니라 과학활동과 좀 더 밀접한 관련이 있는 과학 영역 또한 고려되어야 한다.

1) 과학 영역

과학 영역이란 과학학습을 위한 다양한 교구와 자료, 책 등을 별도로 모아 교실 내에 설치한 곳을 말한다. 과학 영역은 과학적 탐구에 대한 흥미를 유발하고 몰입할 수 있도록 해 주며, 유아로 하여금 일찍부터 과학적 사실과 개념을 습득하고 과학적 습관과 태도를 형성하도록 하는 데 중요한 역할을 한다(김정주 외, 2004). 따라서 유아들이 과학적 탐구활동에 흥미롭게 능동적으로 참여하고 지속적으로 이어갈 수 있도록 풍부한 자료를 제공하여 적절한 과학환경을 마련해 주어야 한다. 과학 영역에서 유아들은 주변의 여러 가지 물질과 현상들을 직접 조작해 보고 탐색 및 관찰하는 등의 다양한 과학적 경험을 할 수 있다.

그림 6-1 실내 과학 영역의 예

출처: 김이영 외(2018). 아동관찰 및 행동연구. 양성원.

2) 과학 영역의 구성 원리

유아를 위한 과학 영역은 교실의 공간적 특성과 교육내용 및 프로그램에 따라 달라질 수 있으며, 유아들에게 과학적 탐구의 경험을 효율적으로 제공해 주기 위해 과학 영역을 구성하기 위해 고려해야 할 점이 있다. 과학 영역을 구성하는 데 고려해야 할 원리를 구체적으로 살펴보면 다음과 같다(황의명 외, 2019).

첫째, 과학 영역은 대체로 유아들이나 교사가 수집한 자료들을 감각적으로 탐색할 수 있는 감각 테이블과 교육 주제와 관련된 과학활동 자료를 제시한 학습 테이블, 과학활동에 필요한 자료를 정리해 놓은 정리장, 그리고 과학개념에 관한 도서전시장(책장), 식물이나 동물 기르기 테이블, 유아들이 활동할 수 있는 빈 테이블과 의자 등으로 구성한다.

둘째, 과학 영역에 가구를 배치하고 구성할 때 융통성이 있도록 하며, 유아들의 왕래가 자유롭도록 해야 한다. 공간이 너무 비좁거나 자료장이 고정되어 있으면 다양한 활동이 어렵고 유아들 간의 갈등을 유발할 수 있다.

셋째, 과학 영역은 유아들이 흥미를 느낄 수 있도록 변화를 주면서 잘 정돈해야 한다. 교사가 흥미를 갖고 교육 주제에 따라 적절한 변화를 주어 유아들의 호기심을 자극할 수 있도록 해야 한다. 코흐(Koch, 1999)는 유아들과 함께 과학 영역을 구성하는 것도 좋은 방법이라고 하였다.

넷째, 과학활동을 위해 간혹 위험성 있는 자료가 필요한 경우가 있는데, 이러한 자료는 과학 영역에 상비해 두지 말고 교사 자료실에 놓았다가 필요시에만 사용한다. 예를 들어, 수은 온도계, 전열 기구 등과 같은 것은 과학 영역에 두지 않는 것이 좋다.

다섯째, 측정이나 관찰을 위해 필요한 기본적인 도구는 과학 영역에 상비해 둔다. 예를 들어, 양팔저울, 계량컵, 돋보기, 기록지와 같은 것은 항상 일정한 곳에 구비해 둔다.

여섯째, 과학 영역은 채광이 잘 되고 물과 전기를 쉽게 이용할 수 있는 곳에 설치한다. 과학활동을 위해서 물과 전기가 필요한 경우가 있으므로 쉽게 이용할 수 있어야 하며, 동·식물을 기르는 경우가 많기 때문에 채광이 잘 되는 밝은 곳이 좋다.

과학 영역의 적절한 구성과 함께 이를 효율적으로 운영하고 활용하는 것 또한 중요하다. 유아의 과학활동을 촉진하고 과학 영역을 활성화하기 위해 과학 영역에서 유아들에게 어떠한 경험을 제공하는가에 따라 의미 있는 과학활동이 달라질 수 있다. 유아들이 탐구활동을 지속적으로 이어가 의미 있는 과학활동이 될 수 있도록 과학 영역의 효율적인 운영을 위한 활성화 방안에 대해 살펴볼 필요성이 있다. 이를 위해 조형숙 등(2018)은 다음과 같은 방안을 제시하고 있다.

첫째, 간단한 실험 활동을 제공할 수 있다. 과학은 생활과 매우 밀접할 뿐만 아니라 우리 주변에서 쉽게 볼 수 있는 도구로도 재미있고 다양한 과학활동을 할 수 있다. 과학 영역에서 개별적으로 이루어지는 실험들은 교사의 별다른 도움 없이도 유아들끼리 이루어질 수 있는 활동으로 제공하는 것이 좋다. 예를 들어, 과학 영역에 생활 주변에서 미끄러지는 것을 방지하는 여러 재료(운동화, 바퀴, 고무장갑 등)를 제공하여 유아가 이를 관찰하고 서로 비교해 보면서 마찰력에 대한 간단한 실험을 진행할 수 있다.

둘째, 일상적 다양한 관찰거리를 제공할 수 있다. 주변에서 쉽게 볼 수 있는 실물과 자료 중 감각적이고 다양한 방식으로 탐색할 수 있는 사물을 수집하여 전시한다. 이때 반드시 교육 주제와 일치할 필요는 없으며, 계절에 따라 수집한 자연물이나 다양한 감각 자료를 주기적으로 변화시켜서 구성할 수 있다. 교사뿐만 아니라 유아의 직접적인 참여를 이끌고, 자발적인 탐색 능력을 향상시키며, 과학에 대한 흥미와 호기심을 자극할 수 있다. 예를 들어, 우연히 맛보게 된 꽃차를 가지고 와서 건조 상태의 꽃차가 뜨거운 물을 만났을 때의 변화를 자세히 탐색해 보며 맛을 볼 수 있다.

셋째, 과학 교재·교구를 제공할 수 있다. 다양한 과학 교재·교구는 유아가 과학에 대해 호기심과 흥미를 가질 수 있는 효과적인 매개물이 될 수 있다. 대부분의 교재·교구들은 언어, 조작, 수 교구 등에 집중되어 있고 과학 영역에는 교재·교구 없이 관찰거리와 탐구를 바탕으로 한 경우가 많다. 주제와 관련하거나 관심 있는 과학적 현상이나 사물에 대한 다양한 방식의 과학 교재와 교구는 과학 영역을 활성화시킬 수 있는 효과적인 대안이 될 수 있다.

3) 과학활동을 위한 자료와 도구

과학활동을 위한 자료와 도구는 유아들이 과학적 탐구에 흥미를 갖고 몰입할 수 있도록 돕고, 유아의 과학경험과 과학활동을 촉진하고 확장한다. 그리고 유아는 다양한 자료와 도구를 직접 조작해 보며 그 자료의 특성과 사용법을 알게 되고, 탐구과정에서 효과적으로 활용할 수 있게 된다. 이러한 자료와 교구는 영유아의 발달과 활동 수준에 적합한 것이어야 하며, 융통성 있게 활용되고 무엇보다 유아들이 사용하는 데 있어

안전이 고려되어야 한다. 과학활동을 위한 자료는 상업적으로 개발된 것도 있지만, 유아의 흥미와 관심을 유발하는 우리 주변에서 흔히 볼 수 있는 모든 것들이 될 수 있고 더욱 유용하게 사용될 수 있다. 과학활동에 필요한 일반적인 자료와 도구, 주제에 따라 제공될 수 있는 자료의 예는 〈표 6-1〉, 〈표 6-2〉와 같다(신은수 외, 2018; 황의명 외, 2019).

표 6-1 과학활동을 위한 자료와 도구

분류	자료와 도구
측정 도구	• 표준화된 측정 도구: 자, 줄자, 막대자, 저울, 비커, 계량스푼, 타이머, 시계, 모래시계, 온도계, 체온계 등 • 비표준화된 측정 도구: 끈, 리본, 막대기, 작은 플라스틱 음료수병, 우유팩 등
관찰 및 실험 도구	현미경, 망원경, 확대경, 자석, 거울, 색안경, 프리즘, 집게, 도르래, 손전등, 스포이드, 여과지, 나침반, 진자, 전지, 깔때기, 플래시 등
사육 · 재배용 도구	화분, 모종삽, 물뿌리개, 화분 받침대, 분무기, 망, 사육 상자, 먹이통, 어항 등
동 · 식물 자료	강아지, 토끼, 병아리, 햄스터, 개구리, 개미, 장수풍뎅이, 달팽이, 거북이, 새, 지렁이, 부레옥잠, 감자, 고구마, 콩, 가지, 봉숭아, 토마토 등
표본 · 실물 자료	인체모형, 식물, 곤충, 조개껍질, 돌, 흙, 곡식, 씨앗, 나뭇잎, 꽃잎, 솔방울, 생선 가시, 뼈, 새 깃털 등
일반적 자료	다양한 종류의 종이류, 모래종이, 거름종이, 신문, 비닐, 셀로판지, 연필, 색연필, 견출지, 옷핀, 클립, 종이클립, 집게, 스프링, 고무줄, 이쑤시개, 바늘, 실, 밧줄, 수세미, 빨대, 테이프, 면봉, 스펀지, 솔, 걸레, 깔때기, 호스, 솜, 여러 종류의 드라이버, 망치, 톱, 바퀴, 작은 카펫, 다양한 천과 가죽 조각, 분무기, 면장갑, 주방용품, 세제류, 나무류, 요리용 재료, 요리 도구 등
특수 기구	카메라, 컴퓨터, TV, 녹음기, 실물화상기 등
교재	식물도감, 동물도감, 아동용 백과사전, 지구본, 과학 관련 도서 및 그림책 · 사진자료, 시청각 자료 등

표 6-2 주제에 따라 제공될 수 있는 자료

주제	자료
동물	상자, 동물우리, 음식 그릇, 어항, 조개류, 깃털, 곤충 집, 테라리움, 여러 가지 용기, 먹이통, 낡은 스타킹, 나일론 줄, 뼈(닭뼈, 물고기뼈 등), 새, 여러 종류의 새의 깃털, 동물(닭, 토끼, 개미, 오리, 금붕어, 다람쥐 등), 곤충, 곤충의 알, 투명 플라스틱 병류, 동물에 관한 책, 동물도감 등
식물	상자, 쟁반, 삽, 스프레이, 호스, 정원을 가꾸는 도구, 코르크와 수세미, 열매(밤, 대추, 호두), 곡식, 과일, 솔방울, 나뭇잎, 나뭇가지, 이끼류, 우유팩, 꽃, 말린 꽃, 씨앗, 돌멩이, 토양(진흙, 모래, 양토), 말린 과일이나 채소, 식물에 관한 책, 식물도감 등
물	스포이드, 주사기, 튜브, 호스, 펌프, 분무기, 큰 그릇, 스프레이, 계량컵, 색소물감, 다양한 플라스틱 용기, 물에 뜨는 물체, 물에 가라앉는 물체, 깔때기, 빨대, 양초, 클립, 스펀지 등
기계	건전지, 태엽 감는 장난감, 시계, 고장난 작은 전자기기 등
물리적 현상(자석 활동)	기어, 스위치, 도르래, 투명한 용기, 바퀴, 자석, 추, 지렛대, 자물쇠와 열쇠, 스프링, 자석에 붙는 작은 물체(클립, 못, 집게류 등), 자석에 붙지 않는 물체(나무, 종이, 지우개 등) 등

다양한 과학 자료를 제공하고 유아들이 자료를 사용하는 데 있어 고려해야 할 점이 있는데, 맥킨타이어(McIntyre, 1984)는 과학 자료를 사용할 때 일반적으로 고려해야 할 점을 다음과 같이 제시하고 있다(신은수 외, 2018).

첫째, 자료의 사용방법은 개방되어 있어야 한다. 동일한 자료라 하더라도 영유아의 선택 여하에 따라 여러 가지 방법으로 사용할 수 있어야 한다.

둘째, 영유아의 자발적인 활동을 위해 충분한 환경이 필요하다. 소금이나 설탕 등을 녹여 보는 활동을 할 경우에도 더운물과 찬물을 제공하여 영유아가 비교해 보며 녹여 보는 활동을 할 수 있어야 한다.

셋째, 소집단의 영유아가 서로 이야기를 나누면서 활동할 수 있도록 자료를 배치해야 한다. 둥근 책상에 앉아 관심 있는 활동을 하면서 과정과 결과 등에 대해 서로 이야기를 나누는 기회가 필요하다.

넷째, 자료를 탐색할 수 있는 충분한 시간이 제공되어야 한다. 몇몇 유아들은 특정 영역에 몇 차례 비슷한 활동을 하기도 하는데, 반복해서 자료를 사용함으로써 여러 지식을 얻을 수 있을 뿐만 아니라 자료의 탐색을 통해 스스로가 학습 방법을 깨닫게 되기 때문이다.

다섯째, 자료나 활동의 선택은 영유아의 발달에 따라 결정된다. 예를 들어, 달걀 삶기 활동은 온도, 모양, 질감 등의 개념을 알기에 적당한 활동이나 2, 3세 영아에게는 위험한 활동이 되기 때문이다.

여섯째, 자료를 사용하기 전에 교사는 최소한의 사용법에 대한 안내를 해야 한다. 자료를 어떻게 사용하는지에 대해 2, 3세 영아에게는 개별적으로 직접 행동으로 시범을 보여주는 것이 바람직하며, 4, 5세 유아의 경우는 녹음된 지시나 그림으로 사용방법을 알려주는 것이 좋다.

일곱째, 자료의 사용은 결과보다 과정이 중요하다. 영유아는 자료를 사용하는 과정을 통해 과학을 학습하게 된다. 관찰, 분류, 예측하는 과정은 자연적으로 자료의 사용을 통해 얻어지는 것이다. 또한 영유아는 자신이 사용하는 자료를 통해 기초적인 정보를 얻는데, 이는 영유아가 다양한 자료를 사용함으로써 비로소 얻게 되는 것이기 때문이다.

이와 함께 과학활동을 위한 자료 사용 시 유아의 발달이 고려되어야 한다. 따라서 연령별 유의점을 살펴보면 〈표 6-3〉과 같다(이은진, 2018).

표 6-3 과학활동을 위한 자료 사용의 연령별 유의점

구분	내용
3세	• 감각 기관을 이용한 탐색활동을 많이 하므로, 다양한 감각 경험을 할 수 있는 교재 · 교구(거울, 색안경, 잠망경, 촉감 상자, 소리 상자 등)를 제공한다. • 유아의 호기심과 흥미를 자극할 수 있도록 살아 움직이는 곤충이나 동물(개미, 거미, 달팽이 등)을 제시한다.
4세	• 자석, 스포이드, 프리즘 등의 도구를 제공하여 다양한 탐색활동이 이루어지도록 격려한다. • 동 · 식물, 곤충류를 함께 기르고 재배하면서 먹이 당번을 정하고, 성장 과정이나 변화를 관찰할 수 있도록 한다.
5세	• 다양한 측정 도구(막대자, 줄자, 삼각자 등)를 이용하여 측정한 내용을 표현할 수 있도록 색 테이프나 교사가 제작한 그래프지를 제공한다. • 스스로 탐색과 실험을 할 수 있도록 활동 카드를 제공하며, 과학적 탐색을 자극하는 그림책, 백과사전, 슬라이드, 녹음기, 카메라, OHP, 비디오를 적극 활용한다. • 동 · 식물 기르기 및 곤충 기르기 활동을 제공하고 유아들로 하여금 성장 과정이나 변화를 그림이나 글로 나타낼 수 있도록 관찰 기록 용지와 쓰기 도구를 준비한다.

생각해보기

실내 다양한 놀이 자료를 통해 교사가 지원할 수 있는 과학놀이에 대해 생각해보세요.

2. 실외 환경

과학활동은 실내에서만 이루어지는 것이 아니라 실외에서도 놀이를 하며 즐겁고 활발하게 이루어질 수 있다. 영유아들은 주변세계와 자연에 대해 흥미를 가지고 활발한 탐구활동을 한다. 따라서 실외 환경은 유아들에게 자연과 무한한 자료를 제공하며 유아들에게 보다 실제적인 사물과 현상을 탐색하고 감상할 수 있는 공간과 환경을 제공해 준다. 유아들은 계절의 변화를 느끼고 식물과 동물의 성장과 생태에 대해 자연스럽게 배울 수 있으며, 자연과 정서적 교감을 이어가며 자연을 이해하는 활발한 탐구활동을 할 수 있다. 뿐만 아니라 바깥 놀이터에서 활발한 신체 활동을 하며 물리적 지식과 개념을 습득하는 탐구활동을 하기도 하며 과학적 개념을 배울 수도 있다. 또한 실내에서 했던 활동을 통해 습득한 지식이나 개념이 실외에서 보다 확장된 지식으로 재구성할 수도 있다(김현경 외, 2018). 이처럼 실외 환경은 유아들에게 살아 있는 경험과 역동적인 활동을 제공하는 유익한 탐구 환경이라 할 수 있다.

그림 6-2 실외 환경의 예

출처: 권성민 외(2019). 교직실무. 양성원.

1) 구성 원리 및 활동 방법

유아과학교육을 위한 실외 환경의 요소 및 구성 원리와 활용 방법을 살펴보면 다음과 같다(조형숙 외, 2018; 황의명 외, 2019).

첫째, 유아가 안정감을 느낄 수 있도록 안전을 고려한다. 즉, 유아가 안전한 환경 속에서 사물을 탐색할 수 있도록 날카로운 가시나 독성 있는 식물이 있는지를 잘 살펴보아야 하며, 갑작스러운 기후 변화에 대처할 수 있는 공간, 자연 속에서 평안함을 느낄 수 있는 휴식 장소가 마련되어야 한다.

둘째, 유아가 동·식물을 탐색하고 감상할 수 있는 공간과 환경을 구성한다. 예를 들어, 텃밭에서 교육적으로 활용이 높은 채소를 길러볼 수도 있고, 논두렁 생물의 터전을 마련해 보며, 곤충이나 동물의 놀이공간을 구성해 줄 수도 있다. 또한 날씨를 관측할 수 있는 자료와 공간을 마련할 수도 있다. 커다란 온도계를 일정한 곳에 매달아 두어 유아들이 겨울철이나 여름철에 따라 바깥 놀이를 할 수 있는 온도를 표시해 두고 매번 확인해 볼 수 있으며, 페트병을 잘라 눈금 표시를 해두어 강수량을 측정할 수 있다.

셋째, 모래 놀이터와 물놀이 영역은 가까운 곳에 설치하며, 두 영역 모두 적어도 3~4명이 동시에 함께 놀이할 수 있는 공간을 마련한다. 모래 놀이와 물놀이 장소를 가까이 설치함으로써 모래와 물을 섞어 다양한 형태를 만들고, 수로 만들기, 모래밭에 웅덩이 만들기 등을 하며 다양한 과학적 탐구를 할 수 있다. 모래 놀이를 할 때는 맨발로 모래의 감촉을 느끼며 놀이할 수 있도록 한다. 이는 자연물을 몸으로 느끼는 좋은 기회가 된다. 그리고 주변의 다양한 용기와 물 놀잇감을 준비해서 물에 대한 물리적 개념을 경험할 수 있는 기회를 제공한다.

넷째, 다양한 신체 놀이기구도 유아들의 과학적 탐구를 위한 좋은 시설이다. 미끄럼틀, 그네, 시소 등의 놀이 시설은 마음껏 몸을 움직이는 가운데, 균형과 방향, 속도,

마찰, 힘과 같은 물리적 개념을 경험할 수 있는 좋은 과학적 도구다. 신체 놀이기구는 무엇보다 안전성을 정기적으로 점검해야 한다.

다섯째, 경사와 곡선 길, 그리고 울퉁불퉁한 표면과 부드러운 표면이 함께 있는 자전거길을 구성한다. 자전거를 타거나 장난감 바퀴를 굴리면서 힘과 운동, 속도에 관한 다양한 탐구가 가능하다.

여섯째, 필요에 따라 과학탐구를 위한 보조 자료들을 즉각적으로 쉽게 사용할 수 있도록 실외에 보관 장소를 마련한다. 교실에 전시해 두었거나 새로 수집한 돌, 조개껍데기와 같은 자연물을 이동 가능한 수레에 담아 두어 유아들이 실외 놀이에 사용하면서 자세히 탐색할 수 있도록 한다.

그림 6-3 놀이의 힘과 기쁨

출처: EBS(2018). 신년특집기획: 놀이의 힘 1부(놀이는 본능이다).
EBS(2020). 특집 다큐: 놀이의 기쁨 2부(밖에서 놀아야 큰다).

2) 과학활동을 위한 자료와 도구

실외에서 과학활동을 촉진하기 위해 다양한 자료와 도구 또한 요구되며, 구체적으로 살펴보면 〈표 6-4〉와 같다.

표 6-4 실외 과학활동을 위한 자료와 도구

실외 놀이	자료와 도구
동 · 식물 탐색 및 기르기	토끼, 닭, 상추, 배, 무, 다양한 나무와 꽃, 먹이통, 물뿌리개, 모종삽 등
모래 놀이터 · 물 놀이 영역	흙 파는 연장, 각종 주방 도구, 물통, 수레 등
보조 자료	돋보기, 카메라, 온도계, 풍향계, 백과사전, 종이와 크레용, 각종 주방 도구, 실장갑, 끈, 투명한 빈통, 망사, 바퀴와 자전거, 마차 수레 등의 기계와 도구 등

생각해보기

실외 다양한 놀이 자료를 통해 교사가 지원할 수 있는 과학놀이에 대해 생각해보세요.

3. 지역사회와의 연계

지역사회는 영유아의 과학학습을 위해 많은 잠재적인 요소와 사회적 환경을 가지고 있기 때문에, 유아들에게 좋은 교육적 경험을 제공해 줄 수 있다. 지역사회 환경으로 자연 환경, 물리적 환경, 인적 환경 등은 영유아들이 직접 경험하고 체험할 수 있는 생생한 자원으로서 자연스러운 분위기 속에서 충분히 관찰하고 탐색할 수 있는 기회를 줄 수 있다.

1) 과학교육과 연계된 지역사회 환경

과학교육과 연계된 지역사회 환경으로서 자연 환경, 물리적 환경, 인적 환경 등으로 나누어 살펴볼 수 있다. 유아과학교육을 위한 지역사회 환경으로 첫째, 자연 환경은 주변의 산이나 나무, 숲속, 언덕, 시냇물, 논, 밭, 연못, 약수터 등이 될 수 있으며, 모두 영유아들에게 호기심의 대상이며 자연에 대해 배울 수 있는 환경이 될 수 있으며, 유아들에게 생생한 자원과 경험을 제공해 준다. 둘째, 물리적 환경은 과학관, 박물관, 동물원, 식물원, 수족관, 병원, 애완동물 병원, 소방서, 상점, 목공소, 자동차 정비소, 자전거 수리점, 특별 전시관, 기상청 등이 있다. 이는 유아들에게 교실에서 제공받을 수 없는 과학적 경험을 보충해 주거나 확장해 줄 수 있다. 유아들은 주변환경을 소풍이나 견학 등의 현장학습을 통해 과학적 현상이나 사건을 쉽게 접하며 과학적 지식이나 개념을 효과적으로 이해할 수 있고 다양한 정보를 제공받을 있기 때문에, 이러한 물리적 환경은 유아들에게 의미 있는 과학교육이 될 수 있다. 셋째, 인적 환경은 의사, 간호사, 소방관, 자동차 정비사, 숲해설사, 과학자, 기상관측사 등으로 주변에 살고 있는 사람들의 경험과 지식은 유아들의 과학활동에 유익한 도움을 준다.

이와 같은 지역사회 환경을 효율적으로 활용한다면 유아과학교육에 의미 있는 경험을 제공해 주며, 그 효과를 구체적으로 살펴보면 다음과 같다(김현경 외, 2018).

첫째, 교실에서 경험할 수 없는 과학자료들을 직접 경험하고 탐색할 수 있다.

둘째, 동물, 식물 등을 자연 그대로의 현장에서 탐색함으로써 환경의 다양한 요소 간 관계를 탐구할 수 있는 기회를 제공해 준다.

셋째, 과학과 관련된 문제 발견과 자연 그대로의 모습을 탐색하도록 돕는다.

넷째, 과학 분야에 연관된 사람들을 직접 만나 봄으로써 과학의 본질을 잘 이해할 수 있도록 도와준다.

다섯째, 과학을 일상생활 속에 적용할 수 있는 기회를 제공해 준다.

2) 지역사회를 활용하기 위한 방안

지역사회를 효과적으로 활용하기 위해서는 보다 체계적으로 계획하고 준비하여 의미 있는 체험적인 과학교육을 이끌 수 있어야 한다. 유아들의 흥미와 주제에 따라 적절한 장소를 선정하거나, 교실에서 유아들의 질문과 해답을 찾기 위해서 또는 탐구의 과정을 연장해 볼 수 있는 방식으로 활용할 수도 있다. 현장 학습을 통해 지역사회 환경을 활용하여 의미 있는 과학 학습이 이루어질 수 있도록 다음과 같은 사항들을 고려할 필요가 있다(황의명 외, 2019).

첫째, 현장 학습 계획 시 교사의 사전 답사, 다양한 방법으로 사전 정보를 수집해야 한다. 또한 현장 학습 장소와 관련된 개념이나 경험 중에 유아들이 이미 친숙하게 알고 있는 것은 무엇인지 검토해 본다. 예를 들어, 식물원에 있는 식물 중 유아들에게 친숙한 것과 그렇지 않은 것을 검토하여 처음 보는 것에 대해 좀 더 자세히 관찰해 볼 기회를 준다.

둘째, 현장 학습 장소에서 구체적으로 알아볼 질문은 무엇인지 토의해 본다. 사전 질문 목록을 만들어 가면 제한된 시간을 이용해서 더욱 효과적으로 정보를 얻을 수 있다. 또한 유아들 중에 가정에서 이미 계획한 장소를 다녀온 경험이 있거나, 특별히 그 장소에 대해 두려움을 갖는 유아들이 있는지 확인해 본다. 이미 그곳을 다녀온 유아들이 다른 유아들에게 앞서서 정보를 줌으로써 흥미를 감소시킬 수도 있다.

셋째, 현장 학습 장소에 따라 다양한 보조 자료를 준비하여 활동한다. 장소에 따라 사진기, 녹음기, 관찰일지, 자, 온도계 등의 기록과 측정을 위한 도구와 수집을 위한 가방 등을 가져가거나 현장 학습 후 교실에서 연관 활동을 할 때 활용할 수 있도록 한다.

넷째, 현장 학습 후에는 토의, 견학일지 작성, 수집한 물건 관찰 등과 같은 다양한 연관 활동을 계획하여 현장 학습에서 얻은 실제적 경험을 정리하고 확장할 수 있도록 한다.

생각해보기

지역사회와의 연계를 통해 교사가 지원할 수 있는 과학놀이에 대해 생각해보세요.

CHAPTER 07

유아과학교육의 평가

배울내용

1. 유아과학교육 평가의 기초
2. 유아과학교육 평가의 내용
3. 유아과학교육의 평가방법
4. 유아과학교육 평가의 실제

학습목표

1. 유아과학교육 평가의 개념 및 목적을 이해하고 평가기준을 숙지한다.
2. 유아과학교육 평가의 내용을 설명한다.
3. 구체적인 유아과학교육 평가방법을 이해하고 각 평가기술을 숙지한다.
4. 평가의 실제를 통해 유아과학교육을 평가하는 구체적인 기술들을 이해한다.

CHAPTER 07

유아과학교육의 평가

1. 유아과학교육 평가의 기초

1) 유아과학교육 평가의 개념 및 목적

유아평가는 유아가 무엇을 알고 있는지, 어떻게 행동하는지에 대해 관심을 두고 유아의 발달과 학습에서의 성취와 발달의 증거들을 수집하기 위해 관찰하고 기록하고 문서화하는 과정을 의미한다. 미국 유아교육협회(NAEYC)와 미국 유아교육전문가협회(National Association of Early Childhood Specialist) 및 교육부(State Department of Education)의 교육과정과 평가에 대한 안내지침서에서는 평가를 "개별 유아들을 위한 유아교육 프로그램을 증진시키기 위해 이루어지는 잠재적인 과정"으로 정의하고 있다. 따라서 유아평가는 유아의 성장과 발달의 이해 및 효율적인 유아행동지도를 위한 기초자료를 수집하여 유아를 보다 잘 이해하는 데 그 목적이 있다. 일반적으로 유아교육에서 평가의 주된 기능은 일정한 유아교육목표를 정해 놓고, 그 목표를 달성하기 위해 여러 가지 유아교육활동을 전개하여 얻어진 성과를 평가하는 데 있다. 즉, 유아교육의 목표달성에 관한 증거와 정보를 수집하는 데 일차적인 관심이 있으며, 이러한 정보의 수집은 교사가 유아 개개인의 전인적인 성장과 발달을 이해하는 데 도움을 준다.

평가에 대한 여러 학자들의 정의를 살펴보면, 애플(Apple, 2000)은 평가는 어떤 교육적인 결정을 하기 위해 정보를 수집하는 과정이며, 평가정보를 모으는 중요한 목적은 유아의 발달적 수준을 확인하기 위해 진단평가를 하고, 진단평가의 결과에 기초해 프로그램을 계획하고, 프로그램을 실시한 후 유아의 성취와 발전을 점검하는 것이라고 하였으며, 힐스(Hills, 1993)는 평가를 유아에게 영향을 미치는 교육적인 결정을 위한 기초로 보고, 어떻게 하는지, 무엇을 하는지를 관찰하고, 녹음하고, 기록하는 과정으로 보았으며, 황해익(2000)은 평가란 유아의 전인적인 성장 발달을 돕기 위해 이루어지는 유아교육활동의 효율성을 알아보는 것이라고 하였다. 따라서 유아교육에서의 평가는 학습의 성취와 발전이 효율적으로 이루어졌는지를 알아보기 위해 증거와 자료를 수집하고, 평가결과를 바탕으로 유아에게 적절한 교수계획을 수립하여 제공하는 과정이라고 할 수 있다(안경숙, 2003).

이와 같은 정의들에 기초해서 유아과학교육 평가의 개념을 살펴보면, 유아의 과학학습 성취와 발전을 확인하고, 적절한 프로그램을 제공하고 교육적인 결정을 내리기 위해 과학과 관련된 다양한 교육적 자료를 수집하고 자료를 해석하는 일련의 전략이며, 과학교육체계의 기본적인 피드백 기제라고 할 수 있다. 즉, 평가를 통해 유아는 과학적 이해에 대한 피드백을 얻을 수 있으며, 교사는 유아들이 얼마나 잘 배우고 있는지에 대한 피드백을 받을 수 있다. 또한 원장과 부모는 과학교육 프로그램의 효율성에 대한 정보를 얻을 수 있다. 따라서 유아과학교육 평가는 유아가 어느 정도의 과학적 지식을 가지고 있는가를 단순하게 검사하는 것이 아니라 유아의 과학적 성취와 발전에 대한 다양한 정보를 수집하고, 정보를 해석하여 교수 · 학습과정에 반영하며, 부모와의 의사소통의 수단으로도 사용할 수 있는 복합적인 과정으로 볼 수 있다. 유아과학교육 평가의 목적을 구체적으로 살펴보면 〈표 7-1〉과 같다.

표 7-1 유아과학교육 평가의 목적

- 유아의 과학교육 성장과 발달의 정도를 파악하고 이해한다.
- 유아의 과학교육 지식, 기능, 태도 형성을 위한 기초자료를 수집한다.
- 수집된 자료를 바탕으로 교육계획 및 실행에 반영하고, 교수방법 및 교수전략을 수정한다.
- 유아의 개별적 또는 특수한 요구를 파악한다.
- 부모와의 의사소통에 필요한 과학교육 발달 및 학습의 증거를 제공한다.

2) 유아과학교육의 평가기준

유아과학교육 평가가 수행될 때 평가의 질을 판단하기 위한 준거로 평가기준(assessment standards)을 수립하는 것이 중요하다. 미국 국립연구원(National Research Council, 2001)은 국가과학교육기준에서 평가의 질을 판단하는 데 도움을 될 수 있는 과학교육 평가기준을 〈표 7-2〉와 같이 구체적으로 제시하고 있다(안경숙, 2003).

표 7-2 미국 국가과학교육기준의 평가기준

항목	기준	내용
평가기준 A	평가가 제공하는 정보는 의사결정내용과 부합되어야 한다.	유아과학교육에서의 평가는 주의 깊게 고안되어야 하며, 명확하게 진술된 목적을 가지고 있어야 한다. 또한 교사의 의사결정과 의사결정을 내리는 근거가 되는 자료 간의 관계가 분명해야 하며, 평가절차는 본질적으로 일치되어야 한다.
평가기준 B	과학에 대한 학습기회와 성취의 측면이 동시에 평가되어야 한다.	유아과학교육에 대한 학습기회, 학습의 성취와 발달정도가 반드시 평가되어야 한다. 유아에게 적절한 학습기회가 주어지지 않는다면 과학에 대한 성취가 있을 수 없으므로 과학을 학습할 기회와 성취는 동등하게 평가되어야 한다.

항목	기준	내용
평가기준 C	수집된 자료의 질은 그 자료에 대한 해석에 근거하여 이루어진 결정 및 행동의 질과 직결되어야 한다.	유아과학교육 평가기준은 측정하도록 요구된 특징이 실제로 측정되었는지, 평가과제가 유아의 발달 수준의 측면에서 진정한 의미로 만들어진 것인지, 개별적인 유아의 수행이 성취와 같은 측면을 측정하도록 요구한 다른 그 이상의 과제에서 유사한지, 유아는 그들의 성취를 증명할 적절한 기회를 가지고 있는지, 평가과제와 과제를 제시하는 방법이 만약 다른 시간에 사용되었다면 같은 결정을 이끌 정도로 충분히 안정된 자료를 제공하고 있는지를 살펴보아야 한다. 평가과제는 발달적으로 적합해야 하며, 익숙한 상황에서 실시되어야 한다.
평가기준 D	평가는 공정하게 실시되어야 한다.	유아과학교육 평가는 공정해야 한다. 유아를 평가할 평가과제는 다양한 상황에서 유아의 서로 다른 흥미와 경험을 고려하여 이루어져야 하고 유아의 성에 대한 편견이나 개별적인 경험을 가정해서는 안 된다. 유아들의 평가에 사용되어지는 과정은 모든 유아에게 공정해야 한다.
평가기준 E	성취와 학습기회에 대한 평가로부터 이루어지는 추론은 명확해야 한다.	유아의 성취와 과학학습 기회에 대한 평가결과로부터 추론할 때는 추론의 바탕을 이루고 있는 가정들에 대한 명확한 언급이 있어야 한다.

〈표 7-2〉와 같이 과학교육 평가기준은 5개 영역으로 이루어져 있다. 첫 번째 기준은 평가계획과 평가수행의 일관성을 통한 평가정보 제공에 대한 내용이며, 두 번째 기준은 과학학습의 성취와 학습기회의 평가에 대한 내용이다. 세 번째 기준은 수집된 평가자료의 질과 그 자료에 근거한 활동 결과 사이의 일치성에 대한 내용이며, 네 번째 기준은 평가수행의 적절성에 대한 내용이다. 다섯 번째 기준은 과학학습의 기회와 성취에 대한 평가로부터 도출된 평가결과의 타당성에 대한 내용이다.

이상에서와 같이 유아과학교육 평가기준은 평가를 수행할 때 평가의 목적이 분명해야 한다는 점과 과학에 대한 학습의 기회를 제공해 주고 학습의 기회와 성취가 동등하게 평가되어야 한다는 점을 강조하고 있다. 또한 평가방법이 발달적으로 적합해야 한다는 점과 유아가 익숙한 상황에서 평가가 이루어져야 한다는 점, 평가결과가 타당해야 한다는 점 등을 강조하고 있다.

2. 유아과학교육 평가의 내용

유아과학교육에 대한 평가는 일반적으로 유아의 과학적 태도, 탐구능력 및 과학적 개념에 대해 평가가 이루어지게 된다. 유아과학교육의 평가내용이 되는 유아의 과학적 태도, 탐구능력 및 과학적 개념을 구체적으로 살펴보면 다음과 같다.

1) 과학적 태도

과학적 태도란 과학적으로 사고하는 습관으로서 문제를 해결할 때 또는 아이디어나 정보를 평가할 때 취하는 특별한 행동양식으로 정의된다. 유아기의 과학교육은 과학에 대한 흥미와 탐구하려는 태도를 갖게 하고 감각을 통해 스스로 탐색함으로써 자신과 다른 사람, 주변세계의 여러 가지 현상과 사물을 알고 이해하도록 도와주는 것이다. 태도는 어떤 것에 대한 사람의 감정이나 경향으로서 유사한 경험에 대한 감정이 축적됨으로써 형성된다. 만약 어떤 경험이 유쾌하고, 성공적이며, 보상을 받게 되면 긍정적 태도가 발달된다. 과학교육에 대한 긍정적 태도는 과학을 좋아하고 가치 있게 여기는 요소들로서 유아의 긍정적 태도의 발달은 매우 중요하다(Martin, 2001).

과학적 태도는 과학적 지식과 방법을 이해하도록 하는 것뿐만 아니라 과학적 지식과 개념을 이해하고 추리하도록 도움을 준다. 그러므로 과학적 태도는 과학교육의 중요한 목적이면서 유아의 과학적 성취와 발전을 평가하기 위한 영역으로 강조되고 있다. 과학적 태도의 구성요소와 의미 및 세부내용은 〈표 7-3〉, 유아의 과학적 태도를 측정할 수 있는 척도는 〈표 7-4〉와 같다(안경숙, 2003).

표 7-3 과학적 태도의 구성요소와 의미 및 세부내용

구성요소	의미	세부내용
호기심	유아 주변의 환경에서 신기한 것을 탐구하려는 본능적인 태도	호기심은 과학적 문제해결이나 학습의 동기가 될 수 있으며, 호기심을 나타내는 행동으로는 과학적 주제나 내용에 대해 질문을 자주하거나 새로운 대상에 관심 기울이기 등이 해당된다.
적극성	유아가 과학활동에 적극적으로 참여하려는 태도	적극성을 나타내는 행동으로는 과학활동이나 실험에 스스로 참여하기, 과학과 관련된 책이나 비디오 보기 등을 들 수 있다.
솔직성	과학활동의 결과를 왜곡하지 않고 편견 없이 받아들이며 인정하려는 태도	솔직성은 정직성과 유사한 구성요소로 자신이 예상한 점이나 관찰한 점, 어려운 점에 대해 솔직히 말로 표현하는 것을 들 수 있다.
객관성	결론을 내리기 전에 가능한 한 많은 자료를 수집하여 결론을 내리려는 태도	객관성을 나타내는 행동으로는 과학과 관련된 새로운 책, 비디오 등에 관심을 가지고 보며, 다른 친구의 의견이나 설명에 대해 증거를 요구하거나 자신의 주장에 대한 증거를 제시하는 것을 들 수 있다.
개방성	새로이 밝혀진 결과를 통해 기존 자신의 견해와 태도를 기꺼이 수정하려는 태도	개방성을 나타내는 행동으로는 자기주장에 대한 비판을 수용하기, 실패한 실험결과를 인정하기, 여러 사람들의 의견을 듣고 수용하기 등을 들 수 있다.

구성요소	의미	세부내용
비판성	다른 사람의 의견에 대해 옳고 그름을 판단하고 토론할 수 있는 태도	비판성은 다른 사람의 결론이나 설명에 대해 옳고 그름을 판단하기 위해 증거를 요구하거나 서로 토론하려고 요구하는 행동으로 평가할 수 있다.
끈기성	어떤 문제를 끝까지 해결해 보려고 노력하는 태도	끈기성은 계속성과 유사한 구성요소로 해결되지 않는 문제를 포기하지 않고 지속적으로 해결해 보려는 태도이며, 끈기성과 관련된 행동은 과학활동이나 실험 중에 쉽게 포기하지 않고 끝까지 결과를 지켜보고 결론을 내리는 행동으로 평가할 수 있다.
협동성	다른 사람과 함께 협의하고 서로 돕는 태도	협동성은 과학활동 과정에서 다른 사람들과 함께 협의하고 돕는 태도로서 실험과정에서 발생하는 이견을 서로 협의하거나 실험 후 정리정돈을 함께 하는 등의 행동을 관찰하여 평가할 수 있다.

표 7-4 과학적 태도 영역 평가척도

기관명		유아성명		나이 및 성별	세(남/여)
기관이용기간		평가일시		평가자	

평가점수와 기준: 1점 수행하지 못함, 2점 어느 정도 수행함, 3점 잘 수행함, 4점 탁월하게 수행함

문항	관찰점수
1. 유아는 과학적인 주제에 대한 호기심을 말로 표현하거나 관련된 질문을 자주한다.	1, 2, 3, 4
2. 유아는 과학 영역을 자주 선택한다.	1, 2, 3, 4
3. 유아는 과학과 관련된 새로운 책, 비디오 등에 관심을 가지고 본다.	1, 2, 3, 4
4. 유아는 과학활동이나 실험에 적극적으로 참여한다.	1, 2, 3, 4
5. 유아는 과학활동의 과정에서 의문 나는 것이나 잘 모르는 것을 솔직히 표현한다.	1, 2, 3, 4
6. 유아는 자신이 예상한 점이나 관찰한 것을 망설이지 않고 솔직히 표현한다.	1, 2, 3, 4

7. 유아는 실험이 실패했을 때 좌절하거나 의기소침해 하지 않는다.	1, 2, 3, 4
8. 유아는 과학실험이나 활동을 하는 과정에서 잘 안 되는 점을 그대로 표현하고 도움을 요청한다.	1, 2, 3, 4
9. 유아는 다른 친구의 의견이 옳고 그른지에 대한 자신의 생각을 말한다.	1, 2, 3, 4
10. 유아는 다른 친구의 의견이나 설명에 대해 증거를 요구하거나 자신의 주장에 대한 증거를 제시한다.	1, 2, 3, 4
11. 유아는 과학활동 과정에서 쉽게 포기하지 않고 반복해서 실험해 보거나 왜 실패했는지 찾아보려고 시도한다.	1, 2, 3, 4
12. 유아는 실험 중 실패했을 때 포기하지 않고 반복해서 실험해 보거나 왜 실패했는지 찾아보려고 시도한다.	1, 2, 3, 4
13. 유아는 과학활동의 과정에서 다른 유아와 함께 협력하거나 도움을 요청한다.	1, 2, 3, 4
14. 유아는 과학활동을 마친 후에 다른 유아들과 함께 정리정돈을 같이 한다.	1, 2, 3, 4
기타 참고사항 및 종합의견	

출처: 안경숙(2003). 유아과학활동과 통합된 과학능력 평가도구의 개발: 과학적 태도, 탐구능력, 과학적 개념에 대한 평가. 덕성여자대학교 대학원 박사학위논문. pp.132-133.

현대 과학교육은 과학의 인지적인 측면뿐만 아니라 정의적 측면까지도 강조하고 있다. 특히 영유아가 과학지식을 습득하는 것보다 주변의 사물에 호기심을 가지고 즐기면서 지속적으로 탐구하는 태도가 중요시 되고 있다. 과학적 태도는 과학적으로 사고하거나 행동하려는 성향으로, 인지적 · 행동적 요소를 모두 포함한다. 탐구하는 자세, 과학지식이나 기술을 실천하려는 생각, 아이디어와 정보의 비판적 수용, 문제해결과 의사결정에 대한 합리적 접근방법 등이 과학적 태도에 포함된다. 과학적 태도가 형성되지 않으면 일상생활에서 제기되는 문제를 과학적 방법으로 해결할 수 없다(김정희 외, 2018).

과학적 태도는 단시간에 집중적으로 학습되는 것이 아니라 다양한 경험과 지속적인 관계를 통해서 습득되는 것이다. 그러나 영유아의 사전 경험이나 지식 등에 따라 과학적 태도는 변화하게 된다. 따라서 영유아의 과학적 태도를 다양한 측면에서 지속적으로 평가하는 것이 무엇보다 중요하다.

2) 탐구능력

과학활동은 탐구의 연속적인 과정으로 탐구능력은 유아과학교육 평가의 중요한 구성요인 중의 하나이다. 과학활동에 참여하는 유아들은 사물을 다루고, 문제를 제기하고, 현재의 과학적 이론과 법칙, 원리와 개념에 비추어 설명을 검증하고, 도구를 조작하고 다룬다. 유아들은 탐구과정을 거치면서 과학적 추리능력과 사고능력을 결합하여 탐구능력을 발달시켜간다. 과학적 현상을 탐구하기 위해 탐구과정 기술을 사용하며, 탐구과정을 통해 과학의 내용과 지식을 발견하게 된다.

탐구능력이란 유아들이 어떤 문제를 접했을 때 과학적 탐구방법에 의해 스스로 문제를 해결해 나갈 수 있는 능력을 의미한다. 유아들은 생활 속에서 문제를 인식하고 질문하며, 가설을 설정하고 조사하며, 결과에 이르는 전 과정에 탐구능력을 사용하고 획득한 결과를 검증하게 된다(Martin, 1997). 탐구능력의 구성요소와 의미 및 세부내용은 〈표 7-5〉, 유아의 탐구능력을 측정할 수 있는 척도는 〈표 7-6〉과 같다(안경숙, 2003).

표 7-5 탐구능력의 구성요소와 의미 및 세부내용

구성요소	의미	세부내용
관찰하기	유아가 주의 집중하여 오감각을 사용하거나 도구를 이용하면서 물체의 특징과 변화를 관찰하고, 묘사하는 탐구과정 기술	관찰하기는 과학의 핵심으로서 유아가 주변세계에 대한 정보를 받아들일 수 있게 해 주는 기술이다. 관찰하기에는 하나 이상의 감각을 사용하기, 모든 적절한 감각 사용하기, 사물을 주의 집중하여 바라보기, 사물의 특성을 정확하게 묘사하기, 도구 사용하기 등과 같은 행동이 포함된다.
분류하기	여러 가지 물체나 다양한 정보, 수집된 사물들을 어떤 특정한 준거를 사용하면서 유사점과 차이점에 따라 나누는 탐구과정 기술	분류하기의 세부내용에는 사물들의 중요한 속성을 파악하기, 사물의 유사점을 알아내기, 한 가지 준거에 의해 두 집단으로 분류하기, 다양한 방법으로 분류하기, 분류 준거를 설명하기 등이 포함된다.
측정하기	오감각을 이용하거나 도구 등을 사용하여 측량하는 탐구과정 기술	측정하기의 세부내용은 적절한 측정유형 선택하기, 적합한 측정단위 선택하기, 측정기술을 적합하게 사용하기 등이 포함된다.
예측하기	자료를 가지고 탐색하거나 실험하는 데 있어서 이미 알고 있는 지식에 기초하여 일어날 일을 미리 예상하는 탐구과정 기술	예측하기의 세부내용으로는 알고 있는 지식에 기초하여 예측하기, 새로 얻은 지식에 기초하여 예측하기 등을 들 수 있다.
실험하기	유아가 예측한 것을 직접 해 보는 활동으로 과학활동의 모든 사고 기능을 통합하여 활용하는 탐구과정 기술	실험하기는 과학활동의 모든 사고 기능을 통합하여 탐구하는 과정 기술로 손으로 직접 만지며 조작하는 행동이나 다른 요소를 첨가하거나 제거하면서 실험하는 행동, 도구를 사용하여 실험하는 행동 등이 포함된다.
의사소통 및 토의하기	탐구과정에서 서로의 생각을 주고받거나 사물을 설명하거나 이야기를 나누는 탐구과정 기술	의사소통 및 토의하기는 사물을 정확하게 묘사하기, 생각을 주고받기, 타인에게 사물을 설명하기, 정보 교환하기, 질문하기, 조사를 마친 후 해석하기, 다른 사람이 이해할 수 있도록 결과를 제시하기와 같은 행동을 들 수 있다.

• 표 7-6 탐구능력 영역 평가척도

기관명		유아성명		나이 및 성별	세(남/여)
기관이용기간		평가일시		평가자	

평가점수와 기준: 1점 수행하지 못함, 2점 어느 정도 수행함, 3점 잘 수행함, 4점 탁월하게 수행함

문항	관찰점수
1. 유아는 확대경과 같은 도구를 사용하여 관찰한다.	1, 2, 3, 4
2. 어떤 사물이나 동·식물의 변화를 주의 깊게 관찰한다.	1, 2, 3, 4
3. 유아는 관찰한 내용을 그림이나 글로 표현한다.	1, 2, 3, 4
4. 유아는 사물을 한 가지 어떤 속성(모양, 크기, 색깔 등)을 고려하여 분류한다.	1, 2, 3, 4
5. 유아는 두 가지 속성 이상을 고려하여 분류한다.	1, 2, 3, 4
6. 자신이 분류한 것에 대해 설명한다.	1, 2, 3, 4
7. 실험을 해 보기 전에 어떻게 될 것인지 예측한다.	1, 2, 3, 4
8. 유아는 자신이 예측한 것에 대한 이유를 제시한다.	1, 2, 3, 4
9. 유아는 자신이 예측한 것이 맞는지 확인한다.	1, 2, 3, 4
10. 유아는 사물의 속성에 따라 적절한 측정유형(길이, 부피, 무게, 시간)과 측정도구를 선택한다.	1, 2, 3, 4
11. 유아는 사물이 속성에 따라 적절한 측정단위(비표준단위, 표준단위)를 선택한다.	1, 2, 3, 4
12. 유아는 측정한 결과를 그림이나 글, 도표 등으로 기록한다.	1, 2, 3, 4
13. 유아는 실험적 상황을 만든다.	1, 2, 3, 4
14. 유아는 새로운 방식으로 자료를 조작하거나 관련된 변인을 조작하여 탐구한다.	1, 2, 3, 4
15. 유아는 자신의 아이디어를 탐구하기 위해 실험한다.	1, 2, 3, 4
16. 유아는 과학활동 과정에서 자신이 생각하고 있는 아이디어를 말로 설명하거나 글로 표현한다.	1, 2, 3, 4

문항	관찰점수
17. 유아는 자신의 과학적 경험을 과학적 어휘를 사용하여 말한다.	1, 2, 3, 4
18. 유아는 과학활동 과정에서 다른 유아의 이야기를 잘 들으며 구체적으로 질문한다.	1, 2, 3, 4
19. 유아는 관찰하기, 분류하기, 예측하기, 측정하기, 실험하기, 의사소통 및 토의하기와 같은 탐구과정 기술을 적절히 선택하고 적용한다.	1, 2, 3, 4
20. 유아는 탐구하는 과정에서 나타난 현상에 대해 질문을 하고, 자신의 질문과 생각을 탐구한다.	1, 2, 3, 4
21. 유아는 탐구하는 과정에서 책이나 비디오, 컴퓨터 등을 포함한 다양한 정보원을 사용한다.	1, 2, 3, 4
22. 유아는 탐구과정에서 다른 사람이 이해할 수 있는 합리적인 방법을 사용하여 자신이 발견한 것이나 알아낸 것에 대해 설명한다.	1, 2, 3, 4
23. 유아는 계속적으로 탐구할 기회를 달라고 요구한다.	1, 2, 3, 4
24. 유아는 탐구과정에서 발견한 새로운 증거들과 새로운 경험을 통해 알아낸 것을 중심으로 결론을 내린다.	1, 2, 3, 4
기타 참고사항 및 종합의견	

출처: 안경숙(2003). 유아과학활동과 통합된 과학능력 평가도구의 개발: 과학적 태도, 탐구능력, 과학적 개념에 대한 평가. 덕성여자대학교 대학원 박사학위논문. pp.135-137.

영유아의 탐구능력을 평가하는 목적은 영유아의 현재 수준을 파악하고, 부족한 점을 보완할 수 있는 교수·학습 전략을 마련하기 위한 것이다. 따라서 영유아의 탐구능력은 과학활동이 진행되는 상황에서 자연스럽게 이루어지는 것이 바람직하다. 관찰과 비교, 분류, 측정 등으로 이루어지는 과정 속에서 교사는 개별 영유아의 반응과 참여 정도를 살펴보고 어려워하는 점이나 부족한 점을 파악해야 한다. 개별 영유아의 탐구 능력을 향상시키기 위해서는 총체적인 평가가 필요하며 탐구능력을 개발할 수 있도록 교사는 평가를 지속적으로 실시해야 한다(김정희 외, 2018).

3) 과학적 개념

유아는 탐구과정에서 자연스럽게 과학의 내용을 다루고, 자신에게 의미 있는 방법으로 과학적 개념을 구성하게 된다. 구성주의 관점의 이론가들의 연구에 의하면, 유아들은 과학적 개념을 배우기 이전에도 자기 나름대로의 개념을 구성하여 자연현상을 관찰하는 것으로 나타났다(Driver, 1987). 이와 같이 형식적 교육을 받기 이전부터 주변세계와 일상적인 경험을 통해 여러 가지 사물에 대한 특성과 과학적 현상에 대해 개념을 형성하는 것을 사전개념(preconception)이라고 한다. 유아의 사전개념은 자연에 관한 직관적인 생각들로 주로 일상적인 경험을 이해하는 데 이용되며, 이러한 개념은 자연에 대한 경험, 일상생활 속에서의 경험과 교육 등을 통해 형성된다. 사전개념의 어떤 부분은 과학적 개념으로 볼 수 있지만 많은 부분은 과학자의 관점에서 보면 잘못된 개념이거나 협소한 개념으로 볼 수 있다.

유아의 사전개념은 탐구 중심의 과학활동 과정에서 여러 가지 사실이나 관찰에서 얻은 지식들과 결합되어 점차적으로 관찰개념으로 다시 구성개념으로 마지막으로 이론개념의 과학적 개념으로 재구성된다(Victor & Kellough, 2000). 관찰개념은 관찰의 결과로 확인할 수 있는 개념을 의미하고, 구성개념은 관찰에 의해 확인되는 것은 아니지만 관찰가능한 현상에 바탕을 두고 유아가 구성한 개념을 의미한다. 그리고 이론개념은 현상이나 사건을 보다 효과적으로 설명하기 위해 이론적으로 추상화하여 인위적으로 만들어진 개념을 의미한다.

이와 같이 과학적 개념은 유아가 자연적 · 직관적인 경험을 통해 형성하고 있는 사전개념이 탐구 중심의 과학활동의 과정에서 여러 가지 관찰한 사실을 통해 얻은 지식들과 결합되어 점차 관찰개념, 구성개념, 이론개념으로 변화하면서 구성된다.

유아기에 다룰 수 있는 과학적 개념은 과학교육 내용에 따라 매우 다양하며, 미국 국립연구원(National Research Council, 1996)에서 제시한 과학교육내용 기준에 따라 여러 학자들이 제시하고 있는 공통적인 과학적 개념에 대한 내용은 〈표 7-7〉과 같다.

표 7-7 과학교육내용 영역에 따른 과학적 개념

영역	개념
생명과학	• 식물(동물)은 여러 가지 종류가 있다. • 씨앗은 뿌리, 줄기, 잎과 꽃을 가진 식물로 성장한다. • 살아 있는 것은 물, 공기, 영양분, 적당한 온도를 필요로 한다. • 살아 있는 것은 성장하고 변화한다. • 살아 있는 것은 서로에게 영향을 주고받는다.
물리과학 및 화학	• 물리적 변화는 외관은 변화지만 물질 자체는 같은 상태이다. • 화학적 변화는 속성까지 변하여 새로운 물질이 형성된다. • 우리가 살고 있는 이 세계에는 다양한 형태의 에너지가 존재한다. • 기계는 다양한 기능을 가지고 있고 분해와 조립이 가능하다. • 기계는 물건을 쉽게 이동할 수 있게 만든다.
지구 및 공간과학	• 지구의 주된 물질은 물과 흙, 돌, 화석 연료 등이다. • 지구의 물질(예로 물)은 다른 방식으로 사용될 수 있는 속성을 가지고 있다. • 물이 물체를 위로 받치는 힘과 물체와 물의 무게의 관계에 의해 물체가 뜨거나 가라앉는다. • 물은 다른 물질을 녹일 수 있다. • 물의 형태는 액체나 조건에 따라 변할 수 있다.

과학의 기본개념은 과학교육내용 영역에 따라 다양한 과학적 개념이 획득되면서 이해되기 때문에 유아기 동안 과학적 개념이 구성될 수 있도록 흥미로운 탐구 중심의 과학활동들을 제공해야 한다. 과학적 개념이 획득되면 유아들은 자신들이 아는 것이 무엇인지를 의식적으로 알게 되고 자신의 이해를 명료하게 표현할 수 있게 되므로, 과학적 개념을 평가할 때는 과학활동 과정에서 유아가 발견한 사실이나 재구성한 개념을 표현할 수 있도록 기회를 제공해야 한다. 또한 유아의 사전개념의 경우 잘못된 개념이거나 협소한 개념일 경우가 많으므로 과학활동을 제공한 후에 사전개념을 파악하고, 교수·학습 활동이 이루어지는 과정에서 사전개념이 과학적 개념으로 변화되었는지를 평가할 수 있어야 한다.

과학의 기본개념과 기본개념의 구성을 도울 수 있는 과학활동의 예(Kilmer & Hofman, 1995)를 살펴보면 〈표 7-8〉, 유아들의 과학적 개념 영역의 구체적인 평가척도는 〈표 7-9〉와 같다(안경숙, 2003).

표 7-8 과학교육내용의 기본개념과 과학활동의 예

기본개념	의미	활동의 예
시스템	하나의 전체를 형성하기 위해 서로 영향을 주는 사물, 유기체, 기계, 과정 등과 같은 구조	심장을 느껴보고, 정맥 등을 관찰하고 토의하기
모델	실재하는 사물을 이해하도록 하기 위해 고안된 실제 사물과 현상의 표상	장난감 차와 실제 차 비교하기
항상성과 변화	모든 것은 계속적으로 변화한다는 것에 대한 인식	아기 사진을 가져온 후 현재의 모습과 비교하기
측정	속도, 크기, 거리와 같은 양적인 변화	여러 크기의 나뭇잎을 비교하여 측정하기
조직과 순서화	세계에 대한 방대한 양의 정보를 이해하기 쉽게 사람들은 여러 가지 방식으로 조직하며, 일반적인 조직은 위계가 있음	나무, 천, 종이, 스티로폼과 같이 서로 다른 물질을 수집하기

기본개념	의미	활동의 예
인과관계	자연은 예견이 가능한 방법으로 행동함. 과학의 기본적인 목적은 현상에 대한 원인과 설명을 확실히 하는 데 있음	경사로와 장난감 차를 제공하고 실험하기
구조와 기능	인간이 수행하는 행동과 보고 느끼고 냄새 맡고 맛을 보는 방법에는 서로 관계가 있음	숟가락, 포크 등과 같은 도구와 기계를 조사하기
변화	모든 유기체와 사물은 서로 구별되는 독특한 속성을 가지고 있으며, 이러한 속성은 대부분 연속선상에서 변화함	소리 탐색하기
다양성	자연세계에는 다른 형태의 다양한 사물과 유기체가 있음	서로 다른 나뭇잎 수집하기

표 7-9 과학적 개념 영역 평가척도

기관명		유아성명		나이 및 성별	세(남/여)
기관이용기간		평가일시		평가자	

평가점수와 기준: 1점 수행하지 못함, 2점 어느 정도 수행함, 3점 잘 수행함, 4점 탁월하게 수행함

<table>
<tr><th>구분</th><th>문항</th><th>관찰점수</th></tr>
<tr><td rowspan="5">생명과학
교육내용 영역</td><td>1. 유아는 식물(동물)에는 여러 가지 종류가 있다는 것을 안다(기본개념: 다양성).</td><td>1, 2, 3, 4</td></tr>
<tr><td>2. 유아는 살아 있는 것(인간, 동물, 식물)은 물, 공기, 영양분, 적당한 온도를 필요로 한다는 것을 안다(기본개념: 시스템).</td><td>1, 2, 3, 4</td></tr>
<tr><td>3. 유아는 살아 있는 것은 성장하고 변화한다는 것을 안다(기본개념: 항상성과 변화).</td><td>1, 2, 3, 4</td></tr>
<tr><td>4. 유아는 살아 있는 것은 서로에게 영향을 주고받는다는 것을 안다(기본개념: 시스템).</td><td>1, 2, 3, 4</td></tr>
<tr><td>5. 유아는 씨앗이 뿌리와 줄기, 잎을 가진 식물로 성장한다는 것을 안다(기본개념: 시스템과 변화).</td><td>1, 2, 3, 4</td></tr>
</table>

구분	문항	관찰점수
물리과학 및 화학 교육내용 영역	6. 유아는 물리적인 변화가 외형상으로는 변하지만 물질 자체는 같은 상태라는 것을 안다(기본개념: 항상성과 변화, 인과관계).	1, 2, 3, 4
	7. 유아는 어떤 물질이 속성까지 변하여 새로운 물질로 만들어질 수 있다는 것을 안다(기본개념: 변화, 측정).	1, 2, 3, 4
	8. 유아는 우리가 살고 있는 이 세계에 다양한 형태의 에너지가 존재한다는 것을 안다(기본개념: 시스템, 다양성).	1, 2, 3, 4
	9. 유아는 기계가 다양한 기능을 가지고 있고 분해와 조립이 가능하다는 것을 안다(기본개념: 구조와 기능, 조직).	1, 2, 3, 4
	10. 유아는 사람들이 기계를 이용하여 물건을 쉽게 이동할 수 있다는 것을 안다(기본개념: 시스템, 모델).	1, 2, 3, 4
지구 및 공간과학 교육내용 영역	11. 유아는 지구에는 물, 돌, 흙, 화석 연료 등과 같은 물질이 있다는 것을 안다(기본개념: 시스템).	1, 2, 3, 4
	12. 유아는 지구에 있는 물질은 다른 방식으로 사용될 수 있다는 속성이 있음을 안다(기본개념: 변화).	1, 2, 3, 4
	13. 유아는 물의 무게와 위로 미는 힘이 물체를 뜨게 한다는 것을 안다(기본개념: 인과관계).	1, 2, 3, 4
	14. 유아는 지구의 물질 중 물의 형태는 액체이나 조건에 따라 변할 수 있음을 안다(기본개념: 변화).	1, 2, 3, 4
	15. 유아는 물이 다른 물질을 녹일 수 있다는 것을 안다(기본개념: 변화).	1, 2, 3, 4

기타 참고사항 및 종합의견

출처: 안경숙(2003). 유아과학활동과 통합된 과학능력 평가도구의 개발: 과학적 태도, 탐구능력, 과학적 개념에 대한 평가. 덕성여자대학교 대학원 박사학위논문. pp.139-141.

3. 유아과학교육의 평가방법

유아과학교육에서 유아를 평가하는 중요한 목적은 유아들이 알고 있는 것과 할 수 있는 것에 대한 정보를 얻고 해석하는 것에 있다. 이를 위해서 평가는 유아과학교육과정의 목적과 목표를 반영해야 하며, 유아의 성취를 정확하게 나타내는 유아과학교육의 목적과 일관된 맥락에서 다루어져야 한다. 유아과학교육을 평가하는 방법으로 많이 사용되는 관찰법, 면담법 및 포트폴리오 평가법을 구체적으로 살펴보면 다음과 같다.

1) 관찰법

관찰법이란 자연스러운 상황과 환경에서 유아의 행동을 자세히 관찰하여 기록한 후 분석하는 방법이다. 교사는 관찰을 통해 개별유아에 대한 기술적 정보를 얻게 됨으로써 교수·학습을 위한 효과적인 자원으로 활용할 수 있다. 일반적으로 유아과학교육의 평가에 주로 활용되고 있는 관찰법을 일화기록법, 행동목록법, 평정척도법을 중심으로 살펴보면 다음과 같다.

(1) 일화기록법

일화기록법(anecdotal record)은 과학활동 중 특정 행동이나 태도의 변화를 있는 그대로 관찰하는 방법으로 현장에서 가장 많이 사용되는 방법 중의 하나이다. 이러한 기록은 유아의 특성을 나타내는 하나의 사건에 대해 객관적으로 자세하게 기록하는 것이다. 다시 말해 일화기록은 유아의 과학교육의 발달과 관련된 사건을 관찰 즉시, 발생 맥락을 포함하여 구체적이고 객관적인 서술로 기록하는 방법이다. 따라서 정확한 일화기록을 위해서는 사건이 일어난 즉시 순서대로 정확하게 기록하는 것이 중요하다. 그러나 유아교육상황하에서 즉각적으로 기록하는 데에는 여러 가지 어려움이 발생할 수 있다. 즉시 기록하지 못할 상황에서는 이후 기록을 도울 수 있는 키워드를 누가, 언제, 어디서, 무엇을, 왜를 중심으로 기록하여 이후에 정확한 일화기록을 하는 자료로 활용하게 된다.

일화기록법의 특징은 〈표 7-10〉, 일화기록법의 장 · 단점(홍순정, 최석란, 2010)은 〈표 7-11〉, 활동 결과물을 포함한 일화기록법의 예시는 〈표 7-12〉, 일화기록법 활용 시 유의할 점(전남련 외, 2014)은 〈표 7-13〉과 같다.

표 7-10 일화기록법의 특징

- 일화기록법은 직접 관찰한 것을 기록한다.
- 일화기록법은 하나의 사건을 관찰한 즉시, 정확하고 구체적으로 기록한다.
- 일화기록법은 관찰행동의 맥락을 포함한다.
- 일화기록 시 관찰상황에 대한 해석은 객관적 관찰상황 제시와 분리하여 별도로 표시하여 제시한다.
- 일화기록법은 관찰대상의 일반적인 행동과 특정 행동 모두에 초점을 맞추어 기록한다.

표 7-11 일화기록법의 장 · 단점

구분	내용
장점	• 유아들이 어떻게 말하고 행동하는지 좀 더 정확하고 분명하게 그때의 상황을 기록할 수 있으며, 사전 준비나 별도의 계획 없이 진행할 수 있다. • 관찰자를 위한 특별한 훈련이 필요하지 않으며, 관찰자가 갖는 흥미의 모든 상황이 관찰의 대상이 될 수 있어 평가를 위한 자료수집의 범위가 넓다.
단점	• 주관적 판단이나 감정을 완전히 배제하기 어렵기 때문에 객관성 유지가 어렵다. • 관찰기록 시 특정 행동을 중심으로 현재시점의 일부만 기록하기 때문에 전체적인 맥락을 이해하기 어렵고, 시간이 지난 후에 기록할 경우 기억의 왜곡이 발생하여 해석 시 오류를 범할 가능성이 높다. • 특정 행동이 얼마나 자주 일어나는지 양적 분석이 불가능하다.

표 7-12 일화기록법의 예시

<table>
<tr><td>관찰대상</td><td>김동민(남)</td><td>생년월일</td><td>2013.03.06.</td></tr>
<tr><td>관찰시간</td><td>자유선택활동 시간
(10:00~10:40)</td><td>관 찰 일</td><td>2019.09.23.</td></tr>
<tr><td>관찰장면</td><td>자연탐구 영역</td><td>관 찰 자</td><td>김다연</td></tr>
<tr><td>관찰내용</td><td colspan="3">화장실을 다녀온 후 영희가 소리를 지른다. 어른 새끼손가락 길이의 지렁이가 교실 바닥 위를 기어 다니고 있는 것을 영희가 본 것이다. 동민이가 영희에게 다가가서 "무서워? 무서워하지 마! 지렁이는 좋은 동물이야. 책에서 읽었어. 조심해서 살려주자"라고 말한다. 영희가 조용해지자 미술 영역에서 휴지심을 가져와 지렁이가 들어갈 수 있도록 지렁이 앞에 내려놓는다. 지렁이가 그 안에 들어가자 동민이는 그 휴지심을 창문 밖으로 조심하여 내려놓았고 잠시 후 지렁이는 휴지심에서 나와 수풀 속으로 들어갔고 교실은 다시 조용해졌다.</td></tr>
<tr><td>분석 및 해석</td><td colspan="3">동민이는 지렁이를 포함하여 동물에 대해 관심이 많아 스스로 알아보고자 한다. 또한 지렁이 같은 작은 동물도 소중히 여기는 마음을 가지고 있다.</td></tr>
</table>

표 7-13 일화기록법 활용 시 유의할 점

- 관찰자는 특정 사건이 발생한 즉시 기록한다. 이를 위해 관찰자는 즉시 기록할 수 있도록 필기구와 관찰지 또는 메모노트 등을 가까이에 준비해 둔다.
- 관찰기록 시 대상의 말과 행동을 구분하여 기록한다. 즉, 관찰대상의 발화는 인용부호(" ")를 사용하여 문장을 그대로 기록하고, 서술형 문장으로 해당 상황을 부연 설명한다.
- 관찰기록 시 관찰대상이 특정 유아일 경우, 이름과 생년월일, 성별을 정확히 기록한다. 또한 관찰일시, 관찰장소, 관찰장면, 관찰행동, 관찰자 등 상황적 자료를 포함하여 기록한다.
- 관찰대상 유아의 언어와 행동을 기록함과 동시에 관련 유아의 반응 및 교사의 반응도 빠짐없이 기록한다.
- 관찰대상 유아의 행동을 기술할 때 동일한 용어로 일관성 있게 기술한다.
- 일화는 반드시 일어난 순서 그대로 기록한다.
- 관찰자의 주관적 관점이나 편견을 배제하여 객관적이고 사실적으로 기록한다.

(2) 행동목록법

행동목록법(behavior checklist)은 관찰자가 관찰대상 유아의 과학교육의 발달 정도에 대한 목록을 사전에 만들어 두고 이에 따라 행동의 출현 유무를 체크하는 방법이다. 이 방법은 관찰시간이 절약되고 유아의 행동을 쉽게 관찰할 수 있으며, 그 결과를 학습계획 및 유아의 행동평가 등에 간편하게 적용할 수 있다(한국유아교육학회, 1996). 일반적으로 행동목록은 학습목표 혹은 발달지표를 기준으로 만들어지며, 그 결과를 요약하여 교육계획 및 유아의 행동평가, 기록, 부모상담 등에 활용할 수 있다. 특히 부모상담 시 유아들이 학습하는 내용과 유아의 발달 현황을 설명할 수 있는 기초 자료로 이용한다. 행동목록법의 장·단점(권성민 외, 2019)을 살펴보면 〈표 7-14〉와 같다.

표 7-14 행동목록법의 장·단점

구분	내용
장점	• 여러 가지 행동에 관한 자료를 빠르고 효율적으로 기록할 수 있다. 이것은 방법의 단순성 때문이며 특히 논리적으로 잘 배열된 목록일수록 기록의 신속함을 한층 더 높일 수 있다. • 행동목록을 계속적으로 또는 누가적으로 사용함으로써 행동발달의 단계 및 아동 개인의 단계적인 발달상을 관찰하고 기록하는 데 도움이 된다. 특히 같은 양식을 계속적으로 사용하는 경우 변화된 행동만 기록에 첨가하면 되기 때문에 행동목록법은 현장의 교사들에게 유용한 도구라고 할 수 있다. • 행동목록법은 유아의 행동뿐 아니라 자료, 상호작용의 패턴, 행동의 순서 등 다른 종류의 관찰에도 적용할 수 있으며, 시간표집법이나 사건표집법 등의 관찰에도 적용할 수 있다. • 행동목록법의 작성방법은 별도의 훈련 없이도 기록할 수 있는 가장 단순한 관찰방법이다.
단점	• 행동목록법의 가장 큰 단점은 관찰한 행동의 출현 빈도나 지속성 또는 행동의 질적 수준에 대한 정보를 제공하지 못한다는 점이다. 예를 들어, 유아들이 어떻게 중얼거린다든가 혹은 유아들이 어떻게 참여하는지 등에 대해서는 알 수가 없다는 것이다. 따라서 이러한 자료는 다른 기록방법을 통해 수집할 수밖에 없다. • 행동목록표를 작성하기 위해 사전에 시간과 노력이 많이 들고 관찰자의 연구 경험에 따라 그 유용성이 결정된다는 것이다. 행동목록표는 비교적 쉽게 만들 수 있기는 하지만 자료로써의 유용성을 높이기 위해서는 기록양식이 체계적이며, 분명한 행동적 지표를 가지고 기술되어야 한다.

행동목록법은 관찰하고자 하는 행동의 목록을 구체화하여 일정한 양식에 담아야 한다. 행동목록법에 담는 내용은 크게 두 부분으로 첫째, 관찰대상의 성별과 연령, 생년월일과 같은 개인 정보, 관찰일시 및 관찰장면 등 상황에 대한 기록을 포함한다. 둘째, 관찰하고자 하는 영역과 구체적인 행동목록의 세부내용을 담는다. 이때 관찰자는 특정 시점에서 관찰하고자 하는 행동의 출현 여부를 파악할 것인지 혹은 시기에 따른 변화를 알아보기 위한 것인지 관찰목적에 따라 행동목록의 양식을 다르게 설정할 수 있다.

특정 시점의 관찰행동 출현 여부에 따른 행동목록법의 예시는 〈표 7-15〉, 자연탐구영역 관찰지 양식은 〈표 7-16〉, 행동목록법 활용 시 유의할 점(황해익 외, 2014)은 〈표 7-17〉과 같다.

표 7-15 특정 시점의 관찰행동 출현 여부에 따른 행동목록법의 예시

관찰대상	류민지(여)	관찰일시	2020.02.15.
생년월일	2014.02.15.	관 찰 자	지해경

〈관찰지침〉
다음의 행동이 관찰되면 '관찰됨', 관찰되지 않으면 '관찰 안 됨'에 ∨ 표시를 하시오.

과학활동	관찰됨	관찰 안 됨
1. 과학활동에 자발적으로 참여한다.		∨
2. 과학활동과 관련된 책을 골라서 본다.	∨	
3. 동 · 식물 기르기에 관심을 갖는다.	∨	
4. 과학활동의 과정에서 다른 유아와 함께 협력하거나 도움을 요청한다.		∨
5. 과학활동을 마친 후에 다른 유아들과 함께 정리정돈을 같이 한다.		∨

요약	총 5문항 중 과학활동에 대한 행동이 '관찰됨'은 2회, '관찰 안 됨'은 3회로 나타남. 민지에게 관찰된 과학활동 행동의 양상은 과학활동에 관련된 책을 골라서 보거나 동·식물 기르기에 관심을 가지는 행동이며, 관찰되지 않는 행동으로는 과학활동에 자발적으로 참여하는 것, 과학활동의 과정에서 다른 유아와 함께 협력하거나 도움을 요청하는 것, 과학활동을 마친 후에 다른 유아들과 함께 정리정돈을 하는 것으로 나타남.
총평 및 교육계획	민지는 전반적으로 과학활동 자체에는 다소 관심을 보이는 것으로 나타났지만 다른 유아와 함께 하는 과학활동에서는 매우 소극적인 행동을 보이는 것으로 나타났음. 이런 결과는 과학활동 자체에 대한 관심이 부족하다고 보기보다는 친구들과 어울려 함께 하는 사회적 행동이 부족한 원인에 기인할 수 있으므로 추후 사회성 및 다른 평가의 내용을 종합하여 판단할 필요성이 있음.

표 7-16 자연탐구 영역 관찰지 양식

관찰 영유아 명: 학급명: (만 세) 성별: 남, 여

관 찰 자: 관찰일:

구분	평가항목	평가내용	예	아니오	비고
탐구하는 태도 기르기	호기심을 유지하고 확장하기	주변 사물과 자연세계에 대해 지속적으로 호기심을 갖고 알고자 한다.			
	탐구과정 즐기기	궁금한 점을 알아보는 탐구과정에 참여하고 즐긴다.			
		탐구과정에서 서로 다른 생각에 관심을 갖는다.			
	탐구기술 활용하기	일상생활의 문제를 해결하는 과정에서 탐색, 관찰, 비교, 예측 등의 탐구기술을 활용해 본다.			
수학적 탐구하기	수와 연산의 기초개념 알아보기	생활 속에서 사용되는 수의 여러 가지 의미를 안다.			
		구체물 수량의 부분과 전체 관계를 안다.			
		스무개 가량의 구체물을 세어보고 그 수량을 안다.			
		구체물을 가지고 더하고 빼는 경험을 한다.			

구분	평가항목	평가내용	예	아니오	비고
	공간과 도형의 기초개념 알아보기	위치와 방향을 여러 가지 방법으로 나타낸다.			
		여러 방향에서 물체를 보고 그 차이점을 비교한다.			
		기본 도형의 공통점과 차이점을 안다.			
		기본 도형을 사용하여 여러 가지 모양을 구성한다.			
	기초적인 측정하기	일상생활에서 길이, 크기, 무게 등의 속성을 비교하고 순서를 짓는다.			
		임의 측정 단위를 사용하여 길이, 면적, 무게 등을 측정한다.			
	규칙성 이해하기	생활주변에서 반복되는 규칙성을 알고 다음에 올 것을 예측해 본다.			
		스스로 규칙성을 만들어 본다.			
	기초적인 자료수집과 결과 나타내기	필요한 정보나 자료를 수집한다.			
		한 가지 기준으로 분류한 자료를 다른 기준으로 재분류해 본다.			
		그림, 사진, 기호나 숫자를 사용해 그래프로 나타내 본다.			
과학적 탐구하기	물체와 물질 알아보기	주변의 여러 가지 물체와 물질의 기본 특성을 안다.			
		물체와 물질을 여러 가지 방법으로 변화시켜 본다.			
	생명체와 자연환경 알아보기	나와 다른 사람의 출생과 성장에 대해 알아본다.			
		관심 있는 동·식물의 특성과 성장 과정을 알아본다.			
		생명체를 소중히 여기는 마음을 갖는다.			
		생명체가 살기 좋은 환경과 녹색환경에 대해 알아본다.			

구분	평가항목	평가내용	예	아니오	비고
	자연현상 알아보기	돌, 물, 흙 등 자연물의 특성과 변화를 알아본다.			
		낮과 밤, 계절의 변화와 규칙성을 알아본다.			
		날씨와 기후변화 등 자연현상에 대해 관심을 갖는다.			
	간단한 도구와 기계 활용하기	생활 속에서 간단한 도구와 기계를 활용한다.			
		변화하는 새로운 도구와 기계에 관심을 갖고 장·단점을 안다.			

표 7-17 행동목록법 활용 시 유의할 점

- 행동목록법은 특성이나 특징의 존재 유무가 확실할 때 사용한다.
- 관찰대상이 되는 특성들이 분명하게 진술된 것을 선택해야 한다. 포괄적인 행동유형에 대한 기록은 피한다.
- 관찰을 행동목록법에 있는 항목에 대해서만 이루어져야 한다. 관찰되지 않는 행동의 유사성을 고려하여 기록하면 객관성과 신뢰성이 낮아진다.
- 관찰은 개별 유아를 대상으로 하며, 각 유아에게 독립된 행동목록이 개별적으로 사용되어야 한다.

(3) 평정척도법

평정척도법(rating scale method)은 관찰자가 관찰대상의 과학적 행동에 대한 질적 정보를 얻기 위해 작성한 수량적 지표라고 할 수 있다. 평정척도법은 관찰대상 유아의 과학적 특성을 미리 정해진 범주에 따라 평가한다는 점에서 행동목록법과 유사하지만 과학적 행동의 출현 유무만을 밝히는 데 국한하지 않고 과학적 행동의 질적인 특성을 알 수 있다는 차이가 있다. 다시 말해 평정척도법은 행동목록법이 갖고 있는 과학적 행동의 출현유무파악뿐만 아니라 과학적 행동의 질적인 특성의 정도까지 파악할 수 있다.

평정척도법의 장 · 단점(권성민 외, 2019)을 살펴보면 〈표 7-18〉, 평정척도법의 종류와 특징은 〈표 7-19〉, 평정척도법 활용 시 유의할 점(이영애, 유준호, 2018; 황해익 외, 2014)은 〈표 7-20〉, 평정척도법 종류에 따른 평가의 예는 〈표 7-21〉~〈표 7-25〉와 같다.

표 7-18 평정척도법의 장 · 단점

구분	내용
장점	• 평정척도법의 가장 큰 장점은 만들기 쉽고 사용하기가 편리하다는 점이다. • 평정척도법은 시간이 많이 걸리지 않고 많은 발달영역을 한꺼번에 평가할 수 있다. 유아교육기관에서 교사의 업무량 경감을 생각해 볼 때 큰 장점이 될 수 있다. • 평정척도법은 관찰하면서 바로 기술하지 않고 교사가 편리한 시간에 기술할 수 있다. • 평정척도법은 체크리스트와 달리 행동의 질도 평가할 수 있으므로 유아교육현장에서 매우 유용하게 쓰일 수 있으며, 평정척도를 반복해서 활용했을 때 시간의 흐름에 따라 변화하는 유아의 행동이나 발달에 대한 정보를 얻을 수 있다. • 평정척도법은 관찰자가 특별한 훈련 없이도 쉽게 활용가능하다.
단점	• 평정척도법은 각 행동이 관찰되는 상황에 대한 설명 없이 단지 행동의 수준만을 기록하기 때문에 행동에 대한 원인이나 전후 사정을 설명해 주지 못한다. • 관찰내용을 직접현장에서 기록하는 것이 아니라 이후에 판단해야 하므로 관찰자의 기억이나 지각적 속성에 의존해야 한다. • 평정척도법은 관찰자가 나타내고자 하는 것을 정확하고 객관적으로 기술한 항목을 개발하는 것이 쉽지 않다.

표 7-19 평정척도법의 종류와 특징

구분	내용
기술평정척도	과학적 행동의 차원을 몇 개의 연속적인 범주로 나누어 기술하고, 이에 따라 나타나는 과학적 행동을 선택하는 방식이다. 또한 과학적 행동에 대한 범주는 3~5개의 기술적 범주에 따라 평정한다.
숫자평정척도	과학적 행동 특성을 기술한 척도치에 그 정도에 따라 점수로 환산할 수 있는 숫자를 부여하여 결과의 수량화와 통계적인 분석을 가능하게 하는 방법이다. 일반적으로 숫자를 부여할 때 가장 긍정적인 척도치에 가장 높은 점수를, 가장 부정적인 척도치에 가장 낮은 점수를 주는 것을 원칙으로 한다. 이때 점수가 3점 척도인 경우는 3, 2, 1점으로, 5점 척도면 5, 4, 3, 2, 1점으로 부여하는데, 행동의 정도를 보다 세분화하여 평정하기 위해 5점 척도를 가장 많이 사용한다.
도식평정척도	관찰자의 판단을 돕기 위해 기술적인 유목에 시각적 선을 첨가시킨 형태를 말한다. 이때 선은 일반적으로 횡축을 사용하며, 선의 형태도 동간으로 나누어진 선 또는 나누어지지 않은 선 그리고 연속선 또는 점선 등으로 다양하게 사용한다. 대체로 척도치에 따라 몇 개의 동간으로 나누어진 직선을 많이 사용한다.
표준평정척도	관찰자에게 평정의 대상을 다른 일반대상과 비교할 수 있도록 구체적인 준거를 제시하는 방법이다. 즉, 이 유형은 기술평정척도에서의 범주를 보다 객관적인 유목으로 기술한 형태라고 할 수 있다.

표 7-20 평정척도법 활용 시 유의할 점

- 평정과정에서 주관적 견해가 개입되거나 오류[1)]가 발생하지 않도록 유의해야 한다. 따라서 주관적인 가치판단이 개입될 여지가 있는 단어의 사용은 피한다. 예를 들어, 좋은/나쁜, 많다/적다, 크다/작다 등이다.
- 평정척도에 사용할 문항들은 가능한 한 명확하고 간결하며 상호배타적이어야 한다. 즉, 서로 중복 문항이 없어야 한다.
- 평정척도란에 '관찰 못함'의 칸을 만들어 두도록 한다. 이는 관찰 당시 측정의 요소가 모호할 경우 무리하게 평정하기보다는 판단을 보류할 수 있는 여지를 두기 위함이다.
- 모든 관찰기록 방법과 마찬가지로 관찰기록지에 관찰자명, 관찰대상의 이름, 연령, 성별, 관찰일시 등 관찰에 관련된 정보를 반드시 기록한다.

표 7-21 기술평정척도 관찰지(논리와 수영역 평정척도)

관찰아동:	생년월일:	성 별:
관 찰 자:	관 찰 일:	연 령:

- 유아의 행동을 가장 잘 진술한 범주에 √표시를 한다.
- 문항 내의 진술문 중 어느 하나도 현재 유아의 행동을 설명하지 못하거나 덧붙일 내용이 있으면 기타 란에 기재한다.

분류하기 능력은 어느 정도 발달되어 있는가?	( ) 사물을 전혀 분류할 수 없다. ( ) 동일한 사물끼리 그룹을 지을 수 있다. ( ) 사물을 한 가지 특성을 기준으로 분류한다. ( ) 사물을 두 가지 특성을 고려하여 분류한다. ( ) 사물을 둘 이상의 특성을 기준으로 분류한다. 기타:
서열화 능력은 어느 정도 발달되어 있는가?	( ) 사물을 전혀 배열할 수 없다. ( ) 사물을 크기별로 배열할 수 있다. ( ) 사물을 한 가지 특성을 기준으로 배열할 수 있다. ( ) 사물을 두 가지 특성을 기준으로 배열할 수 있다. ( ) 서열화된 사물끼리 연결 지을 수 있다. 기타:

1) 평정척도법은 제시된 항목에 대해 관찰자가 행동의 특성 정도를 평정하므로 오류가 발생하기 쉽다. 평정척도 활용 시 유의해야 할 오류에는 중심화의 오류(평정 시 애매하거나 판단하기 어려운 경우 척도의 중앙에 위치한 항목에 표시하려는 경향), 논리오류(문항의 내용이 비슷하다고 판단한 경우 각각의 문항에 기술된 내용을 객관적으로 평정하지 않고 유사하게 평정하려는 경향), 후광효과의 오류(관찰대상에 대한 인상이나 이전의 판단이 개입되어 평정에 영향을 줌), 근접오류(문항들의 위치가 시각적으로 인접하게 배열되어 있는 경우 인접 문항의 평정을 유사하게 하려는 경향) 등이 있다(홍순정 · 최석란, 2010). 따라서 관찰자는 이러한 오류를 범하지 않고 각 문항을 객관적으로 평정할 수 있도록 노력하는 것이 중요하다.

수세기 능력은 어느 정도 발달되어 있는가?	(　　) 수세기에 관심이 없으며 수와 사물을 관련지을 수 없다. (　　) 각각의 사물을 짚으면서 숫자를 말하지만 그 숫자가 틀리는 경우가 있다. (　　) 3개의 사물을 정확히 센다. (　　) 4~10까지 수를 정확히 센다. (　　) 10 이상의 수를 정확히 센다. 기타:
공간적 관계기술 능력은 어느 정도 발달되어 있는가?	(　　) 공간개념이 아직 형성되어 있지 않으며 공간지각에 대해 잘 이해하지 못한다. (　　) 위, 아래, 앞, 뒤 등의 지시에 따르지만 정확하게 말하지 못한다. (　　) 사람과 사물의 상대적인 위치(위, 아래, 앞, 뒤)를 이해하며 지시에 따른다. (　　) 사물의 움직이는 방향을 나타내는 용어를 사용한다. (　　) 사물의 상대적인 위치를 요하는 단어(위에, 아래, 뒤에, 앞에)를 사용한다. 기타:

표 7-22 숫자평정척도 관찰지(자연탐구 평정척도)

관찰아동: 　　생년월일: 　　성 별:
관 찰 자: 　　관 찰 일: 　　연 령:

연령	항목	전혀 그렇지 않다	그렇지 않다	보통이다	그렇다	매우 그렇다
만0세	주변의 사물에 대한 관심을 보인다(관심).	1	2	3	4	5
	생활주변의 자연물과 바람, 햇빛, 비 등을 감각으로 느낀다(감각 지각).	1	2	3	4	5
만1세	주변의 사물에 대해 관심을 보이고 탐색한다(관심).	1	2	3	4	5
	주변 동·식물의 모양, 소리, 움직임에 관심을 갖는다(동·식물에 대한 관심).	1	2	3	4	5
	생활주변의 자연물과 바람, 햇빛, 비 등을 감각으로 느낀다(감각 지각).	1	2	3	4	5
	도움을 받아 생활도구를 탐색한다(도구 탐색).	1	2	3	4	5
만2세	주변의 사물과 자연세계에 대해 호기심을 나타내고 탐색하기를 즐긴다(호기심, 탐색).	1	2	3	4	5

	주변 동 · 식물의 모양, 소리, 움직임에 관심을 가진다(특성 인식).	1	2	3	4	5
	생활주변의 자연물과 날씨 등을 감각으로 느낀다(감각 지각).	1	2	3	4	5
	생활 속에서 간단한 도구에 관심을 가지고 사용한다(흥미, 자발성).	1	2	3	4	5

출처: 이미화 외(2014). 영아보육 질 제고를 위한 평가도구 개발 및 활용방안. 육아정책연구소.

표 7-23 숫자평정척도 관찰지(자연탐구 평정척도)

관찰아동: 생년월일: 성 별:
관 찰 자: 관 찰 일: 연 령:

연령	문항	미흡	보통	우수
만3세	주변의 사물과 자연세계에 대해 호기심을 가진다(호기심, 자발성).	1	2	3
	궁금한 점을 알아보는 과정에 흥미를 느낀다(탐구과정에 대한 흥미, 자발성).	1	2	3
	친숙한 물체와 물질의 특성에 관심을 갖는다(물질의 특성에 대한 관심, 자발성).	1	2	3
	자신의 출생과 성장이나 주변 동 · 식물에 관심을 가진다(관심, 자발성).	1	2	3
	생명체를 소중히 여긴다(생명 존중 태도, 지속성).	1	2	3
	자연물과 자연현상에 관심을 가진다(자연물과 자연현상에 대한 관심, 자발성).	1	2	3
	간단한 도구와 기계의 편리함에 관심을 가진다(도구와 기계에 대한 관심, 편리성에 대한 관심).	1	2	3
만4세	주변의 사물과 자연세계에 대해 지속적으로 호기심을 가진다(호기심, 자발성).	1	2	3
	궁금한 점을 알아보는 탐구과정에 관심을 가지고 참여한다(탐구과정 참여, 적극성).	1	2	3
	일상생활의 문제를 해결하는 과정에 탐색, 관찰의 방법을 활용한다(탐색, 관찰의 활용, 자발성).	1	2	3

연령	문항	미흡	보통	우수
	친숙한 물체와 물질의 기본적인 특성을 알고 물질을 여러 가지 방법으로 변화시킬 수 있다(물질의 특성 이해, 물체 변화에 대한 관심).	1	2	3
	자신의 출생과 성장이나 관심 있는 동·식물의 특성을 알아본다(탐구, 자발성).	1	2	3
	생명체를 소중히 여기는 마음을 가지고, 생명체가 살기 좋은 환경에 대해 관심을 가진다(생명체 존중의 마음, 환경에 대한 관심).	1	2	3
	자연물의 특성과 변화를 알아보고, 자연현상의 변화에 관심을 가진다(자연물과 자연현상에 대한 관심, 자발성).	1	2	3
	간단한 도구와 기계의 편리함에 관심을 갖고 활용한다(도구와 기계에 대한 관심 및 활용, 자발성).	1	2	3
만5세	주변의 사물과 자연세계에 대해 지속적으로 호기심을 가진다(주변환경과 자연세계에 대한 관심, 호기심의 지속성, 탐구의지).	1	2	3
	탐구과정에 즐겁게 참여하고 자신과 다른 생각에 관심을 가진다(탐구과정 참여, 흥미, 개방성).	1	2	3
	주변의 여러 가지 물체와 물질의 기본 특성을 알고, 여러 가지 방법으로 변화시킬 수 있다(물체의 특성 이해, 물체의 변화방법 이해, 자발성).	1	2	3
	자신과 주변 사람 그리고 관심 있는 동·식물의 특성과 성장과정을 알아본다(자신과 주변 사람 그리고 동·식물 특성 및 성장과정에 대한 이해, 탐구태도의 지속).	1	2	3
	생명체를 소중히 여기고 생물체가 살기 좋은 녹색환경에 대해 알아본다(생명체 존중의 마음가짐, 환경에 대한 이해, 생명체 존중 실천).	1	2	3
	자연물과 자연현상의 특성 및 변화를 알아본다(자연물의 특성에 대한 이해).	1	2	3
	도구와 기계에 관심을 가지고 장·단점을 알고 활용한다(도구와 기계에 대한 관심, 도구와 기계의 활용).	1	2	3

출처: 이미화 외(2013). 3, 4세 누리과정 유아관찰척도 개발. 육아정책연구소.

표 7-24 도식평정척도 관찰지

관찰아동:	생년월일:	성 별:
관 찰 자:	관 찰 일:	연 령:

• 관찰한 내용을 그림이나 글로 표현한다.	├──┼──┼──┼──┤	관찰한 내용을 그림이나 글로 표현하지 않는 편이다.
• 측정한 결과를 그림이나 글, 도표 등으로 기록한다.	├──┼──┼──┼──┤	측정한 결과를 그림이나 글, 도표 등으로 기록하지 않는 편이다.
• 과학활동 과정에서 구체적으로 질문한다.	├──┼──┼──┼──┤	과학활동 과정에서 구체적으로 질문을 하지 않는 편이다.

표 7-25 누리과정 목표에 대한 표준평정척도

관찰아동:	생년월일:	성 별:
관 찰 자:	관 찰 일:	연 령:

다음 각 항목에 가장 적합한 곳에 평점을 부여한다

구분	하위 20%에 속함	하위 40%에 속함	중간 20%에 속함	상위 40%에 속함	상위 20%에 속함
1. 신체운동 · 건강 영역					
2. 의사소통 영역					
3. 사회관계 영역					
4. 예술경험 영역					
5. 자연탐구 영역					

2) 면담법

면담법(interview)은 교사와 유아가 직접 의사소통하면서 여러 가지 자료를 수집하는 데 흔히 사용되는 방법이다. 즉, 면담법은 유아가 자신에 대한 정보 제공자 역할을 하는 자기보고식 관찰로서 일화기록법에 추가 정보가 필요할 경우 흔히 이용되는 방법 중의 하나이다. 면담법은 관찰법과 달리 유아와의 직접적인 상호작용을 통해 개인으로부터 필요한 정보를 얻는 데 효과적인 방법으로 알려져 있다. 면담이 진행되는 과정에 따라 주의해야 할 점은 〈표 7-26〉과 같다.

표 7-26 면담이 진행되는 과정에 따른 주의사항

구분	내용
면담계획	• 면담일시와 장소를 정한다. • 면담주제를 선택하고 어떤 질문을 할지 목록을 작성한다. 예를 들어, 설탕이 물에 녹는 실험을 하고 난 후 면담을 통해 이와 같은 실험을 해 본 경험이 있는지, 설탕이 물에 잘 녹게 하려면 어떤 방법이 있는지, 설탕은 물에 녹지만 물에 녹지 않고 섞이는 물질에는 어떤 것들이 있는지 등과 같은 내용으로 면담을 할 수 있다.
면담과정	• 면담분위기는 편안하고 우호적이어야 한다. • 교사는 유아의 말에 귀를 기울이고 흥미를 나타내도록 한다. • 면담 중에 나타나는 유아의 다양한 반응에 주의를 기울인다. • 단답형과 개방형 질문을 조합해서 사용한다. • 유아가 질문내용을 잘 이해하지 못할 경우 다시 설명한다. • 부적절한 반응도 수용적으로 이끌어주도록 한다.
면담기록	• 빠르고 정확하고 쉽게 기록한다. • 유아의 말을 정확하게 기록하도록 한다. • 녹음기와 필기도구를 효율적으로 사용한다.

면담법은 면담자와 피면담자와의 상호작용을 통해 이루어지므로, 면담을 실시하기 전에 그 목적을 분명히 하여 구체적으로 계획해야 한다. 일반적으로 면담은 피면담자와 인사나누기, 면담취지 설명하기, 면담 진행하기, 마무리하기 순으로 진행된다(〈그림 7-1〉).

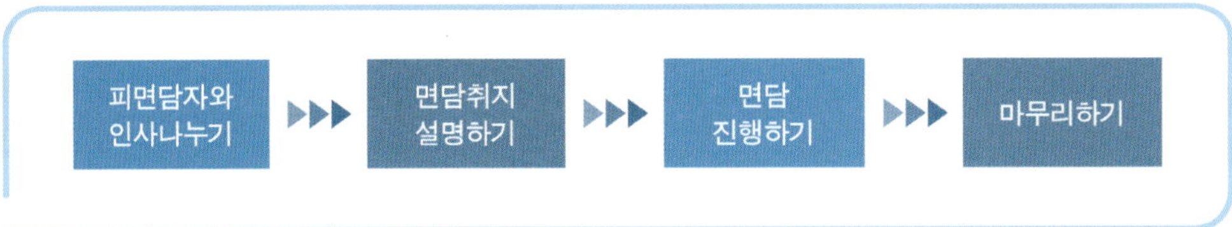

그림 7-1 면담진행 순서

피면담자와 인사나누기는 면담교사와 피면담자가 면담시작 전 계절이나 날씨, 일상 등에 대해 이야기하며 간단히 인사를 나누는 것이다. 특히 부모와의 면담일 경우 교사는 기본적인 신뢰감과 편안한 분위기를 조성하기 위해 유아의 강점 및 일상과 관련된 일화로 이야기를 시작할 수 있다. 면담취지 설명하기는 면담의 목적을 명확하게 설명하고 면담 시 질문내용과 순서, 방법 등을 간략하게 안내하는 것이다. 면담을 진행할 때는 면담양식에 따라 진행하되, 이때 미리 준비된 관찰기록과 유아 작업 샘플, 활동사진 등을 활용한다. 이 과정에서 교사는 유아가 가정에서도 유아교육기관과 비슷한 행동을 하는지 혹은 그렇지 않은지에 대한 정보를 습득할 수 있다. 대부분의 경우 유아들이 가정과 유아교육기관에서의 행동이 유사하지만 때에 따라서 전혀 다른 모습이 발견되기도 한다. 이런 경우 왜 유아가 이러한 행동을 하는지 관심을 가지고 관찰 분석해 보는 것도 필요하다. 마무리하기는 면담과정에서 기록된 내용에 중점을 두어 지도해야 할 부분을 교사와 부모가 함께 의논하는 형식으로 진행하되, 추후 면담내용에 대한 추가적인 정보를 어떻게 나눌 것인지 미리 공지할 수 있다(권성민 외, 2019).

교사와 유아 간의 직접적인 상호작용을 통해 이루어지는 면담은 관찰로는 얻기 어려운 정보를 수집할 수 있다는 장점을 지닌다. 면담은 다양한 형태로 이루어질 수 있지만 가장 실용적인 방법은 교사의 질문이다. 개방형 질문은 일정한 형식 없이 학습과 관련된 질문을 할 때 아는 것에 대해 자유롭게 답변하는 형식이며, 구조화된 면담은 교사가 학습한 내용에 기초하여 미리 질문을 구성하고 모든 유아에게 같은 질문을 하는 형식이다. 그리고 부분적으로 구조화된 면담은 주어진 질문에 대해 유아가 자유롭게 답하고, 그 대답을 통해 학습 정도를 평가하는 것으로 질문이 미리 정해져 있기 때문에 개방형 면담만큼 깊이 있는 생각을 파악할 수 없다는 단점이 있다. 면담은 읽고 쓰는 능력이 부족한 유아에게 적합한 방법이지만 모든 유아가 면담상황에 잘 반응하는 것은 아니며, 교사에게도 많은 훈련을 요구하는 평가방법 중의 하나이다.

3) 포트폴리오 평가법

포트폴리오(portfolio)란 자신이 쓰거나 만든 작품을 지속적이면서도 체계적으로 모아 둔 개인별 작품집 혹은 서류철을 이용한 평가방법으로 정의된다. 즉, 포트폴리오란 개인의 작품모음으로써 이는 학습자의 성취, 진보, 노력 등을 이해하기 위해 그들의 장기간에 걸쳐 수행된 결과물들을 계획적으로 조직하는 것으로 하루아침에 만들어지거나 이용될 수 없으며, 하나 또는 그 이상의 항목을 가지고 있어 최근에 열린 교육의 확산과 더불어 교육적인 용어로서 더 많은 관심을 가지게 된 용어이다. 이 평가방법은 단편적인 영역에 대해 일회적으로 평가하지 않고 유아 개개인의 변화, 발달과정을 종합적으로 평가하기 위해 전체적이면서도 지속적으로 평가하는 것을 강조하는 것으로 수행평가의 대표적인 방법 중의 하나이다. 포트폴리오 평가의 효과성은 〈표 7-27〉, 포트폴리오 평가의 특징(권성민 외, 2019)은 〈표 7-28〉과 같다.

표 7-27 포트폴리오 평가의 효과성

- 교사와 유아의 관계에 긍정적인 변화를 준다.
- 부모의 참여로 자신의 아이에 대해서 무엇을 좋아하는지, 아이가 유아교육기관에서 어떤 활동을 하는지 알게 된다.
- 유아 스스로 자신을 긍정적으로 이해하게 된다.
- 유아와 유아는 서로를 긍정적으로 동료 평가를 할 수 있게 된다.

표 7-28 포트폴리오 평가의 특징

- 포트폴리오 평가는 계획, 실행, 활용에 있어 유동적이고 적응적이다. 평가과정 중에 포트폴리오에 포함되는 내용, 조직 및 활용방법 등이 유아의 연령과 발달적 수준, 현재 교사가 중점을 두고 있는 문제나 발달영역, 기관의 목적, 그 밖의 다른 요소들에 따라 언제든지 변경할 수 있다.
- 포트폴리오는 유아들의 발달과 학습에 대한 다양한 자료를 수집할 수 있다. 포트폴리오에 포함되는 내용에는 유아의 그림, 언어활동 결과물, 활동장면의 사진이나 녹화영상, 선호하는 도서의 목록, 교사의 관찰기록 등의 다양한 자료를 통해 유아의 발달과 학습에 대한 정보를 얻을 수 있다.
- 유아들이 포트폴리오 평가에 능동적으로 참여할 수 있다. 평가과정에서 유아가 활동결과물의 수집 및 선정에 직접 참여하기 때문에 내적 동기를 유발하고, 긍정적인 자존감을 증진시킨다.
- 포트폴리오 평가는 상대적인 비교 평가가 아닌 개별적인 평가이다. 포트폴리오 평가는 유아 개개인의 성과물이 일상생활에서 지속적이고 장기적으로 수집되기 때문에 유아의 연령, 발달 수준, 능력에 따른 개별화된 교육과정의 계획 및 적용이 가능하다.
- 포트폴리오 평가는 유아에 대한 다면적 평가가 가능하다. 포트폴리오 평가는 오랜 기간 동안 시간의 흐름에 따라 일어나는 자기반성과 성장 및 변화내용에 대한 결과물과 기록물들을 지속적이고 체계적으로 수집하기 때문에 정해진 준거에 따라 결과와 과정까지 종합적으로 판단할 수 있다.
- 포트폴리오 평가는 의사소통을 하는 도구가 된다. 교사의 일방적인 전달이 아닌 평가과정에 교사, 유아, 부모가 함께 참여하여 포트폴리오를 구성하기 때문에 유아의 활동결과 및 생각, 변화 등을 공유할 수 있다.

이처럼 포트폴리오 평가는 유아들에게는 자신의 학습에 대한 책임성을 가지게 하며, 자신이 학습한 것을 평가하기 위한 능력을 발달시키는 데 도움을 주고, 교사들에게는 유아의 학습과정과 결과를 총체적이며 정확하게 파악함으로써 명확한 수업목표를 설정하게 하고, 수업의 참된 방향을 제공해 주며, 나아가 더욱 효과적인 목표를 설정하고 또 이를 평가하며 자신의 수업에 대한 평가와 반성을 하게 함으로써 새로운 학습방법과 자료개발의 필요성을 인식하고 개발하는 자기 성장의 기회를 발견하게 된다.

4. 유아과학교육 평가의 실제

안경숙(2003)이 개발한 식물에 대한 평가활동, 기계와 도구에 대한 평가활동, 음식에 대한 평가활동, 물에 대한 평가활동을 통한 유아의 과학적 태도, 탐구능력 및 과학적 개념에 대한 평가의 예는 〈표 7-29〉~〈표 7-32〉와 같다.

표 7-29 식물에 대한 평가활동: 씨앗이 식물로 자라는 데 무엇이 필요할까?

<table>
<tr><td>기관명</td><td></td><td>유아성명</td><td></td><td>나이 및 성별</td><td>세(남/여)</td></tr>
<tr><td>기관이용기간</td><td></td><td>평가일시</td><td></td><td>평가자</td><td></td></tr>
<tr><td>평가목표</td><td colspan="5">식물의 성장에 대한 유아의 과학적 태도, 탐구능력, 과학적 개념을 평가한다.
• 개념: 씨앗이 식물로 성장하기 위해서는 물, 공기, 햇빛(따뜻한 온도)을 필요로 한다(시스템).</td></tr>
<tr><td>평가자료</td><td colspan="5">플라스틱 컵이나 용기, 여러 가지 씨앗(무, 콩, 잔디 등), 물, 종이 타올, 종이와 연필, 식물에 대한 책 등</td></tr>
</table>

<table>
<tr><th>학습주기</th><th>활동제시 및 교사의 질문</th><th>평가문항 및 점수화 준거</th></tr>
<tr><td>도입
(인식)</td><td>• 여러 가지 씨앗을 소개한 후 씨앗의 이름과 성장조건에 대해 이야기를 나눈다.</td><td>• 유아의 사전개념 평가: 유아가 나뭇잎의 특징과 속성(모양, 크기, 색깔, 감촉)에 대해 응답한 내용을 기록한다.</td></tr>
<tr><td>탐색</td><td>• 씨앗과 자료를 제공하고 자유롭게 탐색하도록 격려한다.</td><td rowspan="3">• 다음과 같은 항목이 수행 및 수행 변화에 따라 낮은 수행에서 변화하지 않았다면 0점, 한 단계 높게 변화하였다면 1점, 두 단계 높게 변화하였다면 2점을 부여한다. 단 중간 정도로 수준이 변화하지 않았다면 1점, 한 단계 높게 변화하였다면 2점을 부여할 수 있다.
<table>
<tr><th>구분</th><th>문항</th><th>점수</th></tr>
<tr><td rowspan="3">과학 태도</td><td>• 유아는 활동에 대해 호기심을 보인다.</td><td>0, 1, 2</td></tr>
<tr><td>• 유아는 활동에 적극적으로 참여한다.</td><td>0, 1, 2</td></tr>
<tr><td>• 유아는 다른 친구의 의견을 비판하며 자신의 생각을 이야기한다.</td><td>0, 1, 2</td></tr>
<tr><td rowspan="3">탐구 능력</td><td>• 유아는 주의 깊게 관찰한다.</td><td>0, 1, 2</td></tr>
<tr><td>• 유아는 어떤 속성에 기초하여 분류한다.</td><td>0, 1, 2</td></tr>
<tr><td>• 유아는 씨앗이 어떻게 될지 예측한다.</td><td>0, 1, 2</td></tr>
<tr><td>과학 개념</td><td>사전개념이 과학적 개념으로의 변화 정도에 따라 점수를 부여한다.
• 0점: 비개념→비개념/관찰개념→관찰개념
• 1점: 비개념→관찰개념/관찰개념→구성개념/구성개념→구성개념
• 2점: 비개념→구성개념(이론개념)/관찰개념→이론개념/구성개념→이론개념</td><td>0, 1, 2</td></tr>
</table></td></tr>
<tr><td>탐구 및
실험</td><td>• 몇 가지 실험조건을 제시하고 질문한다.
"씨앗을 햇빛이 비치는 따뜻한 곳에 두고 물을 주지 않으면 어떻게 될까?"<br>"씨앗에 물을 주고 차가운 곳에 두면 어떻게 될까?"<br>"씨앗을 공기가 통하지 않도록 통으로 덮어두면 어떻게 될까?"
• 접시에 씨앗을 담은 후 위의 조건을 표시한 다음 어떻게 되는지 탐구한다.</td></tr>
<tr><td>결론 및
적용</td><td>• 유아가 발견한 것이나 알아낸 것에 대해 질문한다.
"씨앗이 가장 잘 자라려면 무엇이 필요한지 말해 주겠니?" 등</td></tr>
</table>

출처: 안경숙(2003). 유아과학활동과 통합된 과학능력 평가도구의 개발: 과학적 태도, 탐구능력, 과학적 개념에 대한 평가. 덕성여자대학교 대학원 박사학위논문. p.143.

표 7-30 기계와 도구에 대한 활동: 바퀴와 경사로 실험

기관명		유아성명		나이 및 성별	세(남/여)
기관이용기간		평가일시		평가자	

평가목표	바퀴와 경사로 실험을 통해 유아의 과학적 태도와 탐구능력, 과학적 개념을 평가한다. • 개념: 둥근 모양으로 만들어진 바퀴와 같은 도구는 기울기에 따라 굴러가는 속도와 힘에 차이가 있다(인과관계).
평가자료	여러 가지 도구들이 그려져 있는 그림(연필, 자, 돌멩이, 장난감 자동차, 나사 등), 여러 종류의 바퀴와 굴러가는 물건, 장난감 자동차 2개, 긴 나무로 된 판자, 블록이나 책, 분류할 수 있는 작은 상자, 측정도구 등

학습주기	활동제시 및 교사의 질문	평가문항 및 점수화 준거
도입 (인식)	• 유아에게 다섯 개의 다른 도구 그림을 보여주고 도구들의 기능을 물어본다. 도구들을 굴려본다면 어떻게 될지 예측하도록 이야기를 나눈다.	• 유아의 사전개념 평가: 유아가 도구의 모양과 움직임의 관계에 대한 질문에 응답한 내용을 간단히 기록한다.
탐색	• 유아가 도구들을 탐색하고 놀이하도록 격려한다. "도구의 모양이 어떠니?" 등	• 다음과 같은 항목이 수행 및 수행 변화에 따라 낮은 수행에서 변화하지 않았다면 0점, 한 단계 높게 변화하였다면 1점, 두 단계 높게 변화하였다면 2점을 부여한다. 단 중간 정도로 수준이 변화하지 않았다면 1점, 한 단계 높게 변화하였다면 2점을 부여할 수 있다. (아래 표 참조)
탐구 및 실험	• 유아들이 탐구할 수 있도록 상호작용하고 구조적 질문을 하여 실험하도록 유도한다. "어떤 도구들이 잘 굴러가니?" "어떻게 하면 더 잘 굴러가게 할 수 있을까?" "똑같은 장난감 자동차 두 대를 동시에 경사로에서 굴린다면 어떻게 될까? 왜 그렇게 생각했니?"	
결론 및 적용	• 유아가 활동의 과정에서 발견한 것이나 관찰한 사실 등을 토대로 결론을 내리도록 유도하고 질문한다. "이 활동을 통해 무엇을 알 수 있었니? 네가 발견한 것을 말해 주겠니?" 등	

구분	문항	점수
과학 태도	• 유아는 활동에 호기심을 보인다.	0, 1, 2
	• 유아는 활동에 적극적으로 참여한다.	0, 1, 2
	• 유아는 자신이 모르는 것을 솔직히 표현하고 궁금한 것에 대해 질문한다.	0, 1, 2
	• 유아는 문제를 해결하기 위해 끝까지 노력한다.	0, 1, 2
탐구 능력	• 유아는 주의 깊게 관찰한다.	0, 1, 2
	• 유아는 어떤 속성에 기초하여 분류한다.	0, 1, 2
	• 유아는 측정도구를 이용하여 측정한다.	0, 1, 2
과학 개념	사전개념이 과학적 개념으로의 변화 정도에 따라 점수를 부여한다. • 0점: 비개념→비개념/관찰개념→관찰개념 • 1점: 비개념→관찰개념/관찰개념→구성개념/구성개념→구성개념 • 2점: 비개념→구성개념(이론개념)/관찰개념→이론개념/구성개념→이론개념	0, 1, 2

출처: 안경숙(2003). 유아과학활동과 통합된 과학능력 평가도구의 개발: 과학적 태도, 탐구능력, 과학적 개념에 대한 평가. 덕성여자대학교 대학원 박사학위논문. p.145.

표 7-31 음식에 대한 평가활동: 빵 만들기

<table>
<tr><td>기관명</td><td></td><td>유아성명</td><td></td><td>나이 및 성별</td><td>세(남/여)</td></tr>
<tr><td>기관이용기간</td><td></td><td>평가일시</td><td></td><td>평가자</td><td></td></tr>
</table>

<table>
<tr><td>평가목표</td><td colspan="2">빵을 만드는 과정에서 유아의 과학적 태도, 탐구능력, 과학적 개념을 평가한다.
• 개념: 음식은 만들어지는 과정에서 첨가하는 물질에 따라 변화가 다양하다(측정, 변화).</td></tr>
<tr><td>평가자료</td><td colspan="2">빵을 만드는 도구(둥근 그릇, 계량컵, 계량 숟가락, 오븐 또는 프라이팬), 앞치마, 밀가루, 버터나 마아가린, 달걀, 설탕, 우유, 요구르트, 바나나, 베이킹파우더 등</td></tr>
<tr><th>학습주기</th><th>활동제시 및 교사의 질문</th><th>평가문항 및 점수화 준거</th></tr>
<tr><td>도입
(인식)</td><td>• 빵을 만들려면 어떤 재료가 왜 필요한지 유아와 이야기를 나눈다.</td><td>• 유아의 사전개념 평가: 빵을 만드는 방법 등에 대한 유아의 반응을 기록한다.</td></tr>
<tr><td>탐색</td><td>• 빵을 만드는 재료를 제공하고 유아가 자유롭게 탐색하도록 격려한다.</td><td rowspan="3">• 다음과 같은 항목이 수행 및 수행 변화에 따라 낮은 수행에서 변화하지 않았다면 0점, 한 단계 높게 변화하였다면 1점, 두 단계 높게 변화하였다면 2점을 부여한다. 단 중간 정도로 수준이 변화하지 않았다면 1점, 한 단계 높게 변화하였다면 2점을 부여할 수 있다.
<table>
<tr><th>구분</th><th>문항</th><th>점수</th></tr>
<tr><td rowspan="5">과학
태도</td><td>• 유아는 활동에 호기심을 보인다.</td><td>0, 1, 2</td></tr>
<tr><td>• 유아는 활동에 적극적으로 참여한다.</td><td>0, 1, 2</td></tr>
<tr><td>• 유아는 자신이 모르는 것을 솔직히 표현하고 궁금한 것에 대해 질문한다.</td><td>0, 1, 2</td></tr>
<tr><td>• 유아는 문제를 해결하기 위해 끝까지 노력한다.</td><td>0, 1, 2</td></tr>
<tr><td>• 유아는 친구와 함께 자료와 도구를 정리한다.</td><td>0, 1, 2</td></tr>
<tr><td rowspan="5">탐구
능력</td><td>• 유아는 주의 깊게 관찰한다.</td><td>0, 1, 2</td></tr>
<tr><td>• 유아는 측정도구를 이용하여 측정한다.</td><td>0, 1, 2</td></tr>
<tr><td>• 유아는 실험해보기 전에 예측한다.</td><td>0, 1, 2</td></tr>
<tr><td>• 유아는 자신의 생각대로 실험한다.</td><td></td></tr>
<tr><td>• 유아는 자신의 생각에 대해 이야기한다.</td><td>0, 1, 2</td></tr>
<tr><td>과학
개념</td><td>사전개념이 과학적 개념으로의 변화 정도에 따라 점수를 부여한다.
• 0점: 비개념→비개념/관찰개념→관찰개념
• 1점: 비개념→관찰개념/관찰개념→구성개념/구성개념→구성개념
• 2점: 비개념→구성개념(이론개념)/관찰개념→이론개념/구성개념→이론개념</td><td>0, 1, 2</td></tr>
</table></td></tr>
<tr><td>탐구 및
실험</td><td>• 빵을 만드는 과정에서 탐구하고 실험할 수 있도록 질문을 통해 상호작용한다.
"버터와 설탕을 섞으면 어떻게 될까?"<br>"밀가루에 다른 재료를 섞으면 어떻게 될까?"<br>"밀가루에 무엇을 넣어야 빵처럼 부풀 수 있을까?" 등</td></tr>
<tr><td>결론 및
적용</td><td>• 유아가 알게 된 것과 발견한 것에 대해 이야기 나눈다.
"밀가루 반죽을 구운 후에 무엇이 변화되었니?(맛, 모양, 냄새, 색)"<br>"왜 밀가루 반죽이 부풀었을까?(베이킹파우더)"<br>"밀가루 반죽이 왜 빵으로 변한 것일까?(열)"<br>"네가 발견한 것에 대해 말해 주겠니?"</td></tr>
</table>

출처: 안경숙(2003). 유아과학활동과 통합된 과학능력 평가도구의 개발: 과학적 태도, 탐구능력, 과학적 개념에 대한 평가. 덕성여자대학교 대학원 박사학위논문. p.147.

표 7-32 물에 대한 평가활동: 물에 녹는 것과 녹지 않는 것

<table>
<tr><td>기관명</td><td></td><td>유아성명</td><td></td><td>나이 및 성별</td><td>세(남/여)</td></tr>
<tr><td>기관이용기간</td><td></td><td>평가일시</td><td></td><td>평가자</td><td></td></tr>
</table>

<table>
<tr><td>평가목표</td><td colspan="2">물에 녹는 것과 녹지 않는 것의 실험과정에서 유아의 과학적 태도, 탐구능력, 과학적 개념을 평가한다.
• 개념: 물은 어떤 물질을 녹이는 성질과 섞이는 성질이 있다(변화).</td></tr>
<tr><td>평가자료</td><td colspan="2">물, 물에 녹는 물질(설탕, 소금, 분유, 가루주스, 코코아 등), 물에 녹지 않고 섞이는 물질(미숫가루, 밀가루 등), 젓는 도구</td></tr>
<tr><td>학습주기</td><td>활동제시 및 교사의 질문</td><td>평가문항 및 점수화 준거</td></tr>
<tr><td>도입
(인식)</td><td>• 우리 생활에서 물에 녹는 가루와 녹지 않고 섞이기만 하는 가루에는 무엇이 있는지 질문한다.</td><td>• 유아의 사전개념 평가: 빵을 만드는 방법 등에 대한 유아의 반응을 기록한다.</td></tr>
<tr><td>탐색</td><td>• 유아가 여러 가지 물건들을 자유롭게 탐색하고 실험하도록 격려한다.
"설탕(소금, 코코아 등)을 물에 넣으면 어떻게 될까?" 등</td><td rowspan="3">• 다음과 같은 항목이 수행 및 수행 변화에 따라 낮은 수행에서 변화하지 않았다면 0점, 한 단계 높게 변화하였다면 1점, 두 단계 높게 변화하였다면 2점을 부여한다. 단 중간 정도로 수준이 변화하지 않았다면 1점, 한 단계 높게 변화하였다면 2점을 부여할 수 있다.
<table>
<tr><th>구분</th><th>문항</th><th>점수</th></tr>
<tr><td rowspan="4">과학
태도</td><td>• 유아는 활동에 호기심을 보인다.</td><td>0, 1, 2</td></tr>
<tr><td>• 유아는 활동에 적극적으로 참여한다.</td><td>0, 1, 2</td></tr>
<tr><td>• 유아는 자신이 모르는 것을 솔직히 표현하고 궁금한 것에 대해 질문한다.</td><td>0, 1, 2</td></tr>
<tr><td>• 유아는 문제를 해결하기 위해 끝까지 노력한다.</td><td>0, 1, 2</td></tr>
<tr><td rowspan="5">탐구
능력</td><td>• 유아는 주의 깊게 관찰한다.</td><td>0, 1, 2</td></tr>
<tr><td>• 유아는 물에 녹는 것과 녹지 않는 것을 분류한다.</td><td>0, 1, 2</td></tr>
<tr><td>• 유아는 실험해보기 전에 예측한다.</td><td>0, 1, 2</td></tr>
<tr><td>• 유아는 자신의 생각대로 실험한다.</td><td>0, 1, 2</td></tr>
<tr><td>• 유아는 자신의 생각에 대해 이야기한다.</td><td>0, 1, 2</td></tr>
<tr><td>과학
개념</td><td>사전개념이 과학적 개념으로의 변화 정도에 따라 점수를 부여한다.
• 0점: 비개념→비개념/관찰개념→관찰개념
• 1점: 비개념→관찰개념/관찰개념→구성개념/구성개념→구성개념
• 2점: 비개념→구성개념(이론개념)/관찰개념→이론개념/구성개념→이론개념</td><td>0, 1, 2</td></tr>
</table></td></tr>
<tr><td>탐구 및
실험</td><td>• 다음과 같은 질문을 통해 유아가 탐구하고 실험할 수 있도록 격려한다.
"어떻게 하면 여러 가지 가루가 물에 녹는지 녹지 않는지 정확히 알 수 있을까?"<br>"설탕(소금 등)을 빨리 녹게 하는 방법은 없을까?" 등</td></tr>
<tr><td>결론 및
적용</td><td>• 적용: 소금을 물에 계속 넣으면 어떻게 될까?(처음에는 녹지만 나중에는 녹지 않고 가라앉음) 왜 소금이 더 이상 녹지 않을까?(소금에 비해 물이 적기 때문에)
• 결론: 실험을 통해 무엇을 알게 되었니?</td></tr>
</table>

출처: 안경숙(2003). 유아과학활동과 통합된 과학능력 평가도구의 개발: 과학적 태도, 탐구능력, 과학적 개념에 대한 평가. 덕성여자대학교 대학원 박사학위논문. p.149.

생각해보기

다음에 제시되는 주제에 대해 과학활동에 대한 과학적 태도, 탐구능력 및 과학적 개념을 평가할 수 있는 평가계획안을 작성해봅시다.

- 식물에 대한 평가활동:

- 기계와 도구에 대한 평가활동:

- 음식에 대한 평가활동:

- 물에 대한 평가활동:

PART

2 유아과학교육의 실제

08 CHAPTER

주제별 접근법에 따른 유아과학교육의 실제

1 문학적 접근법 1

활동명	데굴데굴 굴러가는 바퀴
활동목표	• 다양한 모양의 바퀴를 관찰한다. • 다양한 모양의 바퀴를 직접 움직여 본다.
누리과정 관련요소	• 사회관계 〉 사회에 관심 가지기 〉 내가 살고 있는 곳에 대해 궁금한 것을 알아 본다. • 자연탐구 〉 탐구과정 즐기기 〉 궁금한 것을 탐구하는 과정에 즐겁게 참여한다.
탐구능력	• 관찰하기: 다양한 모양의 바퀴를 관찰한다. • 예측하기: 어떤 모양의 바퀴가 움직일 것인가를 예측한다.
활동자료	• 그림책 『굴러라 바퀴야』(보림, 1999)
활동방법	**1. 그림책 『굴러라 바퀴야』의 표지를 보며 이야기 나눈다.** - 그림책 『굴러라 바퀴야』의 표지에는 어떤 그림이 보이나요? - 친구들은 바퀴를 어디에서 본 적이 있나요? - 산 속의 동물 친구들이 고민이 있다고 해요. 어떤 고민이 있는지 집중하며 들어볼까요? **2. 그림책 『굴러라 바퀴야』 내용을 회상한 후, 이야기 나눈다.** - 꼬미와 동물 친구와의 다른 점은 무엇인가요? - 꼬미는 왜 슬퍼하였나요? - 꼬미는 사슴을 어떻게 도와주었나요? - 다른 동물 친구는 바퀴 모양으로 무슨 일을 하고 있었나요? **3. 다양한 모양의 바퀴로 수레를 굴려본다.** - 꼬미는 어떤 모양의 바퀴로 변신하였나요? - 어떤 모양의 바퀴가 있을까요? - 만약 세모, 네모 바퀴 자동차로 변신하였다면 어떻게 되었을까요?

	4. 자석을 이용하여 다양한 모양을 굴려본다. – 동그라미, 세모, 네모 바퀴 중 어떤 바퀴가 가장 잘 굴러갔나요? – 어떤 바퀴가 잘 굴러가는지 알아볼까요? – 어떤 모양의 바퀴가 잘 굴러갔나요? – 세모, 네모 바퀴는 왜 잘 굴러가지 않을까요? **5. 활동을 마무리한다.** – 다양한 모양의 바퀴 중에서 가장 잘 굴러간 바퀴는 무엇이었지요? – 동그란 바퀴를 사용해서 굴려 보았을 때 어땠나요? – 어떤 점이 제일 재미있었나요?
활동사진	 
유의점	• 유아가 활동을 하기 전 결과를 예측해 보도록 한다. • 모든 유아가 활동에 함께 참여하여 과정과 결과를 탐구할 수 있도록 한다.

2 문학적 접근법 2

활동명	우리 몸의 구멍을 찾아보아요
활동목표	• 우리 몸의 모든 구멍의 생김새를 살펴본다. • 우리 몸을 소중히 하는 마음을 갖는다.
누리과정 관련요소	• 자연탐구 〉 탐구과정 즐기기 〉 궁금한 것을 탐구하는 과정에 즐겁게 참여한다. • 의사소통 〉 듣기와 말하기 〉 자신의 경험, 느낌, 생각을 말한다.
탐구능력	• 관찰하기: 나의 몸에서 모든 구멍의 생김새를 관찰한다. • 의사통하기: 나의 몸에서 모든 구멍의 생김새를 관찰한 후, 자신의 느낌, 생각을 이야기 나눈다.
활동자료	• 그림책 『우리 몸의 구멍』(길벗어린이, 2000)
활동방법	**1. 그림책 『우리 몸의 구멍』의 표지를 보며 이야기 나눈다.** – 그림책 『우리 몸의 구멍』 표지에는 어떤 그림이 보이나요? – 얼굴/몸에서 볼 수 있는 구멍은 무엇이 있었나요? – 콧물이 나오는 구멍은 어디인가요? – 숨을 쉴 수 있도록 도와주는 구멍은 어디인가요? – 입으로 들어갔던 음식들이 어떤 구멍으로 나오나요? – 똥(방귀)은 어디로 나올까요? – 아기는 어떤 구멍으로 나올까요? – 우리 몸에서 가장 큰/작은 구멍은 무엇일까요? **2. 그림책 『우리 몸의 구멍』 내용을 회상한 후 이야기 나눈다.** – 동화를 보며 어떤 느낌/생각이 들었나요? – 동화를 보며 새롭게 알게 된 것이 있었나요? – 동화 속 어떤 장면이 가장 재미있었나요? – 가장 신기하게 느껴진 구멍은 무엇인가요?

3. 친구와 함께 우리 몸에 있는 구멍을 관찰한 후, 내가 찾은 구멍의 특징을 친구와 함께 이야기 나눈다.

- 우리 몸에는 어떤 구멍들이 있을까요?
- 어떤 방법으로 찾아볼 수 있을까요?
- 짝꿍의 얼굴에는 어떤 구멍이 있나요?
- 눈은 어떻게 생겼나요?
- 귀에 있는 구멍은 어떻게 생겼나요?
- 콧구멍에는 무엇이 있나요?
- 입을 조그맣게/크게 벌리면 구멍의 모양이 어떻게 되나요?
- 친구의 팔에 땀구멍이 보이나요?
- 친구의 몸 구멍을 관찰해 보니 어떤 느낌이 드나요?

4. 우리 주변에서 볼 수 있는 구멍을 찾아본다.

- 우리 몸 말고도 다른 구멍들도 있을까요?
- 우리 교실에서는 어떤 구멍을 찾을 수 있을까요?
- 화장실/복도/놀이터에서는 어떤 구멍을 찾을 수 있을까요?
- 우리 몸의 구멍과는 어떤 점이 다르나요?
- 이 구멍은 왜 생긴 것일까요?
- 만약 여기에 구멍이 없다면 어떻게 될까요?
- 주변을 자유롭게 살펴보면서 또 다른 구멍을 찾아보아요.

5. 다양한 방법을 활용하여 '구멍 놀이'를 해본다.

- 우리가 찾아본 여러 가지 구멍으로 어떤 놀이를 해볼 수 있을까요?
- 구멍으로 무엇을 볼 수 있을까요?
- 구멍 사이로 친구를 보면 어떤 모습일까요?
- 구멍으로 그림을 그리면 무엇을 만들 수 있을까요?
- 우리가 지나갈 수 있는 구멍은 어떤 구멍들이 있을까요?
- 구멍으로 지나가 보니 어떤 느낌이 들었나요?
- 내가 찾은 구멍에 무엇을 담아보고 싶나요?
- 아주 조그마한 구멍으로는 무엇을 볼 수 있을까요?
- 작은 구멍으로 가까이서/멀리서 보니 어떻게 보이나요?

활동사진	 
유의점	• 구멍에 유아의 신체가 끼이지 않도록 이야기 나눈다. • 유아의 코, 귀 등에 물건을 넣지 않도록 이야기 나눈다.

3 문학적 접근법 3

활동명	사르르르 녹는 얼음
활동목표	• 물질의 변화를 탐색해 본다. • 얼음이 녹아서 물이 되는 과정을 경험한다.
누리과정 관련요소	• 자연탐구 〉 생활 속에서 탐구하기 〉 물체의 특성과 변화를 여러 가지 방법으로 탐색한다. • 예술경험 〉 창의적으로 표현하기 〉 다양한 미술 재료와 도구로 자신의 생각과 느낌을 표현한다.
탐구능력	• 관찰하기: 물질의 변화를 관찰한다. • 예측하기: 얼음이 녹아서 물이 되는 것을 예측한다.
활동자료	• 그림책 『눈 오는 날』(에즈라 잭키즈 글 · 그림, 김소희 옮김, 비룡소) • 덩어리 얼음, 가루 얼음, 소금, 그릇, 돋보기
활동방법	1. **그림책 『눈 오는 날』 내용을 회상한 후, 눈이 녹은 이유에 대해 생각해 본다.** – 그림책 『눈 오는 날』에서는 어떤 날씨였나요? – 친구들은 눈이 올 때 눈으로 어떤 놀이를 했나요? – 추운 날씨에 밖에서 놀다가 실내로 들어가면 어떤 기분일까요? – 주머니에 넣어두었던 눈뭉치는 어떻게 되었나요? – 눈이 녹으면 무엇이 될까요? – 집 밖에서는 눈이 녹지 않는데 집 안에서는 왜 눈이 녹을까요? 2. **얼음에 대해 탐색한다.** – 하늘에서 내리는 눈 말고는 녹는 것은 또 뭐가 있을까요? – 얼음도 집 밖에서는 녹지 않는데 집 안에서는 왜 얼음이 녹을까요? – 얼음은 어떻게 빨리 녹일 수 있을까요? – 얼음을 녹이는 방법에 대해 더 궁금한 것이 있나요?

3. 얼음 녹이는 실험을 구성한다.

[얼음의 모양에 따른 비교실험]

- 같은 무게의 얼음이 있는데 모양이 어떻게 달라 보이나요?
- 덩어리 얼음과 가루 얼음 중에 어떤 얼음이 빨리 녹을까요?
- 우리가 예측한 점과 결과를 어떻게 기록하면 좋을까요?
- 모양이 다른 얼음을 어떤 방법으로 관찰해 볼까요?
  (같은 무게의 덩어리 얼음과 가루 얼음을 동일한 장소에 두고 녹는 속도를 관찰한다)
- 결과를 보니 어떤 얼음이 더 빨리 녹았나요?
- 우리가 예측한 것과 결과가 어땠나요?
- 왜 그 얼음이 더 빨리 녹았을까요?

[얼음의 종류에 따른 비교실험]

- 소금을 넣은 얼음은 그냥 얼음보다 더 빨리 녹을까요?
- 소금을 넣은 얼음 말고 또 무엇을 넣을 수 있을까요?
- 소금을 넣어서 얼린 얼음과 물만 넣어서 얼린 얼음은 녹는 속도가 다를까요?
- 어떻게 하면 소금을 넣은 얼음과 그냥 얼음 중 어떤 얼음이 녹는 속도가 더 빠른지 알아볼 수 있을까요?
- 녹는 속도를 확인 하려면 무엇이 있어야 할까요?
  (같은 크기의 소금을 넣은 얼음과 그냥 얼음을 동일한 장소에 두고 녹는 속도를 관찰한다)
- 얼음이 녹는 과정을 기록할 수 있는 방법에는 뭐가 있을까요?
- 어떤 얼음이 더 빨리 녹았을까요?

4. 활동을 마무리한다.

- 어떤 활동을 해 보았나요?
- 새롭게 알게 된 것은 무엇인가요?
- 더 알고 싶은 것은 무엇인가요?

<table>
<tr><td>활동사진</td><td> </td></tr>
<tr><td>유의점</td><td>• 교사는 유아와 함께 얼음에 대해 관련 사전 지식 등에 대해서 충분히 이야기 나누기를 한다.
• 교사는 유아에게 얼음을 관찰할 때 손으로 만지지 않도록 지도한다.</td></tr>
</table>

4 문학적 접근법 4

<table>
<tr><td>활동명</td><td>데구르르르 도토리</td></tr>
<tr><td>활동목표</td><td>• 도토리 종류의 다양함을 안다.
• 도토리 종류를 관찰하고 비교해 본다.</td></tr>
<tr><td>누리과정 관련요소</td><td>• 의사소통 〉 책과 이야기 즐기기 〉 책에 관심을 가지고 상상하기를 즐긴다.
• 자연탐구 〉 탐구과정 즐기기 〉 궁금한 것을 탐구하는 과정에 즐겁게 참여한다.</td></tr>
<tr><td>탐구능력</td><td>• 관찰하기: 도토리의 생김새를 관찰한다.
• 분류하기: 도토리를 특징별로 나눌 수 있다.</td></tr>
<tr><td>활동자료</td><td>• 그림책 『도토리는 다 먹어』 (보리, 2005)</td></tr>
<tr><td>활동방법</td><td>1. 그림책 『도토리는 다 먹어』 내용을 회상한 후, 이야기를 나눈다.
– 그림책 『도토리는 다 먹어』에는 어떤 도토리 나무가 나왔나요?
– 도토리 나무는 나무마다 나뭇잎의 모양이 어땠나요?
– 도토리 나무에서 열리는 꽃은 어떤 모양이었나요?
– 꽃과 도토리가 도토리 나무에서 땅에 떨어지는 이유는 무엇이었나요?
– 각 도토리 나무에서 열리는 도토리의 생김새는 어땠나요?
– 각 도토리 나무에서 도토리와 깍정이가 다른 이유는 무엇이라고 생각하나요?

2. 숲에서 주워온 도토리의 모양, 냄새, 느낌을 관찰한다.
– 우리가 숲에 가서 주워 온 도토리를 기억하나요?
– 그림책 『도토리는 다 먹어』에서 도토리를 숲에서 주워올 수 있었던 이유는 무엇이라고 했나요?
– 도토리의 겉껍질에 어떤 무늬가 있나요?
– 깍정이는 어떻게 생겼나요?
– 도토리의 모양과 크기는 어떤가요?
– 도토리의 냄새는 어떤가요?
– 도토리를 만져보았을 때 느낌은 어떤가요?</td></tr>
</table>

– 책에서 보았던 도토리와 어떤 점이 다른가요?

3. 여러 종류의 도토리를 자유롭게 관찰하고 비교해 본다.

– 다른 모둠의 친구들이 주워온 도토리도 함께 만져볼까요?
– 도토리의 크기, 모양, 냄새, 만졌을 때의 느낌이 어떤가요?
– 도토리의 무늬가 서로 어떻게 다른가요?
– 도토리 깍정이는 어떤 모양인가요?
– 나의 도토리와 어떤 점이 다른가요?
– 껍질을 까서 먹어볼까요? 어떤 맛이 날까요?
– 도토리마다 맛이 어떤가요? 다른 점이 있나요?

4. 도토리를 관찰하며 알게 된 것을 이야기 나누며 활동을 마무리한다.

– 도토리를 관찰해 보며 알게 된 것에는 무엇이 있었나요?
– 도토리마다 각자 같은 점과 다른 점에는 무엇이 있었나요?
– 서로 다른 도토리에 대해 알게 된 것을 알려주고 싶은 사람이 있나요?
– 엄마, 아빠, 친구에게 어떤 방법으로 알려주는 게 좋을까요?

활동사진

유의점

• 다양한 도토리를 자세히 관찰할 수 있도록 돋보기 등의 관찰도구를 충분히 제공한다.
• 도토리를 먹고 사는 동물을 알아본다.

5 창의적 실험 접근법 1

활동명	쑥쑥 자라요
활동목표	• 식물을 관찰하는 태도를 기른다. • 식물이 잘 자라기 위한 좋은 조건이 무엇인지 안다.
누리과정 관련요소	• 자연탐구 〉 탐구과정 즐기기 〉 탐구과정에서 서로 다른 생각에 관심을 가진다. • 의사소통 〉 듣기와 말하기 〉 상대방이 하는 이야기를 듣고 관련해서 말한다.
탐구능력	• 관찰하기: 무순이 자라는 과정을 관찰한다. • 예측하기: 무순이 잘 자랄 수 있는 조건에 대해 예측한다.
활동자료	• 무순씨앗, 투명컵, 재배용기, 거즈, 흙, 물
활동방법	1. **과학 영역의 시들어버린 무순에 대해 이야기 나눈다.** – 과학 영역 책상 위의 시들어버린 식물의 이름은 무엇일까요? – 무순이 시들어버린 이유는 무엇일까요? – 무순이 자라나기 전의 모습은 어떠할까요? – 무순이 잘 자라려면 어떻게 해 주어야 할까요? 2. **무순을 잘 키울 방법에 대해 이야기 나누며 결과를 예측해 본다.** – 우리가 무순을 키워보려고 하는데 어떻게 해야 할까요? – 무순은 어떤 곳에서 잘 자라날까요? – 물을 가득 부은 거즈 위의 무순씨앗과 흙 속에 심은 무순씨앗 중 어떤 것이 더 잘 자라날까요? – 무순에게 물을 줄 때에는 어떻게 주어야 할까요? – 물을 이틀에 한 번씩 주면 무순은 어떻게 될까요? – 무순씨앗을 거즈 위에 겹쳐서 많이 뿌리면 자라날 때 어떨까요? – 친구들이 이야기 한 대로 무순을 키운다면 어떻게 자라날까요? – 친구들이 이야기한 방법대로 무순을 심어보고 싹이 자라나면 다시 관찰해 보고 이야기를 나누어 보도록 해요.

– 며칠에 한 번씩 자라나는 것을 관찰하면 좋을까요?

3. 함께 이야기 나눈 방법으로 무순을 키우며 관찰해 본 후 이야기 나눈다.
- – 우리들이 심은 무순씨앗 중에 어떤 것이 가장 잘 자라났을까요?
- – 매일매일 거즈에 물을 흠뻑 젖게 한 무순은 어떻게 자라났나요?
- – 흙 속에 심어 물을 주었던 무순은 어떤가요?
- – 거즈에 물을 이틀에 한 번씩만 젖게 한 무순은 어떠한가요?

4. 관찰결과를 비교해 보며 무순이 잘 자라나는 방법에 대해 이야기 나눈다.
- – 세 가지의 무순이 다 다르게 자라난 이유는 무엇일까요?
- – 어디에 심은 무순이 가장 잘 자라났나요?
- – 물을 어떻게 준 무순이 가장 잘 자라났나요?
- – 이틀에 한 번씩만 물을 준 무순이 시들어버린 이유는 무엇일까요?
- – 어떤 방법으로 키워야 무순이 잘 자라나요?

5. 활동을 마무리한다.
- – 무순이 잘 자라 날 수 있는 방법대로 다시 무순을 키워보아요.
- – 무순이 쑥쑥 잘 자라날 수 있는지 과학 영역에서 관찰해 보도록 해요.

활동사진

유의점

• 유아가 이야기 한 조건 외에는 동일한 조건으로 실험한다.

6 창의적 실험 접근법 2

활동명	물 마시는 하마
활동목표	• 서로 비슷한 물질이라도 성질이 다를 수 있음을 안다. • 염화칼슘이 물을 흡수하는 성질임을 안다.
누리과정 관련 요소	• 자연탐구 〉 탐구과정 즐기기 〉 궁금한 것을 탐구하는 과정을 즐겁게 참여한다. • 자연탐구 〉 생활 속에서 탐구하기 〉 물체의 특성과 변화를 여러 가지 방법으로 탐색한다.
탐구능력	• 예측하기: 염화칼슘이 어떻게 변화할지 예측한다. • 관찰하기: 염화칼슘이 녹으면서 물이 생기는 모습을 관찰한다.
활동자료	• 설탕, 염화칼슘(사진자료), 물 먹는 하마 1개, 종이접시, 거름종이, 약수저, 돋보기
활동방법	**1. 설탕에 대해 소개한다.** – 이 가루는 무엇일까요? – 무슨 색깔로 보이나요? – 어떤 모양처럼 보이나요? **2. 확대된 사진 자료를 보며 염화칼슘을 소개한다.** – 이 사진 속에 있는 가루는 무슨 색인가요? – 이 가루의 모양은 어떤가요? – 이 가루의 이름은 무엇일까요? **3. 염화칼슘을 관찰하기 전 주의사항을 소개한다.** – 염화칼슘은 어떻게 관찰해야 할까요? – 코를 가까이 대지 않고 입에 넣지 않아요.

4. 종이 접시에 거름종이를 깔아 놓고 각각의 가루를 비교하고 관찰해 본다.

- 설탕의 냄새를 맡아볼까요?
- 염화칼슘이 사진 속과 모양이 같나요?
- 설탕과 염화칼슘 중에 가루가 큰 것은 무엇인가요?

5. 변화를 상상하며 예측해 본다.

- 이제 10분 후에 종이가 어떻게 달라지는지 관찰해 볼 거예요.
- 종이가 어떻게 달라져 있을 것 같나요?
- 왜 그렇게 변화할 것 같다고 생각했나요?

6. 10분 후 각각의 가루를 다시 비교 관찰한다.

- 설탕과 염화칼슘의 10분 전의 모습처럼 똑같이 있나요?
- 설탕의 모습은 10분 전과 비교해 어떤가요?
- 염화칼슘은 어떤 변화가 생겼나요?
- 왜 이런 변화가 생겼을까요?
- 염화칼슘을 놓은 거름종이가 이렇게 물기가 생겼다는 것은 염화칼슘이 공기 중의 수분을 빨아들였다는 증거예요.
- 그럼 시간이 지날수록 종이가 어떻게 달라질까요?

7. 염화칼슘이 사용되는 경우(예: 물 먹는 하마)에 대해 설명한다.

- 물 먹는 하마를 신발장에 놓아두면 신발이 어떻게 되었을까요?
- 염화칼슘은 물을 흡수하고 물이 빠져나가지 못하게 해 주어요.
- 염화칼슘은 어느 곳에 사용할 수 있을까요?

활동평가

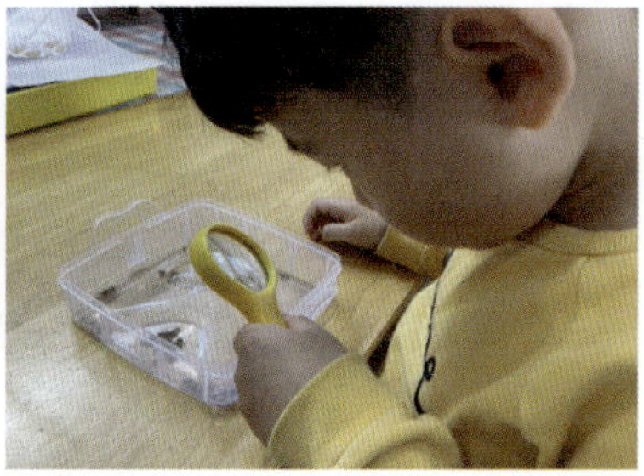

유의점

- 교사는 유아에게 실험에 사용되는 가루를 먹지 않는다는 것에 꼭 주의를 준다.
- 염화칼슘에 물기가 빨리 스며들 수 있도록 습도를 높여준다.

7 창의적 실험 접근법 3

활동명	새로운 물질
활동목표	• 서로 다른 물질을 섞으면 새로운 물질이 만들어지는 것을 안다. • 식초에 소다를 섞었을 때의 현상을 살펴본다.
누리과정 관련 요소	• 자연탐구 〉 탐구과정 즐기기 〉 주변세계와 자연에 대해 지속적으로 호기심을 가진다. • 자연탐구 〉 생활 속에서 탐구하기 〉 물체의 특성과 변화를 여러 가지 방법으로 탐색한다.
탐구능력	• 관찰하기: 식초에 소다를 섞었을 때의 현상을 관찰한다. • 비교하기: 식초 양에 따른 변화를 비교한다.
활동자료	• 비커, 쟁반, 숟가락, 색소, 식초, 소다, 페트병, 풍선
활동방법	**1. 식초와 소다를 이용한 마술을 보여주며 이야기 나눈다.** – 마법의 물과 마법의 가루가 만나면 무슨 일이 생기는지 잘 관찰해 보아요. – (소다와 식초를 섞으며) 무엇이 생겼나요? – 보글보글 거품이 생겼네요. – 보글보글 거품이 생기는 소리가 들리나요? – 이렇게 거품이 생기는 이유는 무엇일까요? – 우리 같이 마법의 물과 가루를 살펴볼까요? **2. 식초와 소다의 모습을 관찰한다.** – 페트병 속에 무엇이 들어 있나요? – 어떤 색깔인가요? – 어떤 냄새가 나나요? – 이 가루는 무엇일까요? – 무슨 색깔인가요? – 어떤 냄새가 나나요?

- 이런 가루를 본 적이 있나요?
- 어디에서 보았나요?
- 이 마법의 물과 가루의 이름은 식초와 소다라고 해요.
- 이 식초와 소다는 어디에 사용할까요?
- 식초는 음식에 넣어 맛을 내기도 해요. 식초가 들어간 음식을 먹어본 적이 있나요?
- 어떤 맛이었나요?
- 식초와 소다가 만나면 무엇이 생겼었나요?
- 왜 거품이 생길까요?
- 숟가락으로 저어보면 어떤 일이 일어날까요?
- 숟가락으로 저어보니 어떤 변화가 있나요?
- 이 거품을 더 많이 만들기 위해선 어떻게 할 수 있을까요?

3. 식초의 양에 따른 결과를 비교해 본다.

- 여기 식초의 양이 다르게 담겨 있는 페트병이 2개 있어요. 이곳에 풍선을 달아 소다를 넣은 후 어떤 페트병의 풍선이 더 크게 부풀어 오르는지 관찰해 볼까요?
- 어느 페트병의 풍선이 더 크게 부풀었나요?
- 왜 식초가 많이 담겨 있는 페트병의 풍선이 더 크게 부풀었을까요?
- 왜 식초가 많이 담겨 있는 페트병의 거품이 더 많이 생겼을까요?
- 식초의 양 말고도 거품의 양을 늘릴 수 있는 방법이 있을까요?

4. 식초와 소다가 만나 거품이 생기는 것을 알고, 주변에서 이러한 현상을 찾아본다.

- 식초와 소다처럼 서로 다른 것이 만나 새로운 것이 생기는 것을 본적이 있나요?
- 어디에서 보았나요?
- 주변에서 이런 현상을 다 같이 찾아볼까요?

활동사진	 
유의점	• 부풀어 오른 풍선이 터지거나 페트병에서 빠지지 않도록 단단히 고정한다. • 거품을 더 자세히 관찰하기 위해 적절한 양의 식용색소를 첨가한다.

8 창의적 실험 접근법 4

활동명	밀가루 놀이를 해요
활동목표	• 밀가루를 다양한 방법으로 살펴본다. • 물의 양에 따라 밀가루 변화과정의 결과를 예측한다.
교육과정 관련요소	• 자연탐구 〉 탐구과정 즐기기 〉 탐구과정에서 서로 다른 생각에 관심을 가진다. • 신체운동건강 〉 신체활동 즐기기 〉 신체 움직임을 조절한다.
탐구능력	• 예측하기: 밀가루 변화과정의 결과를 예측해 본다. • 관찰하기: 밀가루를 다양한 방법으로 살펴본다. • 의사소통하기: 밀가루를 탐색한 후 자신의 느낌과 경험을 이야기 나눈다.
활동자료	밀가루, 물, 즙(검은콩 즙, 석류즙, 포도즙), 투명한 컵, 안전가위, 거품기, 나무젓가락, 국자, 빵칼, 모양 틀, 밀대, 비닐
활동방법	**1. 밀가루에 관한 수수께끼를 내며 흥미를 유발한다.** – 오늘 가지고 온 수수께끼를 잘 들어보고 정답이 무엇인지 함께 생각해 볼까요? – 나는 나는 하얀색이에요. 나는 나는 아주 부드러워요. – 나는 나는 입으로 불면 후~ 날아가요. – 나는 나는 물과 같이 만나면 무슨 모양이든지 만들 수 있어요. – 나는 나는 무엇일까요? **2. 오늘의 재료를 탐색한다.** – 밀가루를 탐색해 볼까요? – 밀가루를 본 적이 있나요? – 어떻게 생겼나요? – 어떤 냄새가 날까요? – 어떤 느낌이 드나요? – 밀가루를 직접 만져 보며 내가 생각한 느낌이 맞는지 함께 알아볼까요?

	3. 즙(검은콩즙, 석류즙, 포도즙)이 들어간 양이 다른 물을 가지고 밀가루에 넣어 본다. – 선생님 앞에는 즙이 들어간 물이 있어요. 물의 양이 어떤가요? – ('2'눈금을 가리키며) '2'만큼 채워진 검은콩즙 물을 밀가루에 넣으면 어떻게 될까요? – ('5'눈금을 가리키며) '5'만큼 채워진 석류즙 물을 밀가루에 넣으면 어떻게 될까요? – ('10'눈금을 가리키며) '10'만큼 채워진 포도즙 물을 밀가루에 넣으면 어떻게 될까요? – 다른 양의 물을 밀가루에 넣어보니 어떻게 되었나요? 4. 밀가루 반죽을 가지고 다양한 활동을 해 본다. [즙이 들어간 밀가루 반죽 색 찾기] – 검은콩즙, 석류즙, 포도즙을 넣으니 어떤 색으로 변했나요? – 색이 다른 밀가루 반죽을 가지고 어떤 활동을 해 보면 좋을까요? – 짝꿍과 함께 신나게 춤을 추다가 선생님이 이야기하는 색 반죽을 찾아와 볼 거예요. – 짝꿍과 어떤 약속을 지켜야 안전하게 활동에 참여할 수 있을까요? [밀가루 반죽에 손도장 찍기 실험] – 이번에는 다른 물을 넣은 밀가루 반죽에 손도장을 찍어 볼 건데 어떤 반죽이 도장이 가장 잘 나올까요? – 왜 그렇게 생각하나요? – 반죽 위에 손을 올릴 땐 어떤 약속을 지키면 좋을까요? 5. 활동을 마무리한다. – 어떤 활동을 해 보았나요? – 더 알아보고 싶은 것은 무엇인가요? – 새롭게 알게 된 것은 무엇인가요?
지도 시 유의점	• 손도장을 찍기 전 어떤 결과가 나올지 예측할 수 있도록 개방적 질문을 유도한다. • 충분한 탐색과 놀이를 할 수 있도록 한다.

9 자연탐구 접근법 1

활동명	내 몸을 보호해요
활동목표	• 동물들이 자신의 몸을 보호하는 방법에 대해 안다. • 동물들의 특징에 대해 안다.
누리과정 관련요소	• 자연탐구 〉 자연과 더불어 살기 〉 주변의 동 · 식물에 관심을 가진다. • 의사소통 〉 듣기와 말하기 〉 자신의 경험, 느낌, 생각을 말한다. • 자연탐구 〉 탐구과정 즐기기 〉 궁금한 것을 탐구하는 과정에 즐겁게 참여한다.
탐구능력	• 관찰하기: 동물의 모습을 관찰한다. • 예측하기: 동물이 어떻게 자신을 보호하는지를 예측한다.
활동자료	• '동물의 호신술 송' 음원 • 동물들(호랑나비 애벌레/자벌레/얼룩말)의 사진 자료 및 동영상 자료
활동방법	**1. 자신의 몸을 보호하는 동물들에 대한 노래를 불러본다.** – 우리 '동물의 호신술 송'이라는 노래를 함께 들어보고 불러볼까요? ('동물의 호신술 송' 음원을 틀고 함께 불러본다) **동물의 호신술 송** 힘센 맹수를 피해 도망을 가자 가젤처럼 빨리 뛰어 어서 도망을 가자 힘센 맹수를 피해 도망을 가자 토끼처럼 지그재그 뛰며 도망을 가자 다음 보호색을 이용하자 천적이 눈치 못 채게 나뭇잎벌레, 대벌레 나무 같지요

북극에 사는 북극여우 여름 겨울 색 달라
겨울에는 눈과 같은 하얀색이네
바닷속 문어는 어떨까 상어 피해 위장하지
조개껍데기 바위도 문제없다네

경계색으로 몸 지키는 동물 있지
알록달록 화려한 색 독이 있어 보인대
우유뱀, 무당벌레, 무당개구리
알록달록 화려한 색 모두 도망간다네

입 벌리고 쓰러져 있는 주머니쥐
죽은 척을 해 그럼 모두 피해간다네
풀뱀, 나무뱀 공 모양 또리 틀어
썩은 냄새 풍겨 죽은 척 해 위험 피하지
다음 무섭게 겁을 주자 꼬리 자르는 도마뱀
적들 깜짝 놀랄 때 도망을 가지
호랑나비애벌레 뱀눈 같은 무늬 있어
뱀인 척 해 천적 새들 겁을 준다네
갑옷 입은 동물 뭘까 고슴도치, 거북이
뾰족하고 단단하지 몸을 지켜줘
어디선가 풍겨오는 고약한 냄새
냄새 풍겨 적들 쫓아내는 스컹크라네
다양한 방법으로 몸 지키는 동물들
스스로 지켜 오늘도 살아남았네

2. 노래의 가사를 보며 동물들을 다시 떠올려 본다.

- '동물의 호신술 송' 노래에서 나왔던 동물들은 무엇인가요?
- 이 동물들은 어떻게 자신을 지킨다고 하였나요?

3. 다양한 동물들의 자기 보호 방법을 알아본다.

- (호랑나비 애벌레 사진을 제시한다) 이 동물은 무슨 동물일까요?

- 봄이 되면 볼 수 있는 호랑나비가 어렸을 땐 이런 애벌레의 모습을 하고 있어요.
- 이 호랑나비 애벌레는 어떻게 자신을 보호할까요?
- 호랑나비 애벌레의 사진을 보면 어떤 무늬가 있나요?
- 맞아요, 마치 뱀의 눈 같은 무늬가 있어요.
- 호랑나비 애벌레는 적이 다가올 때, 뱀눈 무늬를 보여줘서 적들이 무서워서 도망가도록 하여 자신을 보호해요.
- 호랑나비 애벌레처럼 자신을 무섭게 변신하여 적들이 도망가게 하는 동물에는 복어도 있어요.
- 복어는 적이 다가오면 몸을 부풀려서 적들이 도망가게 해요.
- (자벌레 사진을 제시한다) 이 동물은 무슨 동물일까요?
- 마치 나뭇가지인 것 같은 동물이에요. 이 동물은 '자벌레'라고 해요. (자벌레가 나뭇가지에 있는 영상을 본다)
- 친구들, 영상에서 자벌레를 찾을 수 있나요?
- 찾기 힘들죠. 이렇게 주변환경과 비슷한 몸 색깔을 하여 자신을 찾기 어렵게 만드는 것을 보호색이라고 해요.
- 자벌레를 잡아먹는 다른 동물들은 자벌레를 나뭇가지로 착각하여 찾지 못해요.
- 자벌레처럼 보호색을 가진 동물에는 카멜레온, 가자미가 있어요.
- (얼룩말 사진을 제시한다) 이 동물은 무슨 동물일까요?
- 맞아요, 얼룩말이에요. 얼룩말을 실제로 본 적 있나요?
- 얼룩말의 몸에는 어떤 무늬가 있나요?
- 맞아요. 흰색, 검은색으로 줄무늬가 그려져 있어요.
- 얼룩말은 어떻게 자신을 보호할 것 같나요?
- 얼룩말의 적은 사자예요. 사자가 얼룩말을 잡아먹으려고 할 때, 여러 마리의 얼룩말이 모이면 사자가 얼룩말의 무늬를 보고 어지러워서 사냥을 하기 힘들어진다고 해요.

4. 동물의 보호방법에 대한 이야기 나누기를 마친 후 활동을 마무리한다.

- 우리 오늘 어떤 동물들의 보호 방법에 대해 알아보았나요?
- 호랑나비 애벌레의 몸에는 어떤 무늬가 있었나요?
- 보호색을 사용하여 자신을 지키는 동물은 어떤 동물이었나요?
- 얼룩말은 어떻게 자신을 보호한다고 하였나요?
- 우리 친구들은 어떤 동물이 되어 자신을 어떻게 보호하고 싶나요?

	– 친구들은 어떤 동물의 보호 방법을 더 알아보고 싶나요? – 친구들이 이야기 한 동물들의 보호 방법도 다음에 알아보기로 해요.
활동사진	 
유의점	• 직접 관찰할 수 있는 동물을 실물로 볼 때 만지지 않도록 주의한다. • 많은 유아들이 자신의 생각을 이야기할 수 있도록 한다.

10 자연탐구 접근법 2

활동명	풀잎을 만났어요
활동목표	• 산책 중 다양한 풀잎의 종류와 특성을 살펴본다. • 다양한 풀잎의 같은 점과 다른 점을 안다.
누리과정 관련 요소	• 자연탐구 〉 자연과 더불어 살기 〉 주변의 동 · 식물에 관심을 갖는다. • 예술경험 〉 아름다움 찾아보기 〉 예술적 요소에 관심을 갖고 찾아본다.
과학 탐구과정	• 예측하기: 다양한 풀잎의 소리를 예측해 본다. • 관찰하기: 다양한 풀잎의 종류와 특성을 살펴본다. • 의사소통하기: 다양한 풀잎의 소리를 들은 후 자신의 느낌과 경험을 이야기 나눈다.
활동자료	카메라
활동방법	**1. 다양한 풀잎 사진 자료를 보며 이야기 나눈다.** – 사진 속 풀잎들을 본 적이 있나요? – 어디에서 많이 볼 수 있었나요? – 오늘은 우리가 많이 볼 수 있는 풀잎들을 찾아 여행을 떠나볼 거예요. **2. 산책길에서 보이는 풀잎들의 특성에 대해 이야기 나눈다.** – 어떤 풀잎들이 보이나요? – 이 풀잎의 이름은 무엇일까요? – 이 풀잎은 어떤 모양인가요? – 만져 보니 어떤 느낌이 들었나요? – 어떤 냄새가 나는지 한 번 맡아볼까요? – 풀잎들의 소리를 들어볼까요? – 어떤 소리가 들리나요?

	3. 마음에 드는 풀잎들을 찾아 사진으로 담아본다. – 내가 마음에 드는 풀잎들을 찾아볼까요? – 왜 이 풀잎이 가장 마음에 들었나요? **4. 사진으로 담은 풀잎들을 보며 벤다이어그램으로 표현해 본다.** – 내가 마음에 드는 풀잎들을 보며 어떤 점이 달랐나요? – 같은 점은 무엇이 있을까요? – 풀잎들의 다른 점과 같은 점을 어떻게 표현해 보면 좋을까요? **5. 활동을 마무리한다.** – 산책길에서 풀을 보았을 때 어떤 마음이었나요? – 내가 가장 좋아하는 풀잎은 어떤 모양이었나요? – 풀잎들을 가지고 또 어떤 활동을 해 볼 수 있을까요?
활동사진	
유의점	• 바깥 활동을 다녀온 후 손을 깨끗이 씻을 수 있도록 지도한다.

11 자연탐구 접근법 3

활동명	나는 나무예요
활동목표	• 나무의 특성을 오감각을 통하여 탐색해 볼 수 있다. • 여러 가지 나무의 껍질을 관찰할 수 있다.
누리과정 관련요소	• 자연탐구 〉 자연과 더불어 살기 〉 생명과 자연환경을 소중히 여긴다. • 자연탐구 〉 탐구과정 즐기기 〉 궁금한 것을 탐구하는 과정에 즐겁게 참여한다.
탐구능력	• 관찰하기: 나무의 생김새를 관찰한다. • 의사소통하기: 오감각을 통하여 살펴본 나무에 대해 친구와 이야기 나눈다.
활동자료	A4 용지, 색연필
활동내용	**1. 주위 풍경에 대한 이야기를 나누며 산책을 한다.** – 산들산들 바람이 부니 나뭇잎들이 흔들거리는 모습이 보여요. – 나무의 기분이 어떤 것 같아요? – 흔들흔들 춤을 추는 모습이 나무에게 좋은 일이 생겼나 봐요. – 나무에는 어떤 좋은 일이 생겼을까? – 우리도 나무들처럼 흔들흔들 기분 좋게 춤을 추며 우리 주변의 나무를 더 자세하게 관찰해 보는 건 어떨까요? **2. 나무를 탐색하며 이야기 나눈다.** – 나무마다 입고 있는 옷을 만져 볼까요? – 나무마다 입고 있는 다른 옷은 무엇을 말할까요? – 나무의 껍질을 만져 볼까요? – 어떤 느낌이 들까요? – 나무 껍질에는 어떤 색깔이 보였나요? – 나무 껍질에 어떤 모양이 숨어 있는지 찾아볼까요? – 나무 껍질에 있는 길게 그어져 있는 선을 따라가 볼까요? – 나무껍질은 내 손바닥으로 쓰다듬어 주며 눈을 감고 나무가 지금 어떤 기분

이 들 것 같은지 상상해 볼까요?
- 옆에 있는 나무도 관찰해 볼까요?
- 이 나무는 우리가 한번 꼬~~옥 안아줘 볼까요?
- 우리가 안아주면 나무의 기분이 어떨까요?
- 여기! 저기! 나무 기둥이 놀이터인줄 알고 열심히 놀이하는 친구가 보이네요. 누구일까요?
- 개미친구도 보이고, 공벌레도 보이고 또 어떤 친구가 나무 놀이터에 놀러 왔을까요?
- 선생님이 종이와 색연필을 준비해 왔어요. 종이와 색연필로 무엇을 하면 좋을까요?
- 나무에 종이를 대고 색연필로 슥삭슥삭 색칠해 봐요. 종이에는 무엇이 그려질까요?
- 내가 마음에 드는 나무에게 가서 나무껍질을 흰 종이에 슥삭슥삭 프로타쥬 놀이를 해 볼까요?
- 나무의 껍질 모양이 종이에 나오나요?
- 내가 느껴본 껍질의 느낌과 같은 점이 있나요?
- 다른 점이 있나요?

3. 각자 탐색한 내용에 대해 이야기 나누기한 후 오늘의 활동을 마무리한다.
- 우리 주변에 있는 나무를 만나 보았는데 어땠나요?
- 나무가 없다면 어떤 일이 생기게 될까요?
- 나무껍질도 만져보고 종이에 그려보기도 했는데 어땠나요?
- 나무껍질이 모두 똑같이 생겼나요?
- 가장 마음에 드는 나무가 있었나요?
- 어떤 나무가 기억에 남았나요?
- 활동을 하며 어려운 점은 없었나요?
- 다음에는 나무에 대해 무엇을 알아보면 좋을까요?
- 계절마다 변하는 나무의 모습을 관찰하고 관찰일지에 적어 나무의 변화되는 모습을 알아 보아요?

활동사진	 

12 자연탐구 접근법 4

활동명	개굴개굴 개구리
활동목표	• 개구리의 생김새에 대해 탐색해 본다. • 개구리의 성장과정을 알아본다.
교육과정 관련요소	• 자연탐구 〉 자연과 더불어 살기 〉 생명과 자연환경을 소중히 여긴다. • 의사소통 〉 듣기와 말하기 〉 상대방이 하는 이야기를 듣고 관련해서 말한다. • 예술경험 〉 창의적으로 표현하기 〉 다양한 미술 재료와 도구로 자신의 생각과 느낌을 표현한다.
탐구능력	• 관찰하기: 개구리의 성장 과정에 대해 관찰한다. • 분류하기: 올챙이와 개구리의 차이점을 안다. • 예측하기: 개구리의 성장과정에 대해 예측한다. • 의사소통하기: 올챙이가 어떻게 개구리로 성장하는지에 대해 이야기 나눈다.
활동자료	개구리 성장 과정 동영상, 실물 사진 자료, 개구리 머리띠, 개구리 연잎
활동방법	**1. '올챙이와 개구리' 노래를 불러 본다.** – 올챙이와 개구리에 대한 노래를 들어볼까요? – 노랫말에서 올챙이가 어떻게 헤엄친다고 했나요? – 앞다리와 뒷다리 중 어떤 다리가 먼저 쑤욱~ 나온다고 했었지요? – 올챙이와 개구리의 움직임을 머릿속으로 떠올려 보며 함께 노래를 불러본다. **2. 개구리의 성장 과정에 대해 이야기 나눈다.** – 개구리는 우는 소리를 들어 보았나요? – 개구리는 어떻게 울었을까요? – 왜 개구리는 우는 걸까요? – 개구리는 어떻게 생겼나요? – 개구리는 어디에 알을 낳을까요? – 개구리는 무엇을 먹고 살까요?

	– 개구리는 어떻게 자라날까요? – 선생님이 준비한 동영상을 보고 이야기 나누어 볼까요? 3. **개구리의 동영상을 본 후 이야기 나눈다.** – 개구리 알은 어떻게 생겼나요? 무슨 색이었나요? – 알이 자라서 무엇이 될까요? – 올챙이는 어떻게 생겼나요? – 올챙이가 자라서 무엇이 될까요? – 올챙이는 뒷다리와 앞다리 중 어느 다리가 먼저 나왔는지 기억나나요? – 꼬리가 어떻게 변했을까요? – 개구리의 눈은 어떻게 생겼었나요? 4. **폴짝 폴짝 개구리가 되어 뛰어보기를 해 본다.** – 개구리가 어떤 모습으로 폴짝 뛰었을까요? – 우리도 함께 뛰어 볼까요? – 개구리가 사는 연못처럼 우리 교실 바닥에 연잎이 있어요~ – 폴짝하면 연잎 위로 뛰어가고 풍덩 하면 물속으로 뛰어 볼까요? – 개구리는 파리가 나타나면 어떻게 잡아먹을 수 있을까요? 5. **활동을 마무리한다.** – 오늘 가장 기억에 남는 활동이 있었나요? – 개구리처럼 뛰어 보니 어땠나요? – 개구리에 대해 새롭게 알게 된 점이 있었나요?
활동사진	 
유의점	• 유아 수에 맞는 적절한 재료를 준비한다. • 개구리처럼 뛸 때 안전에 주의한다.

13 물 프로젝트

주제선정 이유	물은 우리의 생활에 꼭 필요하고 없어서는 안 될 소중한 것입니다. 따라서 유아가 자연스럽게 물에 대해 관심을 갖게 되는 좋은 기회라고 생각이 되었습니다. 유아가 우리의 생활에 사용되는 물의 용도 및 물이 오기까지의 과정을 알고, 물을 깨끗이 사용하며 아껴 쓸 수 있는 방법에 대해 알아보는 좋은 기회가 될 수 있으리라 기대하며 물을 주제로 선정하게 되었습니다.
프로젝트 활동목표	• 유아는 생활 속에서 물의 이용을 찾아보며 동 · 식물에게 물이 필요함을 안다. • 우리 주변에 있는 물의 종류를 찾아본다. • 물이 사람들의 잘못된 습관으로 오염됨을 알고 물을 절약하는 습관을 기른다.
프로젝트 활동기간	○○유치원 ○○반 20□□. □□. □□~20□□. □□. □□
프로젝트 주제를 정해요	○○반 친구들은 한 달 동안 함께 할 프로젝트의 주제를 정해 보는 시간을 가졌습니다. 각자 하고 싶은 프로젝트 주제에 대하여 함께 이야기를 나누어 본 후 투표를 통하여 프로젝트 주제를 정했습니다. ○○반 친구들의 표를 가장 많이 얻은 '물'이 프로젝트 주제로 결정되었습니다.
이전 경험 나누기	유아는 물에 대한 각자의 경험과 생각을 이야기 나누고 다른 친구와 그 경험을 공유하기 위하여 그림을 그렸습니다. ○○반 친구들은 수영장과 바다에 놀러 간 경험, 비가 와서 우산을 쓰고 걸어간 경험 등 자신이 가지고 있는 물과 관련된 생각을 그림으로 표현하였습니다.
물에 대하여 어떤 경험을 가지고 있나요?	**유아1**: 워터파크에 갔어요! 다이빙을 하면 안 되는 곳과 해적선이 있었어요. **유아2**: 캐리비안 베이를 갔었어요. 튜브도 타고 기분이 너무너무 좋았어요.

	 ○○○  ○○○
브레인 스토밍	물에 대해 떠오르는 생각들을 자유롭게 이야기를 나누었습니다.
물 하면 무엇이 생각나요?	**유아1**: 수영장이 생각나요. **유아2**: 저는 바다가 생각나요. **유아3**: 선생님 물 하면 물고기가 생각나요. 물고기가 물에 살잖아요. **유아4**: 저는 물놀이가 생각나요. **유아5**: 비눗방울이 생각나요. 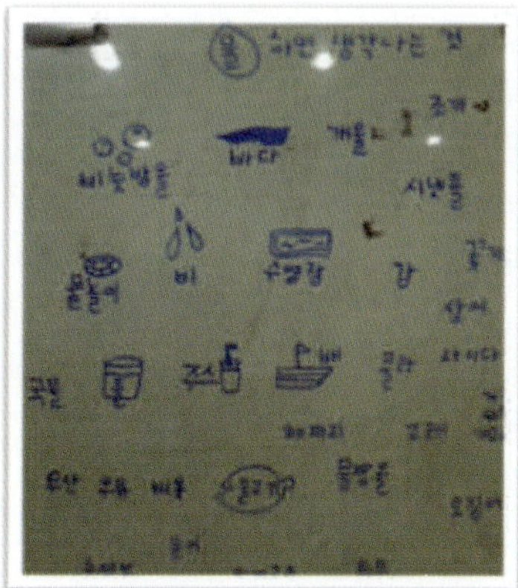 

유목화 & 주제망 짜기

유목화 활동은 비슷한 친구를 찾아주는 친구찾기 활동입니다.
유목화 과정을 진행한 후 주제망을 구성하여 앞으로 진행될 것들을 미리 살펴보았습니다.

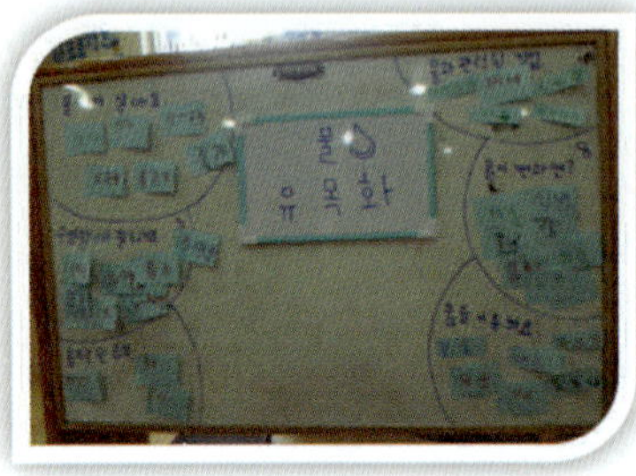

물 프로젝트 질문 목록

유아는 물에 대하여 궁금했던 것들을 생각한 후 질문목록을 작성해 보았습니다. 질문목록 활동은 물에 대하여 자세히 관찰하도록 동기화하게 되며 항상 탐구하려는 성향이 길러지며 문제해결방법을 학습하는 능력을 기를 수 있는 활동입니다. ○○반 친구들은 물에 대하여 어떤 점이 궁금한가요?

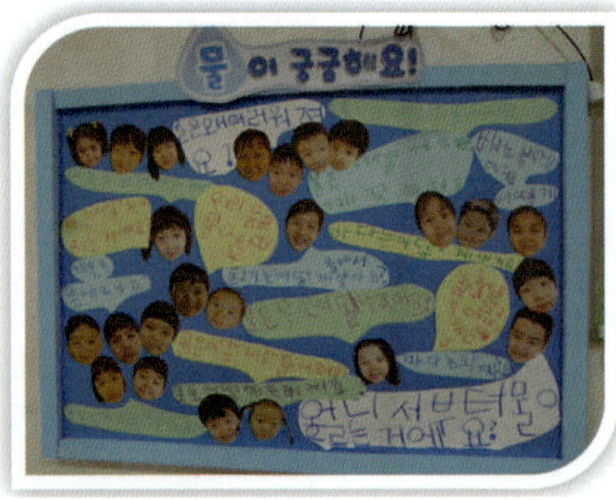

<table>
<tr>
<td>'물' 질문 목록</td>
<td>
- 얼음은 왜 딱딱해요?
- 물은 왜 더러워져요?
- 우리 몸은 물에 떠요?
- 바다는 왜 짜요?
- 비는 어떻게 내리는 거예요?
- 배는 물에 왜 떠요?
- 물에서 물고기는 어떻게 살아요?
- 어디서부터 물이 흐르는 거예요?
- 잠수함은 어떻게 잠수해요?
- 물은 어떻게 깨끗해져요?
</td>
</tr>
<tr>
<td>전개 단계</td>
<td>
● 1차 표상

물에 대한 1차 표상 활동을 함께 했습니다.
○○반 친구들이 평소에 알고 있던 물을 그림으로 표현해 주었습니다. 비를 그리는 친구들도 있었고, 바다를 그려주는 친구도 있었습니다.
물에 대한 생각을 표현해 봅니다.

유아1: 바닷물이 생각나요!
유아2: 저는 빗방울이 생각나서 빗방울을 그렸어요.

○○○

○○○
</td>
</tr>
</table>

미술 물방울접기

물방울을 색종이를 이용하여 접어주었습니다.
아이스크림 접기를 한 후 밑 부분을 살짝 접어주면 물방울이 완성됩니다.

○○○

○○○

○○○

미술 비가 내려요

비를 물감으로 표현해 주었습니다.
비 내리는 풍경을 그림으로 그린 후 물감을 분무기로 뿌려보았습니다.

○○○

○○○

명화감상 아니에르에서의 물놀이

명화 쇠라의 아니에르에서의 물놀이를 감상했습니다.
명화가 어떤 그림인 것 같아요?
명화에는 어떤 색깔이 많이 들어갔나요?
명화를 감상한 후 명화를 이어 그리는 활동을 함께 했습니다.
○○반 친구들의 명화 이어 그리기입니다.

유아1: 그림의 옆에서는 물놀이하는 사람들이 있을 것 같아요.
유아2: 상어가 살고 있을 것 같아요.

○○○

○○○

이야기 나누기 물의 순환과정

뚝~뚝~
비가 내리면 비는 어디로 갈까요?
비가 내리면 비는 어디로 갈까?
또 비는 어떻게 내리는 걸까?
비가 내리면 비는 어디로 내리는지 물의 순환과정에 대하여 함께 알아보는 시간을 가졌습니다. 그리고 물의 순환과정을 순서에 맞게 붙여주는 활동을 함께 했습니다.

신체표현 빗방울이 되었어요

비가 어떻게 내리고 비가 어디로 흐르는지에 대하여 알아본 ○○반 친구들은 직접 빗방울이 되어보았습니다. 동화 빗방울의 여행을 듣고 몸으로 빗방울을 표현해 주었습니다.

미술 물방울 모빌만들기

OHP 필름에 물방울을 그려 물방울 모빌을 만들어 주었습니다.

유아1: 매직으로 그리니까 부드러워요.
유아2: 저는 아빠 물방울을 그렸어요.

완성된 ○○반 친구들의 예쁜 물방울!

견학 학의천에 갔어요

○○반 친구들과 함께 학의천을 다녀왔습니다. 직접 하천을 관찰해 보고 하천에는 어떤 친구들이 살고 있는지도 관찰할 수 있었습니다.

과학 물에 뜨는 것과 가라 앉는 것

물에는 어떤 친구들이 뜨고 어떤 친구들이 뜨지 않을까?
직접 실험을 통하여 물에 뜨는 것과 뜨지 않는 것을 알아보았습니다.

유아1: 지우개가 물에 뜰 것 같아요.
유아2: 종이가 물에 뜰 것 같아요
유아3: 가위는 무거워서 물에 가라앉을 것 같아.

실외활동 비눗방울

실외놀이터에서 ○○반 친구들과 비눗방울을 불어보았습니다.
후~ 날아라 비눗방울 멀리멀리 날아라~♪

미술 물방울 모자이크

색종이를 이용하여 물방울 모자이크 활동을 합니다. 색종이를 찢어서 나만의 예쁜 물방울을 꾸며줍니다.

OOO

OOO

OOO

바느질 수영장 바느질

수영장을 예쁘게 꾸며본 후 바늘과 실을 이용하여 바느질을 해 주었습니다. 나만의 멋진 수영장을 꾸며줍니다.

협동 바닷속 친구 꾸미기

협동작품으로 바닷속 친구를 꾸며보는 활동을 함께 했습니다.
먼저, 인어공주의 얼굴과 머리와 바다는 모자이크로 함께 해 주었습니다. 그리고 꼬리 부분을 아이들이 색종이를 이용하여 하트를 접어 꾸며주었습니다.

물 프로젝트 협동작품
<바닷 속 꾸미기>

게임 낚시 게임

게임 활동 규칙

1. 출발선에 선다.
2. 돌다리를 건넌다.

3. 낚싯대를 잡고 물고기 3마리를 낚아 교사에게 먼저 준다.

물에 사는 친구에 대하여 알아본 ○○반 친구들은 어부가 되어 물고기를 낚시해 보는 게임을 함께 했습니다. 고래팀 상어팀. 팀의 이름을 정한 후 팀을 나누어 게임을 진행했습니다. 결과는 3 : 3 무승부였습니다. 모두 친구에게 박수~

과학 물과 기름

물과 기름의 성질을 알아보는 과학 실험을 함께 했습니다.
물과 기름을 섞어본 후 어떻게 되는지 실험을 해 봤어요.
물과 기름이 섞일 것 같다는 친구들도 있었고 기름이 밑에 가라앉을 것 같다는 친구들도 있었어요. 실험을 해 보니 어떻게 되었나요?

유아1: 기름이 물에 떠 있어요.
유아2: 기름이 더 가벼워요.

○○○

견학 하수 처리장에 갔어요.

물이 깨끗해지는 과정을 직접 아이들과 함께 알아보기 위하여 ○○시에 위치한 ○○ 깨끗한 물 하수 처리장으로 견학을 다녀왔습니다. 더러운 물은 어떻게 깨끗하게 정화되는지 함께 체험할 수 있었습니다.

○○ 깨끗한 물 하수 처리장에서의 물의 정화 과정을 하나하나 설명해 주셨습니다. 더러운 물에서 더러운 물의 찌꺼기들이 가라앉고 그 찌꺼기들이 없어져서 점점 깨끗한 물로 변해가는 과정을 관찰할 수 있었습니다.

언어 물 관련 책 읽기

언어영역에서 물과 관련된 동화책을 읽고 물에 대한 생각을 넓혀갔습니다.

새노래 더러워진 물나라

새노래 '더러워진 물나라'를 배우고 함께 율동을 만들었습니다.

쌓기 수영장 만들기

쌓기 블록을 이용하여 수영장을 만들어보았습니다.

수·조작 소중한 물

소중한 물에 대하여 알아본 후, 교구 활동을 함께 했습니다.

요리 수박 화채

수박은 수분이 정말 많은 과일 중 하나입니다. 물 프로젝트의 요리 활동으로 수박 화채를 만들었습니다. 수박 화채는 여러 가지 과일, 주스, 얼음을 넣으면 완성됩니다.

실외활동 물그림 그리기

물을 이용하여 그림을 그려보았습니다.
붓에 물을 묻혀 쓰윽쓰윽~
멋진 작품이 완성됩니다. 신기한 물 그림 놀이! 너무 재미있어요.

미술 마블링 배

유아는 물과 기름이 섞이지 않는 성질을 이용한 기법으로 마블링을 이용하여 마블링 배도 꾸며주었습니다.

○○○

○○○

○○○

○○○

● 2차 표상

물에 대하여 여러 가지 경험을 해 본 ○○반 친구들과 함께 물에 대한 2차 표상을 했습니다.
물과 관련된 생각들이 어떻게 달라졌을까요?

○○○

마무리 단계

언어 소중한 물에게

우리에게 소중한 물!!
○○반 친구들에게 물에게 하고 싶은 말을 생각해 본 후 물에게 하고 싶은 말을 편지로 써 보았습니다.

유아1: 물에게 고맙다고 이야기해 주고 싶어요!
유아2: 저는 물을 아껴 쓸 거라고 물에게 이야기해 줄 거예요.
유아3: 물에게 사랑한다고 이야기해 줄래요.

프로젝트를 마치고

물 프로젝트 활동을 마친 후 물 프로젝트 활동을 하면서 가장 인상 깊었던 재미있었던 활동은 무엇이었는지 함께 이야기를 나누었습니다. ○○반 친구들은 물 프로젝트 활동을 하면서 무엇이 제일 기억에 남나요?

유아1: 수박 화채 만든 게 기억에 남아요.
유아2: 물방울 그림 그렸던 것이 재미있었어요.

물 캠페인

물 프로젝트의 마무리 활동으로 물 캠페인을 함께 하기로 결정했습니다.
물 캠페인을 준비하기 위하여 무엇이 필요할지 생각을 해 본 후, 캠페인에 필요한 준비물을 만들었습니다.

물을 아껴 쓰자! 깨끗한 물을 지켜요! 물 사랑 캠페인!
물 캠페인에 필요한 팻말과 띠를 만든 ○○반 친구들은 유치원 근처의 학운 공원으로 나갔습니다.
학운 공원에서 물 캠페인을 하며 외칠 구호도 정해 보았습니다.
물을 아껴 쓰자! 우리가 지켜요! 깨끗한 물! 우리가 만들어요.

교사의 회고	○○반 친구들과 함께 약 한 달 동안 물 프로젝트를 했습니다. 주제를 정하고 물에 대하여 자세하게 알아보고 물의 순환과정, 물과 관련 과학 활동, 교통기관 등을 함께 하는 과정에서 서로 즐겁게 프로젝트 활동을 할 수 있었고 유아가 적극적으로 참여하는 모습이 가장 대견하고 기특했습니다. 또한 교사인 저도 물에 대한 몰랐던 사실들에 대하여 알게 되었고, 특히 물 하수 처리장 견학을 통하여 물이 어떻게 깨끗해지는지를 아이들과 함께 눈으로, 귀로, 몸으로 체험할 수 있어서 너무 좋았습니다. 그리고 아이들과 마무리 활동으로 캠페인 활동을 진행하면서 아이들에게 배우는 것들이 많았고, 교사로서도 조금 더 성숙하게 된 계기가 된 것 같습니다. ○○반 친구들이 이번 물 프로젝트 활동을 통하여, 물에 대하여 앞으로도 더욱 관심을 가지고 물을 아껴 쓰고 물을 소중히 여기는 아이들로 자라났으면 좋겠습니다.

14 거미 프로젝트

주제선정 이유	거미는 지구상 어느 곳에서나 볼 수 있는 동물입니다. 산과 들, 도시와 시골, 심지어 물속에서도 살고 있습니다. 거미는 생김새가 징그러워 사람들이 그다지 좋아하지 않습니다. 그러나 거미는 많은 곤충과 다양한 동물을 잡아먹음으로써 생태계의 균형을 유지하는 데 중요한 역할을 합니다. 특히 거미가 먹이로 삼는 곤충의 대부분은 해충이기 때문에 거미의 역할은 매우 중요합니다. 유아는 동물에 대한 편견이 없어서 다양한 동물과 곤충에 관심이 많습니다. 보기보다 사람에게 이로운 동물인 거미 프로젝트를 통하여 거미에 대한 다양한 지식과 흥미를 유발하며, 거미와 곤충은 어떻게 다른지도 알아보고자 합니다. 또한 자연세계의 경이로움과 함께 작은 생명체도 소중함을 인식시키고자 주제로 선정하게 되었습니다.
프로젝트 활동목표	• 우리 주위에서 볼 수 있는 거미를 관찰하고, 생김새 및 특징을 알 수 있다. • 자연 생태계뿐 아니라 인간 생태계에서 차지하고 있는 거미의 위치와 역할을 알 수 있다. • 자연세계의 경이로움과 생명의 가치를 깨닫고 그 보호의 중요성을 인식할 수 있다.
프로젝트 활동기간	○○유치원 ○○반 20□□. □□. □□~20□□. □□. □□
프로젝트 도입 단계	**1. 이전 경험 나누기** 거미 프로젝트 시작에 앞서 거미에 대한 이전 경험 활동들에 대해 이야기를 나누어보았다. 거미에 대한 자신의 경험을 이야기 나누고 발표하며 그림으로 그리고 글로 적어 표현해 보았다. **교사**: 우리 친구들은 거미를 본 적 있나요? **유아1**: 저는 유치원 놀이터에서 놀이할 때 거미를 봤어요. **유아2**: 유치원 뒤에 있는 놀이터에서 아빠랑 시소를 타다가 거미를 봤어요. **유아3**: 우리 집 앞에서 아주 큰 거미를 본 적 있어요.

2. 브레인스토밍

거미에 대한 이전 경험 나누기를 마치고 다음 단계로 거미하면 생각나는 단어들에 대해 알아보고 비슷한 것끼리 짝을 지어 유목화를 해 보았다.

유아1: 거미하면 생각나는 것에는 독거미도 있고 호랑나비도 있어요.
유아2: 거미 색깔에는 검정색도 있고 노랑, 주황색도 있어요.

3. 주제망 구성하기

4. 질문목록

거미 프로젝트를 진행하면서 도입 단계 마무리 활동으로 거미에 대해 궁금한 점들에 대해 알아보기로 했다.

교사: 우리 친구들은 거미에 대해 어떤 점이 궁금한지 이야기해 볼까요?
유아1: 독이 있는 거미는 어떤 거미들이 있나요?
유아2: 거미 중에서 가장 큰 거미는 어떤 거미인가요?
유아3: 타란튤라는 정말 독이 있나요?

프로젝트 전개단계

1. 질문목록 해결방안 및 궁금증 해결

유아와 함께 궁금증을 알아본 후에 궁금증 해결방안에 대해 이야기를 나누었다. 인터넷을 이용해 알아보는 방법도 있었고 엄마 아빠에게 여쭤보기, 거미에 관한 책 찾아보기 등 여러 방법이 있었다.

교사: 거미에 대해 궁금한 점을 해결하는 방법에는 어떤 방법들이 있을까요?
유아1: 거미를 돋보기로 관찰해요. 컴퓨터 인터넷으로 알아봐요.
유아2: 책에서 알아봐요. 거미에 관한 책에서 찾아봐요.

- 거미는 무엇을 잡아먹나요?
  거미는 곤충을 사냥해서 먹습니다. 나비, 잠자리, 벌, 파리, 모기, 바퀴벌레 같은 먹이를 즐겨 먹습니다. 지네, 개구리, 쥐, 새 등을 잡아먹는 거미도 있습니다. 거미는 사람에게 피해를 주는 벌레나 곤충을 많이 잡아먹습니다.
- 거미는 어떻게 몸을 지키나요?
  많은 거미가 천적에게 들키지 않으려고 몸을 주위와 비슷하게 만듭니다. 꽃잎, 나뭇잎과 비슷한 몸 색깔을 가진 거미도 있고 새똥, 나무껍질, 나뭇가지, 개미의 모습을 한 거미도 있습니다. 적이 나타나면 거미줄을 흔들거나 몸에 돋은 날카로운 가시를 보이며 겁을 줍니다.
- 타란툴라는 무엇을 먹고 사나요?
  타란툴라는 주로 곤충을 잡아먹고 삽니다. 하지만 새, 쥐, 도마뱀, 뱀 같은 동물을 사냥하는 타란툴라도 있습니다. 타란툴라는 숨어 있다가 갑자기 나타나 먹이를 잡습니다.

거미에 대해 가장 궁금한 세 가지를 조사해 보았어요.

2. 거미 확장활동

1) 언어 영역

① NIE 활동 – 거미의 먹이

거미는 어떤 먹이를 먹는지 알아보고 거미가 좋아하는 먹이를 오려 거미줄에 붙여주었다. 거미가 먹는 먹이에는 나비, 무당벌레, 개미 등 다양한 곤충이 있었다.

유아1: 거미가 좋아하는 먹이에는 나비, 잠자리, 무당벌레가 있어요.
유아2: 그 중에서 거미는 벌을 가장 좋아하는 것 같아요.

거미의 먹이

② 거미 마인드맵(끝말잇기)

마인드맵 활동으로는 '거미'로 시작되는 끝말잇기 활동을 해 보았다. 우리 친구들은 과연 어떤 단어들을 생각했을까요?

교사: 거미, 미로 시작되는 단어는 무엇일까요?
유아1: 거미 다음에는 미나리, 리본...
유아2: 본드, 드라이기, 기차, 차표...
유아3: 표범, 범인, 인사...
유아4: 사자, 자전거..

2) 수 · 조작 영역

① 바느질 활동

거미 그림을 예쁘게 색연필로 색칠하고 바늘과 실을 이용해 바느질해 주었다.

② 풀을 이용한 거미줄 만들기

풀을 손가락에 묻힌 후에 서로 밀어내면~ 짠!! 무엇이 만들어졌을까요? 거미줄이 만들어진답니다.

유아1: 우리도 거미줄을 만들 수 있어요.
유아2: 그래, 풀로 만들어 보자.

3) 과학 영역

① 거미 관찰하기

거미의 종류는 정말 다양하다. 거미를 관찰하기 위해 책도 찾아보고 교실에서 직접 거미를 키워보기도 했다. 실제로 거미가 거미줄을 만들어 관찰통 위에 매달려 있는 모습도 볼 수 있었다.

유아1: 거미가 거미줄에 걸려 있어요.
유아2: 거미줄에 대롱대롱 매달려 있어요.
유아3: 거미줄에는 끈끈한 줄도 있고 아닌 줄도 있어요.
유아4: 거미는 끈끈하지 않은 줄로 다녀요.

• 거미 생김새와 몸의 구조

거미의 생김새와 구조에 대해 알아보았다. 거미는 곤충과는 다르게 머리가슴과 배로 분류됨을 알 수 있었다.

유아1: 거미는 머리와 가슴이 붙어 있고 배가 따로 있어요.
유아2: 다리는 8개가 있고 색깔은 여러 색깔인데 검정색이 많아요.

거미는 머리가슴과 배 두 마디로 몸이 이루어져 있으며 다리는 여덟 개다. 배 끝에는 거미줄이 나오는 방적돌기가 있으며 머리에는 수염기관이 있다. 다리의 구조는 다리 끝에는 발톱이 있다.

4) 조형 영역

① 조형활동(협동작품–거미)

협동작품으로 거미 조각그림을 그려보았다. 그림을 먼저 그리고 조각으로 오려 친구들과 함께 조각을 색칠했다. 조각그림을 다 색칠한 후에 함께 조각을 맞춰 그림을 완성했다.

거미 조각그림 완성!

조각그림을 색칠할 때는 어떤 그림이 될까 궁금했었는데… 모두의 조각그림을 맞춰보니 짠! 어때요? 정말 멋지죠?

거미 조각그림 완성!

② 거미 모빌 만들기

교실에도 거미를 만들어 모빌을 만들어 꾸며주었다. 클레이로 만든 나만의 거미를 거미줄에 대롱대롱 달아 주었다. 거미의 생김새는 매우 다양했다. 다리가 파랑색인 거미, 무지개 무늬 몸을 한 거미, 꽃게처럼 다리가 빨강색으로 긴 거미도 있었다.
○○반 친구들의 거미 만들기 솜씨는 역시!
거미가 줄을 타고 올라갑니다.♩
거미가 줄을 타고 올라갑니다.♪

거미가 줄을 타고
올라갑니다.♩♬
거미가 줄을 타고
올라갑니다.♪♬

③ **거미줄 만들기**

별이 빛나는 밤에 작품을 감상하고 미술 작품으로 꾸며보았다.
크레파스를 이용해 멋진 작품을 완성했다.

마블링과 클레이를 이용한 거미집 만들기

• 마블링과 클레이를 이용한 거미집

④ **거미 자세히 그리기**

연필을 이용해 거미를 자세히 그리는 활동을 해 보았다. 색연필, 크레파스보다 연필은 더 자세하고 세밀하게 표현할 수 있었다.

유아1: 연필로 그리니까 더 잘 그려져요.
유아2: 연필이 얇아서 더 잘 그려지는 것 같아요.

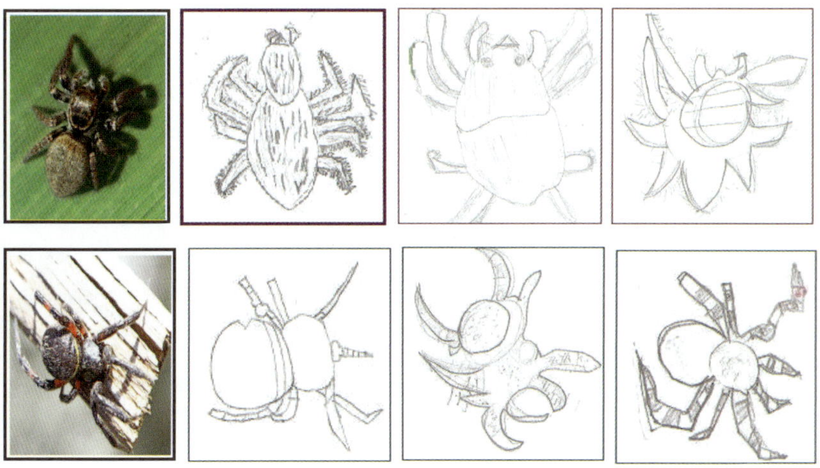

4) 신체표현

① 거미 되어보기

나도 거미처럼 이렇게 걸어요. 다리를 쭉 펴고 손가락을 쫘악 펴고~

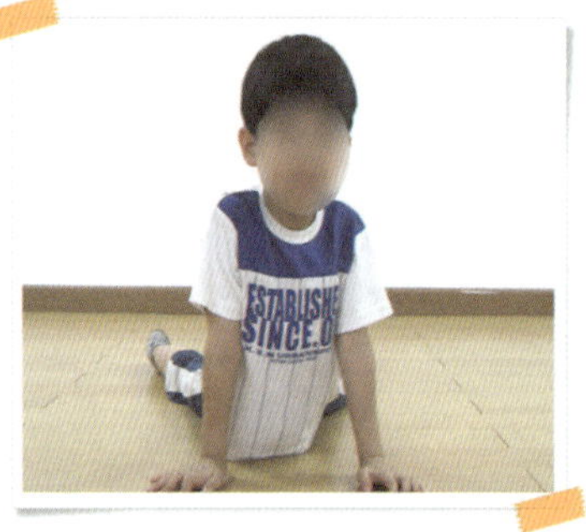

나도 거미처럼
이렇게 걸어요.
다리를 쭉 펴고,
손가락을 쫘악 펴고~

② 나는 스파이더맨

스파이더로 변신한 내 모습! 나는 누구일까요?

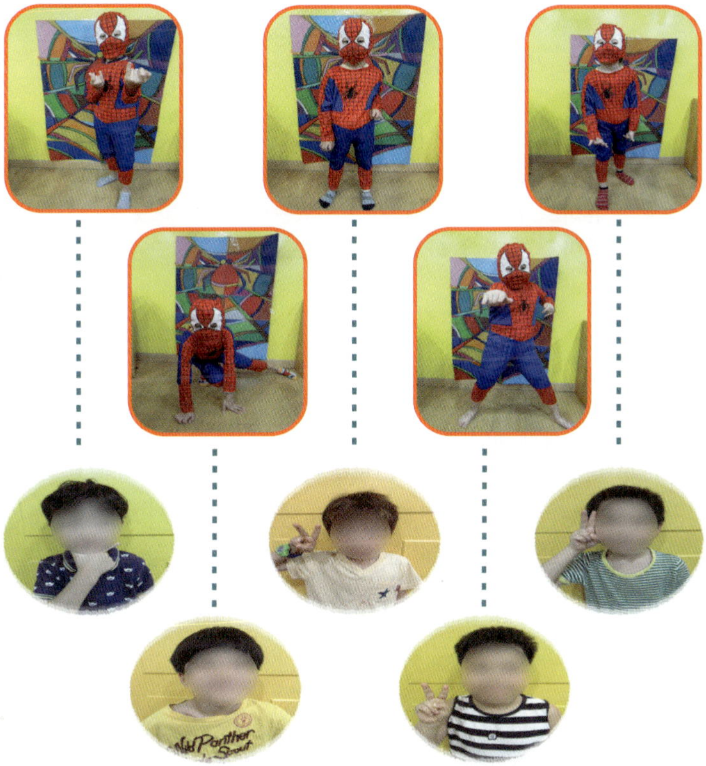

5) 거미를 찾아라! 거미 찾기

<table>
<tr><td></td><td>거미줄에 이슬이 대롱대롱 달렸어요.

거미야, 거미야, 어디에 숨었니?
우리 주변에서 거미를 볼 수 있는 곳에 대해 이야기를 나누었다. 숲이나 놀이터에서도 거미, 거미줄을 쉽게 찾을 수 있었다.

교사: 거미를 어디에서 쉽게 찾을 수 있을까?
유아1: 놀이터 미끄럼틀에서 본 적이 있어요.
유아2: 난 천장에서 거미 봤었는데… 거기에도 작은 거미가 있었어요.
유아3: 나무랑 나무 사이에서도 거미줄이 있었어요.</td></tr>
<tr><td>프로젝트 마무리 단계</td><td>1. 거미에게 편지쓰기
거미 프로젝트를 마무리하면서 거미가 우리에게 주는 이로움에 대해서도 알게 되었다. 우리에게 해로운 곤충들을 잡아먹는 거미!! 거미에게 고마운 마음을 담아 거미에게 편지를 써보았다.

유아1: 거미가 처음에는 독이 있을 것 같아서 무서웠는데 이제는 무섭지 않아요.
유아2: 거미는 우리한테 좋은 동물이에요. 나쁜 곤충을 잡아먹어요.
교사: 맞아, 처음에는 우리 ○○반 친구들이 무섭기만 한 동물이라고 생각했던 거미는 우리에게 이로운 동물인 것을 알게 되었네.

</td></tr>
</table>

거미 프로젝트를 마치며…

처음에는 거미가 곤충일까? 동물일까? 라는 질문에 어리둥절하던 아이들이 이제는 "거미는 동물이고 머리, 가슴, 배로 나뉘어져 있어요"라고 대답한다.
거미는 무서운 동물이고 우리에게 해를 끼치는 동물로 알고 있었으나 해로운 곤충들을 잡아먹는 우리에게 이로운 점도 있는 동물임을 알게 되었다. "거미야 고마워!", "네가 주는 고마움을 알게 되었어"라고 이야기한다. 우리에게 이로움을 주는 거미처럼 한우리반 친구들도 지금처럼 서로 도우며 배려하는 멋진 친구로 자라주길 바란다.
○○반 친구들 사랑해요! 화이팅!

15 개미 프로젝트

주제선정 이유	따뜻하고 화창한 날씨가 이어지면서 아이들은 야외활동과 바깥놀이를 경험합니다. 이때 아이들은 여러 가지 새싹과 식물을 관찰하게 되고, 이런 관찰을 통해 개미와 같은 곤충을 발견하게 되었지요. 개미는 우리 주변에서 쉽게 찾아볼 수 있는 친숙한 곤충입니다. 그래서 그 존재를 자칫하면 하찮게 여길 수도 있지만, 개미는 우리 생태계에서 커다란 역할을 하고 있습니다. 그 생명의 소중함을 알려주고 개미는 어떻게 태어나고 살아가게 되는지, 개미 몸의 생김새와 개미의 부분명칭, 개미의 종류와 하는 일을 알아보고 개미굴은 어떻게 생겨나는지 등의 궁금증을 해결해가며 다양한 활동을 경험해 보고자 개미 프로젝트 활동을 준비하게 되었습니다.
프로젝트 활동목표	• 개미의 외형적인 생김새와 먹이, 습성, 종류 등에 대해 안다. • 개미에 대한 호기심을 갖고 지속적으로 탐구하는 자세를 기른다. • 개미가 생태계에 주는 도움에 대해 알고 작은 생물의 소중함을 안다
활동기간	○○유치원 만3세 ○○반 20○○. ○○. ○○~20○○. ○○. ○○
이전 경험 나누기	개미 프로젝트에 앞서 유아가 개미와 관련하여 어떤 경험을 했는지 간단하게 그림으로 표현해 본 후, ○○반 친구들과 함께 경험을 이야기로 나눠보는 시간을 가졌습니다! 유아는 다양한 경험을 서로 나누며 우리 주변에서 쉽게 접할 수 있지만 깊이 생각하지 못했던 개미라는 주제에 흥미를 갖게 된 계기가 되었습니다.
도입단계	**도입 단계 – 이전 경험 나누기**

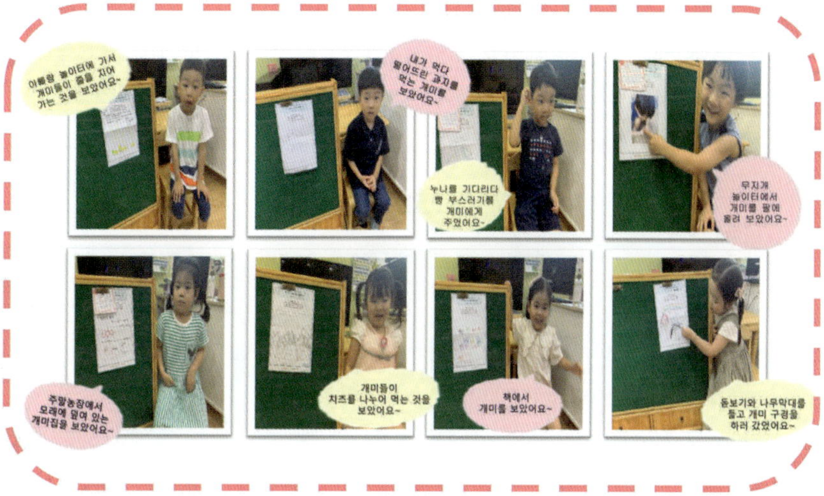

도입 단계 – 1차 표상

사인펜을 이용하는 드로잉으로 1차 표상을 표현해 보았습니다. 내가 생각하는 개미를 그림으로 표현해 본 후, 내 그림과 친구의 그림을 비교해 보며 어떤 개미를 그렸는지 소개하는 시간도 가졌습니다.

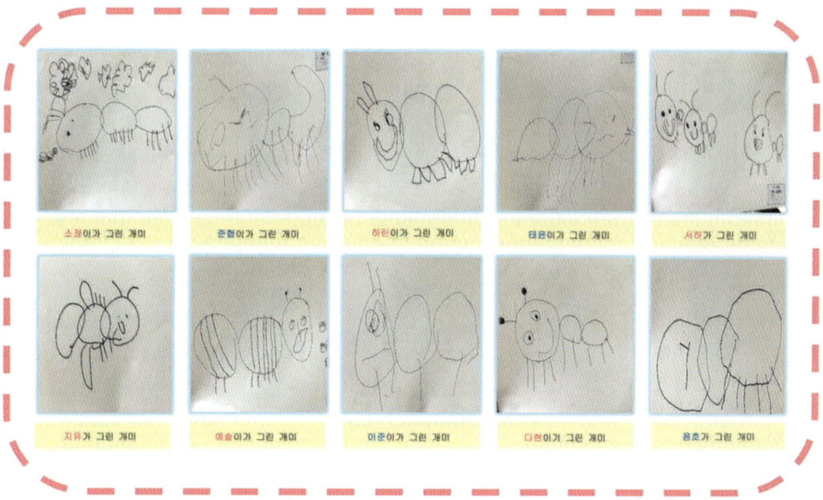

도입 단계 – 생각 모으기, 주제망

개미에 대한 생각을 이야기 나누어 본 후, 고사리 같은 손으로 생각 모으기 한 글자를 따라 써보았습니다. 멋진 개미집 주제망이 완성되었습니다.

'개미' 생각 모으기

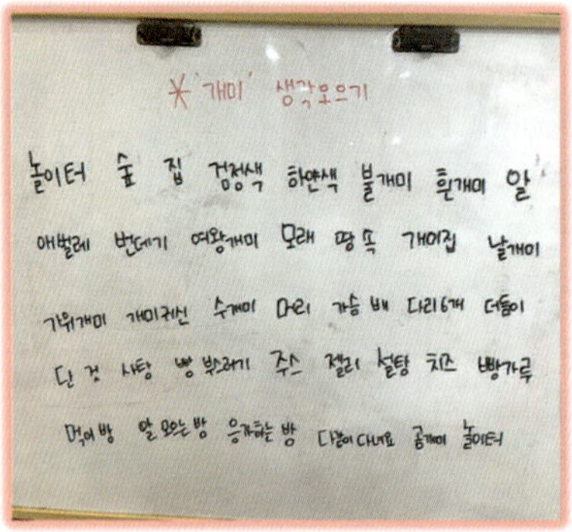

'개미' 주제망

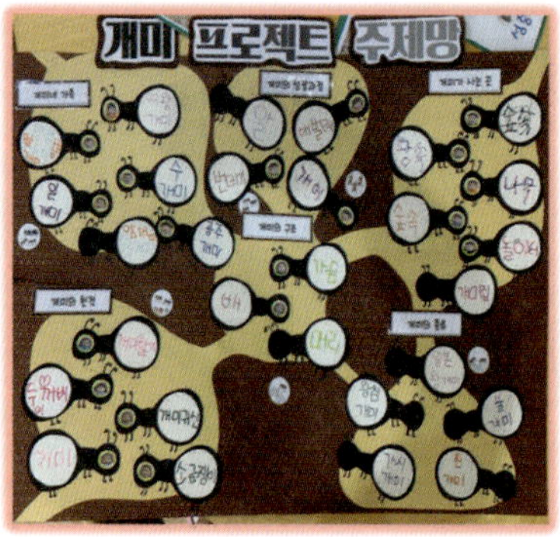

도입 단계 – 개미에 대해 궁금해요!

개미에 대해 궁금한 점을 이야기해 보며 개미 프로젝트를 진행하며 알아보기로 하였습니다.

- 개미는 어떻게 집을 만들어요? (여울)
- 여왕개미는 왜 날개가 있어요? (하린)
- 개미는 왜 달달한 것을 좋아해요? (시재)
- 개미들은 비가 오면 어떻게 되나요? (태윤)
- 개미는 여자, 남자를 어떻게 알아요? (준협)
- 개미는 피가 있나요? (가온)
- 개미는 나무에 어떻게 올라가나요? (세영)
- 개미는 집을 어떻게 찾아가나요? (예슬)
- 개미는 얼마나 오래 살까요? (재원)
- 개미는 왜 줄을 지어 다녀요? (서하)
- 여왕개미는 무슨 일을 하나요? (이준)
- 독개미에 물리면 어떻게 되나요? (용호)
- 개미 다리에 가시는 왜 있나요? (다현)
- 개미는 왜 다리가 많아요? (지한)
- 개미는 높은 곳에 어떻게 올라가나요? (채원)
- 개미는 더듬이가 왜 있어요? (도윤)
- 개미는 어떻게 대화를 하나요? (윤지)
- 불개미는 왜 빨간 색인가요? (소정)
- 일개미는 평생 일만 하나요? (지유)
- 개미는 왜 높은 곳에서 떨어져도 안 죽어요? (은수)

전개 단계

전개 단계 – 쌓기 영역

<몰펀으로 개미와 개미집 만들기>

개미와 개미집을 어떤 놀잇감을 이용해 만들지 이야기 나누었어요. 우리 친구들이 몰펀으로 만들기로 결정했답니다. 몰펀을 이용해 나만의 개미와 개미집을 만들어 보았습니다.

전개 단계 – 신체표현

<개미의 성장과정>

개미가 되기까지의 과정을 영상을 통해 알아본 후, 직접 '알 – 애벌레 – 번데기 – 아기개미'가 되어 몸으로 표현해 보았습니다

전개 단계 – 게임

〈개미 먹이 나르기 & 2인 3각 달리기〉

개미는 친구들과 함께 먹이를 나르죠? 개미처럼 우리 친구들도 협동심을 발휘하여 게임을 즐겁게 해 보았습니다.

전개 단계 – 수 · 조작 영역

알록달록 색깔로 개미를 색칠한 후, 고사리 같은 손으로 한 땀 한 땀 정성스럽게 바느질을 해 보았습니다.

빨간색 점을 시작으로 그림 있는 면 1번, 그림 없는 면 1번씩 번갈아 가며 바느질을 해요. 이제는 바느질도 능숙하게 잘하는 기특한 ○○반 친구들!

전개 단계 – 과학 영역

〈돋보기로 개미를 관찰해요.〉

돋보기를 가지고 개미를 찾으러 개구리 놀이터로 출발!
돋보기로 개미를 관찰한 후, 개미를 손에 올려 보기도 했어요.
그리고 잡은 개미를 개미집에 쏘–옥 넣고 교실로 와서 관찰해 보았습니다.

전개 단계 – 언어 영역

〈○○반이 가장 좋아하는 곤충 그래프〉

개미처럼 머리, 가슴, 배로 구성되어 있는 곤충은 다양하지요.
우리 ○○반 친구들이 가장 좋아하는 곤충은 누구인지 이야기 나누었답니다. 다양한 곤충들이 나왔는데요. 과연 ○○반 친구들이 가장 좋아하는 곤충은 누구일까요?

전개 단계 – 미술 영역

<개미 종이접기 & 손도장 개미 & 스티로폼으로 만든 여왕개미>

전개 단계 – 실외활동

〈자연물로 만든 개미〉

자연물을 이용해 개미의 머리, 가슴, 배, 더듬이, 다리를 만들어본 후, 내가 만든 개미를 소개해 보는 시간을 가졌습니다.

전개 단계 – 가정 연계 활동

개미에 대해 궁금한 점들을 가정 연계를 통하여 해결해 보았습니다.
아이들은 앞에 나와 친구에게 직접 이야기하였습니다.

전개 단계 – 언어 영역

개미 몸의 구조, 성장 과정, 개미 가족의 생김새 등에 대해 알아본 후, 개미 책을 완성했습니다.

전개 단계 – 곤충 박물관 견학

우리 친구들이 개미에 대해 관심을 가지면서 개미 외에 다른 곤충에 대해서도 관심을 보이게 되었어요. 그래서 우리 친구들이 직접 만지고 탐색해 볼 수 있는 곤충 박물관으로 견학을 다녀왔습니다.

마무리 단계

마무리 단계 – 푸드 아트

우리반 친구들이 좋아하는 과자와 젤리를 이용하여 나만의 개미를 만들어 보았습니다.

마무리 단계 – 신체표현

'개미가 바지 속에' 노래를 배운 후, 개미가 바지 속에 들어가면 어떤 느낌일지 이야기 나누었습니다. 그리고 친구들과 노래에 맞추어 즐겁게 표현했습니다.

마무리 단계 – 2차 표상

지금까지 개미 프로젝트를 하며 개미의 생김새, 종류, 하는 일 등 다양하게 알게 된 것을 그림으로 표현했습니다. 1차 표상과는 다르게 우리 반 친구들이 알게 된 개미의 종류를 다양하게 표현해 주는 모습을 볼 수 있었습니다.

사랑이 가득한 ○○반 친구들과 프로젝트를 마치며...

몸이 큰 사람, 크기가 작은 개미 모두 생명의 소중함은 같은 것이지요. 작은 개미의 생명을 소중히 여긴다면 사람의 생명 또한 소중히 여길 수 있다고 생각해요. 아이들과 생명의 소중함을 가까이에서 느끼도록 집에 식물을 기르는 것은 어떨까요? 가끔 식물의 생명력에 감탄해요. 추운 겨울을 따뜻한 옷도 없이 보내다 봄이 되면 다시 싹을 틔우지요. 아이들은 자신의 주변의 자연을 관찰하며 살아 있는 것은 모두 소중하다는 것을 느낀답니다. 아이들이 자연을 가까이에서 느낄 수 있도록 부모님들이 많이 도와주세요. 모든 아이들이 생명의 소중함을 아는 어른으로 성장하길 바랍니다.

16 병원 프로젝트

주제선정 이유	병원은 어른들에게조차도 그리 가고 싶지 않은 곳 중에 하나입니다. 병원에 간다는 것은 병이 있다는 것이고, 그것은 곧 치료를 의미하기 때문입니다. 병에 대한 걱정과 치료에 대한 두려움이 병원에 가는 것을 꺼리게 만듭니다. 그러나 병원은 병이 있어야만 가는 곳이 아니라 질병을 예방하고 재활에 도움을 주며 사람들의 건강한 생활을 위해 각종 서비스를 제공하는 곳이기도 합니다. 이에 유아에게 병원에 대한 올바른 이해와 두려움을 해소시켜 주고자 우리 동네의 기관들 중에 병원을 선택하여 프로젝트를 하게 되었습니다. 병원의 종류, 병원에서 하는 일, 병원에서 일하는 사람들, 병원에서 쓰이는 의료도구, 우리나라 병원의 역사와 병원표시가 지니는 의미 등에 대해 알아보고 다양한 놀이를 통해 병원에 대한 관심을 높일 것입니다.
프로젝트 활동목표	• 병원은 병을 진단하고 치료하기 위해 각종 서비스를 제공하는 곳이다. • 병원의 종류는 아픈 곳에 따라 여러 병원으로 나뉜다. • 주사기, 청진기, 체온계, 휠체어, 구급차, 반사경 등은 병원에서 사용하는 물건이다. • 의사, 간호사, 약사, 간호조무사, 방사선사, 응급구조사는 병원에서 일하는 사람들이다. • 병원에는 진료실, 대기실, 수술실, 입원실, 촬영실 등 여러 방으로 이루어져 있다. • 병원에서 지켜야 할 예절이 있다. • 건강한 몸을 위해 우리가 해야 할 일이 있다.
활동기간	○○유치원 만5세 ○○반 20○○. ○○. ○○~20○○. ○○. ○○
이전 경험 나누기	병원 프로젝트 시작과 관련하여 병원에 대한 이전 경험들에 대해 이야기를 나누고, 친구들 앞에서 발표해 보았습니다. 수술을 해야 해서 병원에 입원했던 경험, 동생이 아파 엄마, 아빠와 함께 새벽에 응급실에 갔던 경험, 엄마가 동생을 가져 산부인과에 갔던 경험들도 이야기했습니다. 처음에는 병원에 가 본 경험에 대해 이야기를 시작했는데, 시간이 흐를수록 병원과 관련한 의료 도구와 병원에서 볼 수 있는 사람들에 대해서도 이야기했습니다. 이처럼 병원과 관련한 이전 경험에 대해 함께 이야기를 나누고, 자신이 경험해 보았던 활동들을 생각하며 글과 그림으로 표현해 보았습니다.

○○○

○○○

○○○

○○○

병원에 대하여 어떤 경험을 가지고 있나요?

교사: 병원에 다녀온 경험을 이야기해 볼까?
유아1: 엄마가 발목이 간지럽다고 해서 피부과를 간 적이 있어요.
유아2: 기침을 많이 해서 소아과에 갔어요.
유아3: 한의원에 가서 비염치료를 받은 적이 있어요.
유아4: 어금니가 썩어 치과에 가서 치료를 한 적이 있어요.
유아5: 이가 흔들려 치과에 가서 이를 뽑은 적이 있어요.
유아6: 눈이 빨개져 안과에 가서 눈병치료를 받았어요.

유아7: 저는 소아과에 가서 감기 치료를 받았어요.
유아8: 저는 이모가 아기를 낳을 때 산부인과에 간 적이 있어요.
유아9: 탈장수술 때문에 ○○병원에 입원해서 수술한 적이 있어요.
유아10: 발목이 아파 정형외과에 갔어요. 그곳에서 물리치료를 받았어요.
유아11: 열나서 소아과에 갔던 적이 있어요.

생각 모으기

교사: 병원에 대한 여러 생각을 이야기해 볼까?
병원 하면 어떤 것이 생각나니?
유아1: 아픈 환자를 병원에 옮겨주는 구급차가 생각나요.
유아2: 동생이 입원한 적이 있어서 입원실이 생각나요.
유아3: 의사 선생님이 진료할 때 필요한 청진기가 생각나요.
유아4: 할머니가 병원에 갔다 오시면 매일매일 알약을 드셔서 병원하면 알약이 생각나요.
유아5: 저의 꿈은 간호사라서 병원하면 간호사가 생각나요.
유아6: 병원에서 쓰이는 주사기가 생각나요.
유아7: 링거주사가 생각나요. 입원했을 때 링거주사를 맞았었어요.
유아8: 반사경이 생각나요. 의사 선생님은 반사경을 항상 끼고 있으니까요.
유아9: 의사 선생님과 약사 선생님이 생각나요.
병원은 우리 병을 고쳐주는 곳이니까요.

유목화

병원에 대한 생각 모으기를 바탕으로 비슷한 단어들을 모아 소주제별로 분류해 보았습니다. 처음에는 유목화 개념을 확실하게 파악하지 못해서 힘들어했지만 하나하나씩 친구와 진행하면서 점차 개념을 습득하여 활동을 진행할 수 있었습니다. 총 6개의 소주제로 분류되었습니다.

교사: 선생님은 먼저 병원에서 일하는 사람을 찾아볼 거야.
병원에서 쓰이는 의료도구에는 어떤 것들이 있을까?
유아1: 제가 찾아볼게요. 병원에서 쓰이는 의료도구는 주사기, 청진기, 체온계, 휠체어, 반사경이 있어요.
유아2: 저는 병원에서 하는 일에 대해 찾아볼래요.
유아3: 저는 병원의 여러 가지 종류에 대해 찾아볼게요.
유아4: 음… 그럼 전 병원에 있는 방들을 찾아볼게요.

주제망 구성하기

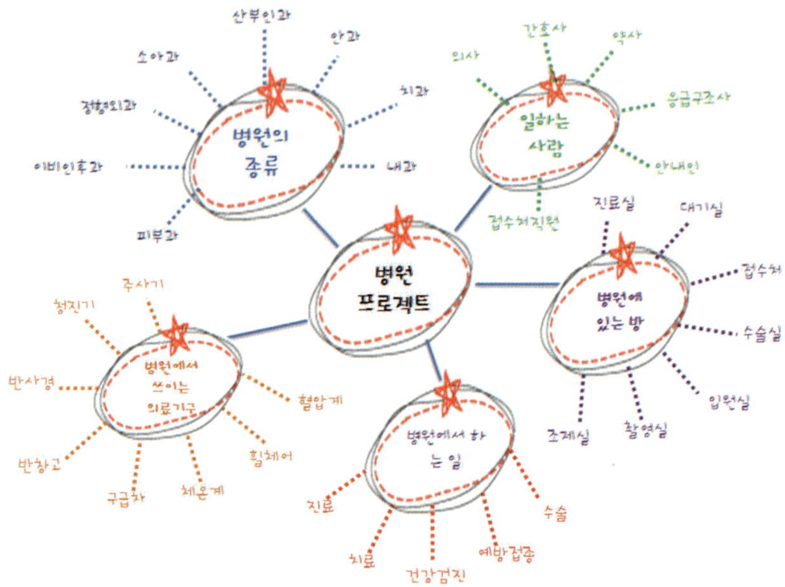

질문목록

✤ ○○반의 병원에 대한 질문 목록

- 청진기는 꼭 필요한가요?
- 산부인과에서 어떻게 아기를 낳나요?
- 수족구병에 걸리면 어떤 병원에 가야 하나요?
- 병원에서 진찰을 받으려면 어떻게 해야 하나요?
- 의료도구에는 무엇이 있나요?
- 주사기 안에는 무엇이 있나요?
- 종합병원에는 어떤 곳들이 있나요?
- 한의원은 어떤 곳인가요?
- 수술하는데 어떻게 새로운 피를 만드나요?
- 의사, 간호사가 되려면 어떻게 해야 하나요?
- 구급차 안에는 무엇이 있나요?
- 동물병원에서는 무엇을 하나요?
- 피를 뽑으려면 어떤 병원에 가야 하나요?
- 산부인과에 가면 엄마 뱃속에 있는 아기가 남자인지 여자인지 알려주나요?
- 응급실은 어떤 곳인가요?

– 수술은 어떻게 하나요?
– 간호사는 어떤 일을 하나요?

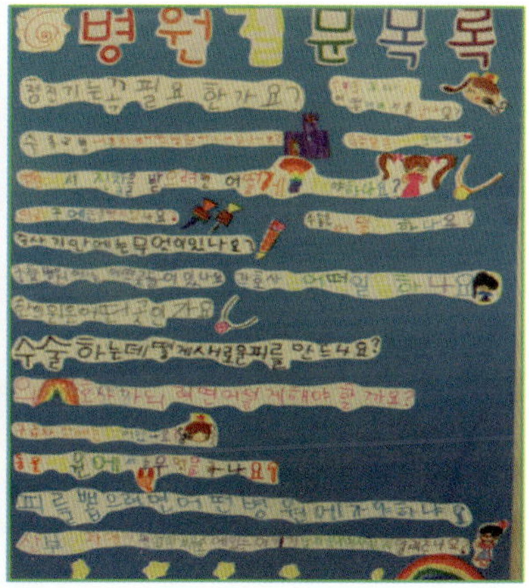

✤ 모둠별로 질문 목록을 작성해 보았어요.

병원 프로젝트를 진행하면서 도입 단계 마무리 활동으로 궁금한 점들에 대해 알아보았습니다.

교사: 병원에 대해 궁금한 것을 한 개씩 이야기해 볼까요?
○○는 뭐가 궁금할까?
유아1: 한의원은 어떤 곳인지 궁금해요.
유아2: 수족구병에 걸리면 어떤 병원에 가야 하는지 알고 싶어요.
유아3: 주사기 안에는 무엇이 있는지 궁금해요.

프로젝트 전개 단계

유아4: 의료도구에는 무엇이 있는지 궁금해요.
유아5: 동물 병원에서는 무엇을 하는지 알고 싶어요.
유아6: 수술은 어떻게 하는지 궁금해요.
유아7: 구급차 안에는 무엇이 있는지 궁금해요.
유아8: 응급실은 어떤 곳인지 궁금해요.
유아9: 청진기는 꼭 필요한지 궁금해요.

✤ 질문 목록 해결방안 및 궁금증 해결

○○반 친구들이 다양한 자료를 함께 모았습니다.

○○반 친구들과 함께 궁금증을 알아본 후에 궁금증 해결 방안에 대해 이야기를 나누었습니다. 컴퓨터를 이용해 알아보는 방법, 책을 찾아보는 방법, 부모님께 여쭤보는 방법 등이 있었습니다.

교사: 병원에 관하여 궁금한 점에 대해 이야기를 나눠보고, 질문목록을 작성해 보자. 이 질문들을 어떻게 해결할 수 있을까?
유아1: 부모님께 물어봐서 알 수 있어요.
유아2: 병원과 관련한 책들을 찾아보면서 공부를 하면 우리가 궁금해하는 것을 알 수 있어요.
유아3: 병원에 직접 가서 알아볼 수 있어요.
유아4: 컴퓨터 인터넷으로 알아볼 수 있어요.
유아5: 선생님이 가르쳐 줄 수 있어요.
유아6: 병원과 관련한 책을 보면서 알아볼 수 있어요.

✣ 병원 프로젝트 활동

◉ 언어 영역: 의사와 간호사 비교하기

교사: 의사와 간호사의 비슷한 점은 무엇이 있을까?
유아1: 둘 다 흰 옷을 입어요.
유아2: 아픈 환자를 도와줘요.
교사: 그렇다면 의사와 간호사의 다른 점에는 무엇이 있을까요?
유아3: 의사는 아픈 사람 진찰을 하고,
간호사는 진찰하는 것을 도와줘요.
유아4: 의사는 직접 수술을 하고 간호사는 옆에서 도와줘요.
유아5: 의사는 환자를 진료하고 치료해 줘요.
유아6: 의사는 청진기로 진찰을 하지만 간호사는 진찰은 하지 않아요.
유아7: 간호사는 간호사 모자를 쓰고, 주사를 놔줘요.

○○○ ○○○

◉ 언어 영역: 만약 병원이 없다면?

만약 병원이 없다면 어떤 일이 생길까요? 모둠으로 나누어 어떤 일이 생길지 이야기 나눈 후, 모둠별로 한 명씩 나와서 발표했습니다.

사람들이 병에 걸리면 치료도 못하고 죽을 것 같아요.
의사와 간호사 직업은 사라질 것 같아요.
주사가 없을 것 같아요.
약국도 없을 거 같아요.
이가 흔들려도 못 뺄 것 같아요.
평화가 사라질 것 같아요.

◉ **언어 영역: 왜 아팠을까?**

이 친구는 어디가 아플까요? 왜 아팠을까요?
친구와 함께 이야기 나눈 후, 활동했습니다.

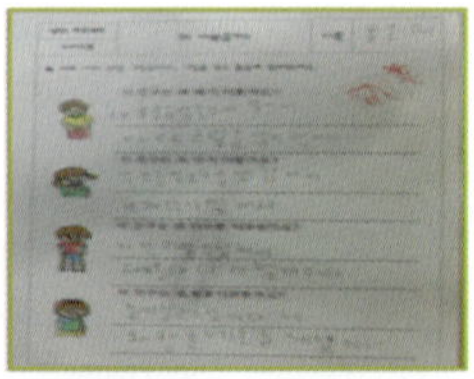
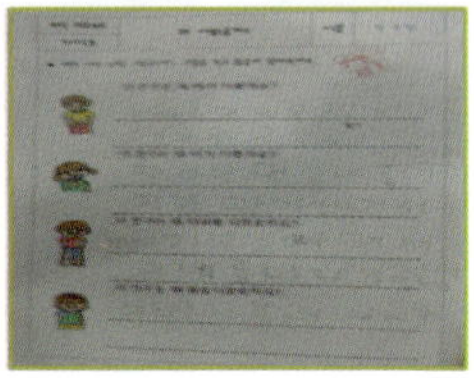

교사: 이 친구는 왜 배(이, 다리)가 아플까?
유아1: 상한 음식을 많이 먹어서 배가 아픈 것 같아요.
유아2: 음식을 적당히 먹어야 하는데 많이 먹어서 배탈이 난 것 같아요.
유아3: 이 친구는 차가운 아이스크림을 많이 먹어서 배가 아픈 것 같아요.
유아4: 양치를 잘 안 해서 이가 썩어 아픈 것 같아요.
유아5: 단 음식인 초콜릿을 너무 많이 먹어서 이가 아픈 것 같아요.
유아6: 길을 가다가 자동차에 부딪혀서 다리를 다친 것 같아요.
유아7: 돌에 걸려 넘어져서 다리를 다친 것 같아요.
유아8: 자전거를 빨리 타다가 넘어져서 다친 것 같아요.
유아9: 앞을 안 보고 뛰어가다 넘어져서 다리를 다친 것 같아요.
유아10: 그네 타다가 떨어져서 다리를 다친 것 같아요.

◉ **언어 영역: 병원에 대해 알아보아요**

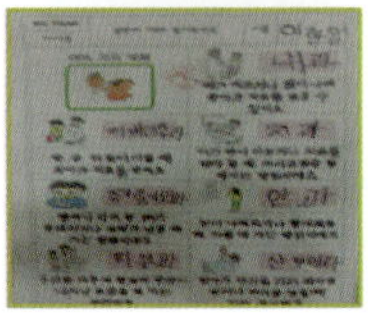

교사: 병원의 종류에 대해 살펴보았는데 새롭게 알게 된 내용이 있을까?
유아1: 한의원은 바늘처럼 생긴 침으로 치료를 해 준다는 것에 대해 알게 되었어요.
유아2: 정형외과는 사람이 다리가 부러지면 가는 곳이라는 것을 알게 되었어요.
유아3: 이비인후과는 코나 귀가 아프면 가는 곳이라는 것을 알게 되었어요.

◉ 수 · 조작 영역: 우리가 가보았던 병원 그래프

우리가 그동안 가보았던 병원을 그래프로 만들어보았습니다.

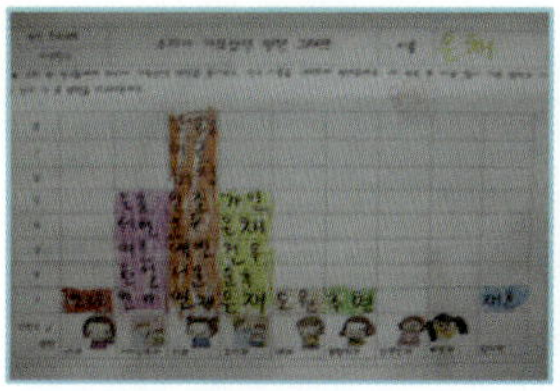

○○○

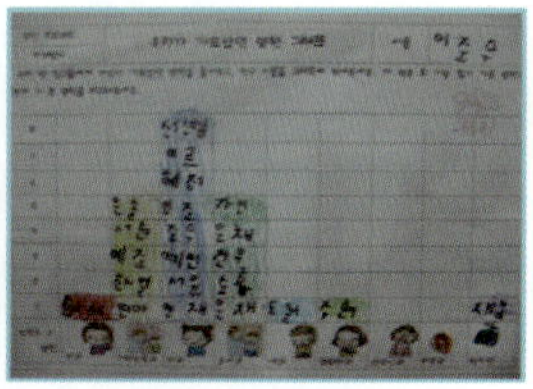

○○○

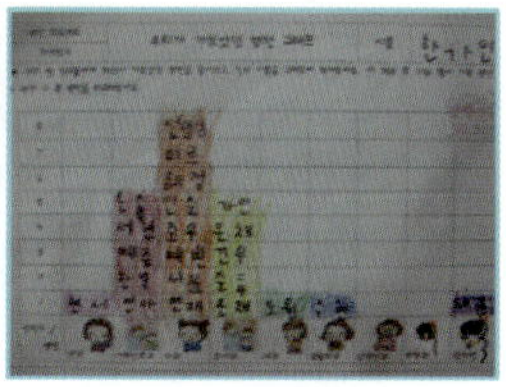

○○○

◉ 수 · 조작 영역: 병원 바느질하기

소근육 발달을 돕는 바느질 활동을 했습니다. 색연필로 병원 건물을 색칠하고, 돗바늘과 색 털실을 이용하여 차근차근 바느질을 하였습니다.

◉ **수 · 조작 영역: 의료도구 패턴놀이**

의료도구 그림을 가지고 알맞은 규칙에 맞게 패턴놀이를 해 보았습니다.

◉ **미술 영역: 간호사 모자 종이접기**

색종이로 간호사 모자를 접어 꾸며보았습니다.

○○○

○○○

○○○

◉ 미술 영역: 명화감상 - 고흐 생 레미 드 프로방스의 생 폴 병원

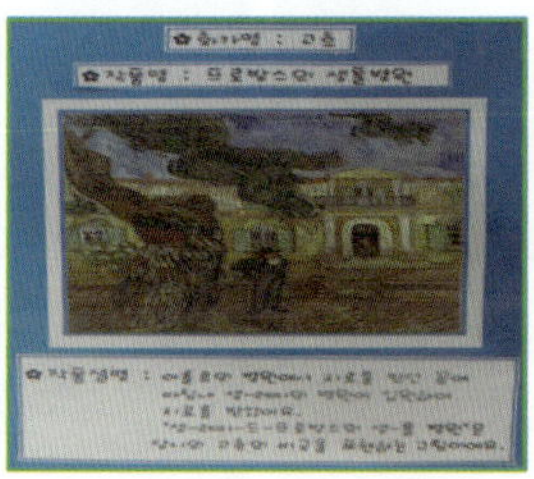

유아1: 병원 가기 싫은데 병원을 오게 돼서 남자의 표정이 슬픈 것 같아요.
유아2: 남자가 늙어서 아픈 곳이 많아 병원에 서 있는 그림 같아요.
유아3: 아픈 곳이 있어서 병원에 왔다가 치료받고 돌아가는 그림 같아요.
유아4: 사랑하는 사람이 죽어가서 슬퍼하는 그림 같아요.

◉ 미술 영역: 구급차 그리기

구급차를 자세히 관찰한 후, 그림을 그려 색칠해 보았습니다.

◉ **과학 영역: 시력을 재보아요**

병원의 종류인 안과에 대해 배워보며 시력을 재보는 시간을 가졌습니다. 시력표를 붙여놓고 한 눈을 가려 시력을 재어보았습니다.

◉ **과학 영역: 몸속의 뼈는 어떤 모양일까요?**

우리 몸속의 뼈는 어떤 모양일까요?
궁금증을 가지고 아이들과 함께 몸속 뼈 맞추기 활동을 진행해 보았습니다.

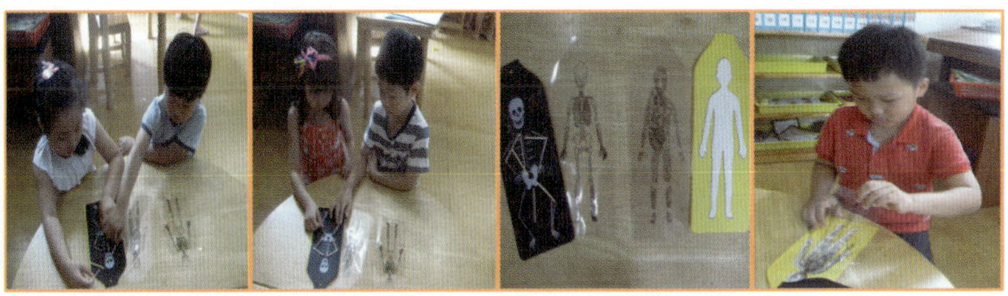

◉ **과학 영역: 청진기 실험**

병원의 의료도구와 관련하여 청진기를 가지고 실험을 해 보았습니다. 청진기로 친구의 호흡 소리를 들어보고 호흡 소리가 어떤지 이야기 나눴습니다. 또 청진기로 들으면 호흡 소리가 잘 들리는지에 대해서도 궁금증을 가지고 생각해 보는 시간을 가졌습니다.

◉ **과학 영역: 체온을 재어보았어요**

체온계로 몸의 체온을 재어보았습니다. 평상시의 체온과 운동을 하고 난 후의 체온을 재어 비교해 보는 시간을 가졌습니다.

◉ **쌓기 영역: 진찰대 만들기**

의사 선생님이 진료하시는 진찰대는 어떻게 만들면 좋을까?

◉ **쌓기 영역: 앰뷸런스 만들기**

모둠 친구들이 함께 모여 앰뷸런스를 만들어보았어요.

◉ **쌓기 영역: 병원 건물 짓기**

우리 ○○반 친구들이 함께 모여 병원 건물을 지어보았습니다.
멋진 병원 건물이죠?

◉ **게임: 건강 체조**

하나, 둘, 셋, 넷! 우리 몸이 유연해질 수 있도록 건강 체조를 해 보았습니다.

◉ **게임: 환자 이송 게임**

환자를 이송하는 부분에서 가장 중요한 것은 무엇일까요?
바로 환자를 안전하게 빠르게 옮기는 것이에요.
두 팀으로 나누어 장애물을 넘어 환자를 안전하고 빠르게 이송하는 게임을 진행하였습니다.

◉ **노래: 얼음과자**

어! 어! 얼음과자 맛이 있다고 한 개 두 개 먹으면 이가 시려요~♬
박자에 맞춰 박수 치며, 발 구르고, 여러 가지 악기를 사용하여 노래를 불러보았습니다.

◉ **견학: ○○대 병원**

병원 프로젝트를 진행하며 ○○대 병원으로 견학을 다녀왔습니다. 친구와 함께 병원에 계시는 의사 선생님과 간호사 선생님도 만나보고, 엑스레이 사진을 보며 우리 몸의 뼈에 대한 설명을 들었습니다. 소아과 병동, 치과 병동을 돌아보며 그곳에서 쓰이는 의료도구도 살펴보았습니다. 그리고 입원실, 주사실, 간호사실, 호흡기 검사실, 응급실, 채혈실, MRI실 등 병원에 있는 방도 살펴보았습니다. 견학을 다녀와서는 병원에 대해 더욱 흥미를 가지고 활동할 수 있었습니다.

<table>
<tr><td></td><td>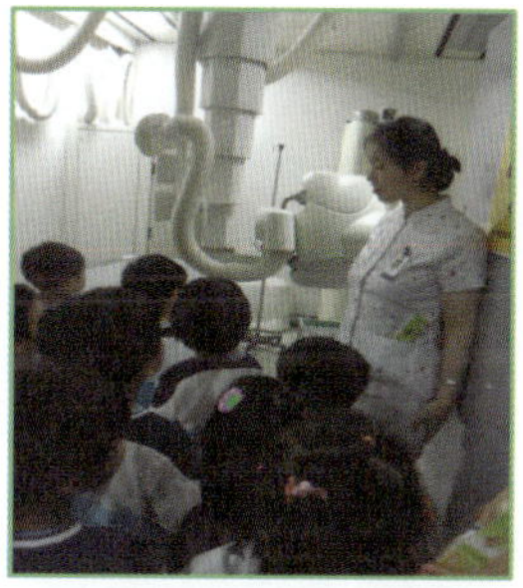</td></tr>
<tr><td>프로젝트
마무리 단계</td><td>

✤ **병원놀이**

병원 프로젝트를 마무리하며 종합병원을 만들어 병원놀이를 진행하였습니다.

</td></tr>
</table>

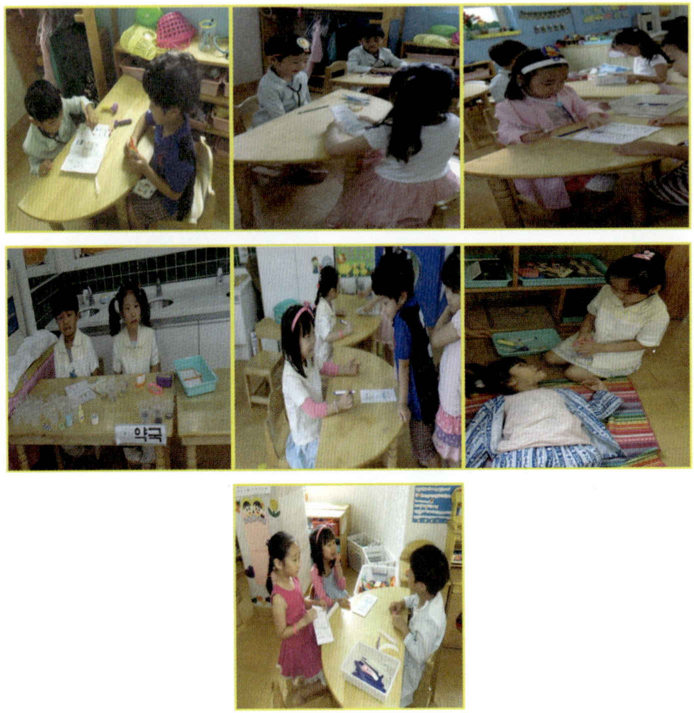

프로젝트 주제로 무엇을 할까 고민 중에 병원 프로젝트를 하기로 결정했습니다. 병원은 어른들에게조차도 그리 가고 싶지 않은 곳 중에 하나이지만 유아에게 병원에 대한 올바른 이해와 두려움을 해소시켜 주고자 우리 동네의 기관들 중에 병원을 선택하여 프로젝트를 하게 되었습니다.
병원이라는 주제로 여러 활동을 진행하면서 유아가 점차 주제에 흥미를 느끼며 관심을 가지게 되었습니다.
유아와 함께 강당에서 환자를 이송해 보는 게임도 해 보고, 병원과 관련한 노래도 배워보았습니다. 유치원에 있는 병원과 관련한 책 이외에도 가정에서 보내주신 많은 책으로 병원에 대해 자세히 알게 되었고, 유아가 궁금해 했던 점도 알게 되었습니다.
이야기 나누기를 통해 여러 병원의 종류와 병원에서 하는 일, 병원에서 일하는 사람들, 병원에서 쓰이는 의료도구, 병원에 있는 방에 대해 알고 병원이 우리에게 주는 이로움에 대해 고마움을 가지게 되었습니다.
병원 프로젝트 마무리 활동으로 스스로 의사, 간호사, 약사, 환자가 되어 병원놀이도 해 보았습니다. 병원놀이를 하면서 유아가 의사, 간호사, 약사의 꿈을 키웠습니다.
프로젝트 활동을 진행하면서 "병원이 없으면 안 돼!", "병원은 아픈 곳을 치료해 주는 소중한 기관이야"라고 말하며 병원의 필요성과 소중함을 알고 느낄 수 있었습니다.
병원 프로젝트 활동은 저 또한 함께 아이들과 자세히 알아가며 즐겁게 활동했던 주제입니다. 프로젝트 활동을 마치며 우리반 친구들이 사람들의 아픈 곳을 치료해 주는 의사, 간호사, 약사의 꿈을 넘어 사람들의 소중함을 알고, 사람들의 마음까지도 치료해 줄 수 있는 넓은 마음을 가진 멋진 리더들로 성장해나가길 기도합니다.

참고문헌

강인애(1997). 구성주의 모델들의 특징과 차이점. 교육공학연구, 12(1), 3-23.

교육부(2019). 2019 개정 누리과정 놀이이해자료.

교육부(2019). 2019 개정 누리과정 해설서.

교육부, 보건복지부(2019). 2019 개정 누리과정 해설서.

권성민, 강명화, 공영미, 곽은복, 윤혜영, 최윤지(2019). 유아사회교육. 양성원.

권성민, 김미진, 김이영, 이은주, 이인원, 최윤정(2019). 교직실무. 양성원.

김경미, 김현주, 송연숙(2017). 현장중심 유아과학교육: 3차 표준보육과정과 3–5세 누리과정 연계. 창지사.

김은정(2013). 상호작용 교수법을 적용한 과학수업 모형의 개발과 효과 분석. 목포대학교 대학원 박사학위논문.

김이영, 곽은복, 김태인, 김현정, 윤정임, 이경희, 장기덕, 장정애(2018). 아동관찰 및 행동연구. 양성원.

김이영, 백경숙, 전재선, 최윤희, 한용기, 홍성훈(2016). 교육심리학. 양성원.

김정숙(2016). 구성주의 사회 성인학습자를 위한 교수방법 비교: 교수자주도형 교수방법과 학습자주도형 교수방법. 세종대학교 교육대학원 석사학위논문.

김정주, 김영실(2004). 유아과학교육 실태 및 이에 관한 교사의 요구. 유아교육학논집, 8(2), 157-181.

김정희, 문혁준, 권희경, 김민희, 우수정, 조한숙(2018). 아동과학지도. 창지사.

김현경, 김경희, 정재은, 김윤자, 강혜현(2018). 유아과학교육. 학지사.

남기원(2001). 실험구성 활동이 유아의 과학과정기술에 미치는 효과. 중앙대학교 대학원 석사학위논문.

리타 드브리스, 크리스티나 세일즈(2014). 이경우, 곽향림, 천선 역. 경사로 활동을 통한 구성주의 유아물리과학 하기. 창지사.

박영미(1992). 발달적으로 적합한 유아교육 교수방법에 영향을 주는 요인 분석. 이화여자대학교 대학원 석사학위논문.

박은주(2011). 과학저널 쓰기를 통한 예비유아교사의 과학 및 과학교수지식과 과학에 대한 태도의 변화. 유아교육학논집, 15(5), 129-156.

백은주(2017). 누리과정 내용의 PBL 유아과학교육. 공동체.

서정숙(2000). 그림책의 교육적 활용 양상과 문제점. 어린이문학교육, 1(1), 99-113.

신미숙(2008). 들풀 프로젝트 활동이 유아의 환경 친화적 태도 및 과학적 탐구 능력에 미치는 영향. 중앙대학교 교육대학원 석사학위논문.

신은수, 안경숙, 김은정, 안부금(2018). 생활과 환경중심의 영유아 과학교육. 양서원.

안경숙(2003). 유아과학활동과 통합된 과학능력 평가도구의 개발: 과학적 태도, 탐구능력, 과학적 개념에 대한 평가. 덕성여자대학교 대학원 박사학위논문.

안부금(2002). 구성주의 이론에 기초한 유아과학교사 연수 프로그램의 개발과 효과에 관한 연구. 덕성여자대학교 대학원 박사학위논문.

양지애(2017). 유치원 교사를 위한 유초연계교육 교사연수 프로그램 개발. 덕성여자대학교 대학원 박사학위논문.

엄기영(1999). 21세기 창조적 지식기반사회를 위한 한국아동과학교육의 방향. 미래유아교육학회 춘계전국학술대회 자료집.

유연화, 임경애, 최현정(2019). 유아과학교육. 공동체.

이경우, 조부경, 김정준(1999). 구성주의 이론에 기초한 유아과학교육. 양서원.

이경자(2000). 유아교사의 과학교수효능감에 따른 과학교육 실태. 원광대학교 교육대학원 석사학위논문.

이기현(2016). 유아과학교육. 양성원.

이미화, 엄지원, 정주영(2014). 영아보육 질 제고를 위한 평가도구 개발 및 활용방안. 육아정책연구소.

이미화, 정주영, 엄지원, 김희정, 김명순, 이경옥, 이완정, 이정욱, 최일선, 최혜영(2013). 3, 4세 누리과정 유아관찰척도 개발. 육아정책연구소.

이영애, 유준호(2018). 아동관찰 및 행동연구. 한국방송통신대학교출판문화원.

이은진(2018). 유아교사의 과학교수능력 향상을 위한 유아과학교육. 동문사.

이정환, 김희진(2017). 영유아 교유의 교수학습방법. 파란마음.

이지현, 마송희, 김수영, 정정희(2017). 영유아를 위한 언어교육. 공동체.

임창재(2005). 수업심리학: 실기교육 방법론. 학지사.

전남련, 백향기, 김인자, 송영선, 이미향, 김경신, 황연옥, 권인양, 장유정(2014). 아동관찰 및 행동연구. 양서원.

조부경, 고영미, 남인석(2018). 유아과학교육(4판). 양서원.

조영남(1999). 구성주의 교육학. 교육과학사.

조형숙(1998). 유아교사의 과학교수에 대한 자기효능감. 유아교육연구, 18(2), 283-302.

조형숙(2001). 탐구능력 향상을 위한 창의적 실험구성 프로그램 개발 및 평가연구. 유아교육연구, 21(3), 27-54.

조형숙, 김선월, 김지혜, 김민정, 김남연(2010). 유아과학교육. 학지사.

조형숙, 김선월, 김지혜, 김민정, 김남연(2014). 삶의 가치와 아름다움을 찾아가는 유아과학교육(2판). 학지사.

지옥정(2000). 유아교육현장에서의 프로젝트 접근법. 창지사.

천현미(2007). 텃밭 가꾸기 활동 후 과학 일지 쓰기가 유아의 과학적 탐구 능력과 태도에 미치는 효과. 전남대학교 대학원 석사학위논문.

하정연, 임재택, 배은진, 백현윤, 이연주(2016). 아이들과 함께 하는 산책. 공동체.

한국유아교육학회(1996). 유아교육사전. 한국사전연구사.

한순미(2008). 개별화 교수-학습에서의 평가 방안: 역동적 평가를 중심으로. 한국교육방법학회, 20(1), 49-74.

한은숙(2014). 영유아 교수-학습의 이론과 실제. 정민사.

홍순정, 최석란(2010). 아동관찰 및 행동연구. 교문사.

황의명, 조형숙(2001). 유아과학교육. 정민사.

황의명, 조형숙(2019). 탐구 능력 증진을 위한 유아과학교육(3판). 정민사.

황해익(2000). 유아교육평가. 양서원.

황해익, 최혜진, 정혜영, 권유선(2014). 아동관찰 및 행동연구. 공동체.

EBS(2018). 신년특집기획: 놀이의 힘 1부(놀이는 본능이다)

EBS(2020). 특집 다큐: 놀이의 기쁨 2부(밖에서 놀아야 큰다)

Abruscato, J. (1996). *Teaching children science a discovery approach*. Boston, MA: Allyn & Bacon.

Alan Cross & Jon Board. 과학을 가르치기 위한 창의적인 방법들. 김동렬 역. 창지사.

Apple, D. J. (2000). Clarifying the preschool assessment process: Traditional practices and alternative approaches. *Early childhood Education Journal*, *27*(4), 219-225.

Barrow, L. H. & Salesi, R. A. (1982). Integrating science activities through literature Web. *School Science and Mathematics, 132*(1), 64-70.

Broody, David Eliot. (2018). 인류사를 바꾼 위대한 과학. 김은영 역. 글담.

Driver, R. (1987). *Changing conceptions*. Prepared for international seminar, Adolescent development and school science, London: King's College.

Fosnot, C. T. et al. (1996). 구성주의 이론, 관점, 그리고 실제[*Constructivism: Theory, Perspectives and Practice*]. 조부경 외(편역). 양서원.

Harlen, W. (1985). Helping children to plan investigation, In. W. Haren ed. *Primary science: Taking the Plunge*. NH: Heinemann.

Hills, T. W. (1993). Reaching Potentials through appropriate assessment. In S. Bredekamp & T. Rosegrant(Eds.), *Reaching Potentials Appropriate curriculum and assessment for young children volume 1*.(pp. 43-63). Washington, DC: NAEYC.

Katz, L. G. & Chard, S. C. (2000). *Engaging Children's Minds: The Project Approach* (2nd). Stamford: Ablex Publishing Corporation.

Kilmer, S. J., & Hofman, H. (1995). Transforming science curriculum. In S. Bredekamp & T. Rosegrant(Eds.), *Reaching potentials: Transforming early childhood and assessment vol 2*.(pp. 43-64). Washington, DC: NAEYC.

Koch, J. (1999). *Science Stories: Teachers and Children as Science Learners*. Boston, New York: Houghton Muffin Company.

Martin, D. J. (1997). *Elementary science methods a constructivist approach*. New York: Delmar.

Martin, D. J. (1999). *Elementary Science Methods: A Constructive approach*. Belmont, CA: Wadsworth.

Martin, D. J. (2001). *Constructing early childhood science*. Clifton Park, NY: Delmar Thomson

Learning.

Martin, D. J. (2001). *Constructing early childhood science*. New York: Delmar.

McIntyre, M. (1984). *Early childhood and science*. Washington, DC: NAEYC.

National Research Council. (1996). *National Science Education Standards*. Washington, DC: National Academy Press.

National Research Council. (2001). *Classroom assessment and National Science Education Standards*. Washington, DC: National Academy Press.

Ramps & Pathways. (2014). 경사로 활동을 통한 구성주의 유아 물리과학 하기. 이경우, 곽향림, 천선 역. 창지사.

Rheta DeVries, Betty Zan, Carolyn Hildebrandt Rebecca Edmiaston, Christina Sales. (2015). 구성주의 유아교육교수법. 곽향림, 허미화, 김선영 역. 창지사.

Victor, E., & Kellough, R. D. (2000). *Science for the elementary and middle school*. Upper Saddle River, NJ: Merrill Prentice Hall.

Wood, D., & Middleton, D. (1975). A study of assisted problem solving. *British Journal of Psychology, 66*, 181-191.

〈그림책〉

강아지똥. 권정생 글, 정승각 그림. 길벗어린이.

깊은 밤 부엌에서. 모리스 샌닥 글, 그림. 시공주니어.

눈 오는 날. 에즈라 잭 키츠 글, 그림. 비룡소.

땅속 생물 이야기. 오오노 마사오 글, 마쓰오카 다쓰히데 그림. 진선출판사.

뒤죽박죽 카멜레온. 에릭 칼 글, 그림. 더큰컴퍼니.

만희네 집. 권윤덕 글, 그림. 길벗어린이.

물의 여행. 엘레오노레 슈미트 글, 그림. 비룡소.

우리들이 사는 집. 로렌 스트링어 그림, 린다 애쉬먼 글. 마루벌.

우리몸의 구멍. 허은미. 길벗어린이.

우와, 이만큼 컸어!. 케이트 로언 글, 캐서린 맥원 그림. 시공주니어.

파랑이와 노랑이. 레오 리오니 글, 그림. 물구나무.

찾아보기

인 명

내 용

ㄱ

ㄷ

ㅁ

ㅂ

저 / 자 / 소 / 개

■ 김태경

부산대학교 유아교육학과 대학원 교육학박사(유아교육학 전공)
현, 수성대학교 유아교육과 교수
〈논문 및 저서〉 놀이지도 외 다수

■ 김재현

고려대학교 대학원 교육학박사
현, 호산대학교 휴먼복지학부 교수
〈논문 및 저서〉 보육학개론, 아동생활지도 외 다수

■ 김정주

건국대학교 대학원 교육학 박사(유아교육학 전공)
현, 여주대학교 아동보육복지과 교수
〈논문 및 저서〉 그림책을 활용한 유아 언어 교육 연구 동향 분석
유아 논리논술 교육 외 다수

■ 윤은정

경기대학교 대학원 교육학박사(유아교육학 전공)
현, 장안대학교 유아교육과 겸임교수
〈논문 및 저서〉 유아수학교육, 영유아발달 외 다수

■ 이은희

성신여자대학교 대학원 교육학박사(유아교육학 전공)
현, 대전보건대학교 유아교육과 교수
〈저서〉 유아교육개론, 아동생활지도, 보육교사론 외 다수

■ 이옥순

성결대학교 대학원 교육학박사(유아교육학 전공)
현, 유치원원장, 수원여자대학교 유아교육과 겸임교수
〈논문 및 저서〉 예비유아교사의 음악교수 효능감에 영향을 미치는 변인들의
구조적 관계분석 외 다수

[개정판]
유아과학교육

1판 1쇄 발행 — 2020년 8월 7일
2판 1쇄 발행 — 2023년 8월 18일

저 자 - 김태경 김재현 김정주 윤은정 이은희 이옥순
발 행 인 - 강철원
발 행 처 - 양성원
주 소 - 경기도 파주시 검산로 173번길 29-12
전 화 - 031-946-3861(代)
팩 스 - 031-946-3864
이 메 일 - tnwpub@naver.com
홈페이지 - tnwpub.co.kr
출판등록 - 2015년 8월 31일 제 2015-000211 호

ISBN 979-11-6126-551-3

정가 22,000원